话语建构理据的多维探究

张春泉 / 著

西南師範大學出版社
国家一级出版社 全国百佳图书出版单位

图书在版编目(CIP)数据

话语建构理据的多维探究 / 张春泉著. — 重庆 : 西南师范大学出版社，2018.7
ISBN 978-7-5621-9253-4

Ⅰ. ①话… Ⅱ. ①张… Ⅲ. ①语言学—研究 Ⅳ. ①H0

中国版本图书馆 CIP 数据核字(2018)第 130707 号

话语建构理据的多维探究
张春泉　著

责任编辑: 何雨婷
装帧设计: 闰江文化
排　　版: 重庆大雅数码印刷有限公司 · 王兴
出版发行: 西南师范大学出版社
地址:重庆市北碚区天生路 2 号
邮编:400715　市场营销部电话:023-68868624
经　　销: 新华书店
印　　刷: 重庆市正前方彩色印刷有限公司
幅面尺寸: 148mm×210mm
印　　张: 13.375
字　　数: 340 千字
版　　次: 2018 年 11 月　第 1 版
印　　次: 2018 年 11 月　第 1 次印刷
书　　号: ISBN 978-7-5621-9253-4

定　　价: 68.00 元

前言
PREFACE

“话语”，是当下人文社会科学多个学科领域较为高频使用的一个词语。我们对“话语”的界定主要依据周礼全、黄华新、陈宗明、郑远汉等学者的相关观点：“语言是一个符号系统，言语则是人们应用语言传递讯息的活动。一个和言语密切相关的重要概念是话语。话语是在一个语境中说话者用来传递讯息所说出的一串语音或写出的一串笔画。话语可以具有一个语词、一个词组，或一个语句的形式。”[1](P7)“传递讯息所说出的一串语音或写出的一串笔画”还可以是“文本”，“文本是由句子组成的话语单位。它可以是一首短诗，也可以是一次长篇演说，或者是一部著作”[2](P162)。“文本”也即“语篇”。概括地说，“话语的工具是语言，话语是使用语言的结果”[3](P60)。就外延而言，“话语”有语词（含词和短语）、语句（含单句和复句）、语篇等单位；就内涵而言，话语具有较强的语境性、主体性、动态性、理据性。

简单地说，“能被特定接受者接受的语言是话语，言语则正是由语言到话语的过程，话语是结果。话语有口头的和书面的”[4](P66)。话语是语言具体运用的结果。“话语”与“修辞”似乎有着天然的联系。“修辞活动又是在话语中进行的，离开话语就无所谓修辞。”[3](P60)类似地，黄华新、陈宗明《符号学导论》指出：“修辞是通过话语的表情达意，用以取得最佳的表达效果。”[2](P10)“修辞是人与人之间以语言为媒介以生成或建构有效话语为旨归的一种广义对话。”[4](P290)在此基础上，我们提出“修辞话语”这个概念。在我们看来，“修辞话语”是一种有效话语，是广义对话的结果。本书如不做特别说明，所说的“话语”主要是指“修辞话语”，“修辞话语”是我们一直较为关注的一个核心术语。为了表述的方便，下文常常将“话语建构理据”省称为“话语理据”。

除了本书，据初步统计，张春泉《论接受心理与修辞表达》中“修辞话语”这个术语共出现 241 次。张春泉《论接受心理与修辞表达》的结语提出：“修辞话语是能为接受者所接受，能在接受者那里产生一定的心理反应的语言。词是修辞话语的基本单位，修辞话语在表现形式上可以是词、短语、句子乃至篇章。修辞话语有其内容。‘内容’是有心理现实性的‘意义’。语言向话语的生成、意义向内容的转换是在修辞过程中完成的。”[4](P290)“修辞是一个过程，并最终形成特定的修辞话语。修辞话语连接着表达者（写说者）和接受者。”[4](P57)可以说，“话语”是我们此前提出的广义对话修辞论和修辞过程言语博弈论的一个核心概念术语。

“修辞话语”是相对于“一般话语”和“无效话语”而言的。我们曾经关注过的较为典型的修辞话语符号有文学话语、学术话语（尤指科技术语）、法律话语等。修辞话语，就其建构而言，我们主要着意于修辞话语符号和修辞话语理据两个方面，前者是显性的，后者是隐性的。修辞话语符号（简称为“修辞符号”），可以有语层、语域之观察视角。就修辞话语语层而言，有对象话语和元话语之分。对象话语，是某种意义上的一般性的原生话语，包括形、音、义。我们曾经重点关注过诸子话语、文学批评话语等元话语。诸子修辞话语，承载诸子的修辞思想，表征诸子的修辞实践。文学批评修辞话语是对文学话语的描写、分析和解释，如《文心雕龙》。对象话语和元话语二者可以有效互文，可以形成对话。修辞话语，就语域而言，可以有文学话语、学术话语、法律话语等。叙事对话是文学话语的较为典型的运作机制，叙事对话在某种意义上是修辞话语心理博弈的过程；术语传播是学术话语的较为典型的运作途径，术语传播在某种意义上是修辞话语的认知过程。以上所说的互文、心理博弈、认知等都可以作为话语建构的理据。

理据，即理由和根据。修辞话语理据（简称为“修辞理据”或“话语理据”），包括但不限于修辞心理、语用逻辑、语义语法、词汇语义、社会文化、科学传播（含信息传播与科学教育等）、文学审美等。张炼强先生在谈到“修辞理据”时正确地指出：“修辞理据，其体现方式不一。逻辑思维、心理活动、审美观等等，都可以作为修辞理据。”[5](P1)张炼强先生还曾进一步谈道：“语言和言语活动及其发展，是语言的任意性和有理据性协同起作用的结果。”[6](P99)我们认为，“理据”有客观和主观两个方面，即有客观方面的理据（客观理据）和主观方面的理据（主观理据）。客观理据主要是指语符同客观事物之间的直接对应关系。主观理据主要是指逻辑、审美等。客观理据是最底层的，主观理据建立在客观理据之上。强调客观经验体验的认知语言学所讲的理据性，似乎更多的是指客观理据。我们所说的理据则主要是指主观性的理据，即学理上（已经直接或间接反映过客观世界的逻辑、认知、审美等）的理由和依据，而不是对应于纯粹客观事物的理由和根据。譬如陈望道《修辞学发凡》在讲“辞的音调”时，提出辞的音调“大体可分为象征的和装饰的两方面”[7](P384)。其中，象征的音调主要基于客观理据，装饰的音调则主要基于主观理据。“象征的音调，都同语言文字的内里相顺应，可以辅助语言文字所有的意味和情趣；装饰的音调则同语辞的内里并没有什么必然的联系，只为使得语辞能够适口悦耳，听起来有音乐的风味，所以讲究它。”[7](P384)象征的音调又可分为象物音的利用和音趣的利用两项，装饰的音调包括声律和音节。“象物音中有字音仿佛像事物的声音的，如‘滴’字的音同雨下注阶的音相近，‘击’字的音同持械敲门的音相近……也有发音的动作仿佛像事物的，‘如大字之声大，小字之声小，长字之声长，短字之声短……’。”[7](P384)以上关于“辞的音调”的讨论是在“辞趣”的范畴内进行的，而这类基于客观理据的辞的音调等辞趣，正如陈望道《修辞学发凡》所言——“普通并不计及”，即语符的这类理据性并不是语言的主要属性。在这个意义上，我们以为，“语言”具有更多的任意性，而“话语”则可以有更多的理据性。如果说任意性的语言也可以有其理据性，则话语理据（或曰话语建构理据、修辞理据）不同于语言理据，话语理据是语言运用的某种动因（理由和根据），语言理据可以更突显其客观性，即上文所谓客观理据，话语理据则可以且有必要突显其主观性，即前面所谓主观理据，带有更多的理据性。需要注意的是，我们这里说的是“更多的理据性”，蕴涵着即使是“话语”也还是有其任意性、约定性。或者可以换一个角度看，作为具体语境中语言运用结果的话语，相对于静态的语言可以更直接地体现主体层面的心理、逻辑、审美、社会文化等，被体现的心理、逻辑、审美、社会文化等即我们所说的理据。这些理据是话语为接受者所接受的某种依据，也是话语成其为话语，或曰由语言转换为话语的重要前提和基础。

在我们看来，修辞话语有其理据，相应地，修辞话语研究则有对应的学科方向背景。我们即在多学科方向背景下努力探究修辞话语的多维理据。

修辞理据有多个层面，我们这里粗略地划分为：修辞心理、修辞审美、社会文化、信息传播、科学教育、语用逻辑、语义语法、词汇语义等。本文集将所收文章粗略地归入修辞心理、修辞审美、信息传播、科学教育和社会文化、语用逻辑、语义语法和词汇语义等方面。

应该说，以上层面的理据不是截然分开的。这些理据对应的学科方向分别是心理学、美学、社会学、文化学、传播学、语用学、逻辑学、语义学、语法学等。简言之，我们是在语义学、语用学、语法学、修辞学、逻辑学和术语学等学科方向背景下从事修辞话语研究

（含学术话语、文学话语、法律话语等方面的研究），兼及科学传播研究。

我们所谓“多维”，除了如上所述之多层面理据和多学科方向，大概还可以包括但不限于如下多层意思，或曰多方面的努力方向。第一，运用古今中外法。胡裕树、宗廷虎先生在《用辩证法指导修辞学研究》一文中指出：“望道先生多次强调要成为新的‘古今中外派’。”[8](P97)这给我们以巨大的启示：得有古今中外的学术视野。第二，注重个案分析与系统考察的结合。第三，思辨与实证的结合。既重视修辞的人文性，又注重问卷调查、定量统计等实证方法。第四，形式描写、现象观察与理据解释相结合。第五，注重逻辑、语法、修辞结合。第六，表达与接受的互动（“对话”）。这一视角的必要性，诚如江怡在给钱冠连《语言：人类最后的家园——人类基本生存状态的哲学与语用学研究》所做的序中所言：“我们在日常生活中使用语言，初看起来是在表达自己的想法；但是要想听话者能够恰当地理解自己的想法，就是说，能够让听话者对自己的话语做出我们期望的反应，这就完全取决于我们的话语本身是否能够被听话者所接受。在这里，我们使用的语言本身是否能够以及如何能够让听话者接受，就成为表达思想本身是否成功的关键。进一步说，听话者对我们思想的理解和接受，完全取决于对我们所使用的语言的理解和接受。换句话说，我们的语言本身既是我们用来表达思想的方式，也是听话者理解和接受我们用语言所要表达的思想的唯一途径。”[9](P4)以上诸方面是我们的研究视阈，也是我们试图使用的研究方法。

最后，需要说明的是，学科之间的边缘地带常常很难“泾渭分明”，而是时有交叉渗透。例如，我们还在关注的另一门综合性的学问——术语学，几乎与以上所有学科都有交叉。在我们看来，术语学是以术语作为主要研究对象的，而术语是学术话语的基本单元。如上所述，学术话语是修辞话语的一个重要方面。笔者在此无意似乎也无法十分清晰精确地做出界定，我们只是将修辞心理、修辞审美、社会文化、科学教育、信息传播、语用逻辑、语义语法、词汇语义等所属的学科作为修辞话语研究的学科方向背景，将这些学科方向的研究及其成果作为话语建构的理据。这些理据是多维的，也是开放的，更多的时候是结合起来综合作用于修辞话语建构。我们“条分缕析”只是为了考察和表述的方便，有时也是凸显某类特定话语建构时相对更重要的理据。

我们着意于理据探究，同时也重视材料。本文集所收文章和笔者的其他论文集（《学术话语系统的个案分析》《文学话语的设问辞格》等）一样，如果着眼于材料本身，又可以有不同的分类。比如文集《文学话语的设问辞格》，我们收录了如下论文:《〈诗经〉中的组合问及其修辞价值》(《北方论丛》，2010 年第 6 期)，《〈文心雕龙〉的设问辞格》(《北华大学学报》，2012 年第 1 期)，《中古时期赋和骈文中的设问辞格及其审美价值》(《湖北理工学院学报》，2013 年第 3 期)，《唐宋时期的设问辞格及其审美价值》(《阜阳师范学院学报》，2013 年第 3 期)，《元杂剧中的典型设问及其语用价值》(《湖北师范学院学报》，2016 年第 2 期)，《元明清散文中的设问辞格及其审美价值》(《语文知识》，2013 年第 1 期)，《〈西游记〉中的设问辞格》(《叙事对话与语用逻辑》，中国社会科学出版社，2011 年第 1 版第 1 次印刷，2016 年第 2 次印刷时删除)，《现代诗歌中的设问及其审美价值》(《湖北工程学院学报》，2016 年第 1 期)，《现代话剧中的设问及其语用价值》(《四川文理学院学报》，2016 年第 3 期)，《〈围城〉中的“激问”句组》(《北华大学学报》，2017 年第 2 期)。这些文章和本论文集的文章如果放在一起重新组合，或许还可以按照材料所属的领域分为文学话语、学术话语、日常话语等方面的研究。本论文集如果和论文集《学术话语系统的个案分析》里面的论文“混编”，也可重新分类，比如可分为《诗经》语言研究、《论语》语言研究、《孟子》语言研究、《文心雕龙》语言研究等。所有的文章合集在一起，也许还可以按照材料的历时发展，分为先秦话语建构的理据与形式、中古话语建构的理据与形式、近代话语建构的理据与形式、现当代话语建构的理据与形式等。

参考文献：

[1]周礼全.逻辑——正确思维和有效交际的理论[M].北京：人民出版社，1994.

[2]黄华新，陈宗明.符号学导论[M].上海：东方出版中心，2016.

[3]郑远汉.论话语义同语言义的联系和区别[J].福建师范大学学报（哲学社会科学版），2008(4).

[4]张春泉.论接受心理与修辞表达[M].北京：中国社会科学出版社，2007.

[5]张炼强.修辞理据探索[M].北京：首都师范大学出版社，1994.

[6]张炼强.语言和言语活动的认知思维理据——兼论认知思维与逻辑思维的关系[J].首都师范大学学报（社会科学版），2007(2).

[7]陈望道.修辞学发凡.见：陈望道.陈望道学术著作五种[M].上海：复旦大学出版社，2005.

[8]胡裕树，宗廷虎.用辩证法指导修辞学研究.见：《修辞学发凡》与中国修辞学[C].上海：复旦大学出版社，1983.

[9]钱冠连.语言：人类最后的家园——人类基本生存状态的哲学与语用学研究[M].北京：商务印书馆，2005.

前言

第一篇　修辞心理理据

认知语境与修辞话语的互动
——以中学语文名篇改笔为例 /003
基于受话心理的人称变换 /015
基于受话心理的“有标”元语言 /025
修辞心理过程个案考察之二
——以鲁国尧《创造新词的心路历程》为例 /033
修辞心理过程个案考察之三
——以朱德熙《评改两篇说明文》为例 /042
修辞心理过程个案考察之四
——以陈忠实《寻找属于自己的句子》为例 /050
修辞心理过程个案考察之五
——以俞吾金《狮城舌战·辩论中的十大关系》为例 /059
修辞心理过程个案考察之六
——以马建忠《马氏文通》中的《序》等副文本为例 /068

第二篇　修辞审美理据

语言：美学家的诗意栖居之所
——试析朱光潜修辞思想的主要特点 /083
朱光潜修辞思想的要义 /095
和谐社会与和谐语言建构 /104
接受美学与语用学的契合
——以伊泽尔文学语言观为个例 /113
略谈文学语言的变异理解 /120
空：作为元语言和对象语言
——以王维诗为例 /127
因为诗，所以诗 /136

第三篇　信息传播、科学教育和社会文化理据

试析信息传播视域下的公民语用能力 /141
修辞与科学知识传播论纲 /150
做学术研究先学好语文 /163
从科技工作者的语文观析“三艺”之功用 /167
语用能力与科学教育之和谐互动论
——从马建忠的“规矩说”到孙中山的“津梁说” /173
胡适的“完全教育”思想
——兼析胡适教育观的跨世纪前瞻性 /187
素质教育的超功利性
——来自胡适素质教育思想的启示 /197
修辞与教育的互动
——以教育家蔡元培的修辞思想为个案 /204

试析禅宗对文学语言的影响
——以王维诗中“空”的使用为例 /215
“一带一路”语境下的宏观语言博弈 /227
个人成才与社会需要 /237
语言能力与领导智慧（摘要） /240
“大众狂欢”：一种必要而无奈的文化形态
——关于文化消费主义倾向的理解（笔谈） /243

第四篇　语用逻辑、语义语法和词汇语义理据
基于语用逻辑的术语标准化问题 /247
集合与语义场初探 /257
话序建构之动因 /268
略论语词线性组合的非线性特征
——兼谈表达与接受的关系 /275
数量短语的变异运用 /282
“V（一）V”结构式补议 /286
“老板”及其他 /294
“酷”：汉语的“另类” /298
“不”与非自主变化动词超常组合的语义语法条件 /302
《现代汉语词典》宜收“致哀”条
——兼谈词典收词的词语竞争原则 /311
词语交叉对释法利弊谈 /317
“副”：作为一个一价语素
——以“摩擦副”等“副”族词语为例的认知词法考察 /326
“民”：作为一种后缀
——以“彩民”“股民”“网民”“烟民”等为例 /339

"核心期刊"的修辞分析 /356

"读博士后"：老百姓的一个仿拟表达 /364

汉语语义变异研究之修辞学考察
——基于近 30 年来 CSSCI 来源期刊发表成果的综合分析 /367

新世纪中国修辞学科概念术语研究综论 /380

附录

《孟子》中的顶真语符 /399

陈望道在因明学上的建树 /405

后记 /413

第一篇

修辞心理理据

认知语境与修辞话语的互动

——以中学语文名篇改笔为例

有关认知语境与修辞话语的关系问题，现有的研究或者仅仅限于静态描写；或者主要着眼于单向“适应”；或者因过于追求“经验实证”对认知语境的分析过于精密细致而导致有关探索更像心理学研究，与语言运用的关联不甚密切，此种情形下的“认知语境”准确地说应该是“认知环境”。

在我们看来，认知语境与修辞话语动态共生，两者之间往往相互作用形成互动（interaction）。这从中学语文名篇改笔可以看出，名篇编入教科书作为教材之后主要是供中学生认知。某些中学语文名篇之所以改笔，常常是因为认知语境改变了：修辞话语的接受者由一般读者改为特定的中学生；修辞话语的“载体”由一般出版物改为中学教科书。

认知语境与修辞话语的互动有其必然性。以中学语文名篇改笔为例，可以发现其中较为典型的互动主要有：基于百科知识的修辞话语调整；话语理解与指示语的映射；能指与所指的象似；方言词语改换为共同语词语。

一、认知语境与修辞话语互动的必然性

认知语境与修辞话语的互动是必然的。这从认知语境和修辞话语的基本内涵可以看出。在我们看来，认知语境是动态的语境，是具有心理现实性的语境。

"所谓语境，包括社会情境、自然环境及上下文。"[1](P2) 另有论者也指出了语境的范围："①指上下文；②除了上下文之外，还包括说话的环境，甚至包括言语的各种有关背景，例如风俗习惯、个人修养、交际目的，等等。"[2](P505) 当下学界，有关语境的定义可以说是见仁见智。冯广艺先生《语境适应论》列举了不下 20 种有关语境的界定，并接着将之归纳为 8 种有代表性的基本看法，即第一，"题旨情境说"；第二，"广义狭义说"；第三，"一切因素说"；第四，"主观客观说"；第五，"大小语境说"；第六，"文化情境说"；第七，"语境创造说"；第八，"模拟语境说"。[3](P2~10) 诚如《现代汉语通论》所言："无论什么语境都必须通过认知活动转化为我们的知识，才能在话语理解中起作用。所以有的语言学家说'语境就在你头脑里'，语境一定是内在化的、认知化的。"[4](P271) 在"头脑里"的语境其实可以内化为语用主体的心理结构和心理过程。以上论断还表明，语境是与话语理解密切相关的，而广义的话语理解是与话语表达互动的。因此，语境"在话语理解中起作用"似蕴涵了语境其实是与表达互动的。此外，这里所说的"理解"是一种较为宽泛意义上的"理解"，其含义大致与"话语接受"相当。由此看来，语境与修辞话语的互动是必然的。

具体的认知语境常常以理想化认知模型 ICM（idealized cognitive model）发挥其功能。"美国语言学家 Lakoff 认为，人对世界某一范畴的感知和概念化，可以在相应的 ICM 中反映出来。ICM 具有如下特征。首先，它不是科学模型，而是文化观念且多半呈格式塔性状的意

念集合体，并且和与其相对应的世界对应实体的吻合有程度上的差别，这种差别还因人和因文化而异。”[5](P134)这种“有程度上的差别”的“吻合”可以称为“映射”，即观念理解上的对应。

在特定的认知框架下，百科知识、“能指”的“所指”、感知和理解等心理过程等是认知语境的基本要素。认知语境在功能发挥上主要诉诸受话心理体现出来，受话心理或曰接受心理主要是指话语接受者跟接受修辞话语有关的心理结构以及接受修辞话语时的心理过程。接受心理是语境的主导因素。[6](P52)修辞话语势必有其语义内容。而“语义不完全是真值条件，而是客观现实和主观认识的统一，因此语义分析不排斥心理因素”[7](P20)。因此，修辞话语又势必不可排斥心理因素。认知语境的基础是百科知识，百科知识在一定意义上是对经验的描述和概括。“当代认知语义学派提出了一种以人的经验为依据的 ICM（idealized cognitive model）分析方法，即通过理想化认知模型来揭示和刻画语言使用的实状。”[5](P134)“语言使用的实状”主要是通过特定修辞话语体现出来的。由此体现出认知语境和修辞话语须臾不可分离。

构成修辞话语的最小单位是词。“在任何语言中，一个词总是在该语言系统中占据特定的位置，与该系统中的某些词形成固定的或优先的组合和搭配。也就是说，每个词反映特定的认知框架。”[8](P69)词与词之间的组合可以形成一定的上下文语境，词与词之间的组合势必形成一定的结构。这种结构表现为一定的话语顺序。这样，“反映特定的认知框架”的词语组合跟语言结构之间可以形成“象似”（iconicity）。由此看来，这种象似亦体现出认知语境与修辞话语互动的必然性。

修辞话语是有内容的语言，“内容”是当下语境中的“意义”。因此，修辞话语的形成和特质自身即蕴涵了语境的存在，而能够被理解、能被纳入理想认知框架中作为理想认知模型的语境即为认知语境，由此显示出修辞话语与认知语境的“天然”联系。认知语境与修辞话语之间动态共生的过程实乃两者互动的过程。互动，即相互作用。一方面，修辞话语的生成或建构要适应认知语境；另一方面，修辞话语在生成或建构过程中又可形成新的认知语境。两者相伴相生，动态交互。

认知语境与修辞话语互动的主要方式是改口和改笔，前者主要用于口语交际，而后者则可广泛用于书面语表达。认知语境与修辞话语互动的结果是具体话语的调整适用。中学语文课文在选编的过程中有时需要对所选的名篇做若干改动。这种改笔有的是收入教科书之前就已完成，更多的则是在收入教材时所做的“改编”。即使是在收入教材前所做的改笔，教材的编者选取改笔后的语辞文句，在一定意义上也是教材选编者的修辞行为，也可视为收入教材时的改笔。

那些名篇之所以要改，主要还是因为具体的认知语境发生了变化。其时，话语接受者由普通读者变成了特定的中学生。作为话语接受者的中学生较为特殊。一方面，他们的认知能力尚处于不断发展中，尚未定型，在能力结构的某些方面可能不如一般话语接受者全面完整，因此，他们对于原文的有些话语未必能读懂。毕竟，“人的语言能力并不是一种独立的认知能力，而是跟一般认知能力紧密联系、不可分离的”[7](P10)。另一方面，中学生阅读接受教材的重要目的之一就是提高自己的认知能力，诉诸教科书提高学生的各种能力，这恐怕是教科书里的修辞话语的“天然”的功用。由此也表明修辞话语与认知语境互动。

二、基于百科知识的修辞话语调整

在修辞话语建构过程中，修辞主体对百科知识的认知发生改变了，相应的话语就理应做出调整。而对百科知识的认知即为一种认知语境，由此反映出认知语境和修辞话语的互动：一方面，要切合百科知识，需要调整适用语辞；另一方面，经调整适用的语辞对于特定接受者（比如中学生）的认知能力等又势必有所影响（比如提高）。

这种基于百科知识的修辞话语调整在中学语文所选的名篇中不乏其例。例如：

(1)这时候最热闹的，要数树上的蝉声和水里的蛙声；但热闹是他们的，我什么也没有。（朱自清《荷塘月色》，例句均出自中学语文课文，取材于季樟桂《中学语文名篇改笔丛谈》，上海教育出版社，1993年。下同）

“此处的关于‘蝉声’的文字，作者曾经打算把它删去，因为有一位名叫陈少白的读者对此种描写的真实性提出过疑问。他写信给作者说，深夜的蝉是不会叫的。作者接到信后问过不少人，他们都说陈少白的说法不会错。作者又写信请教昆虫学家刘崇乐，刘先生查阅了大量的资料，‘好不容易’找到了一点记载深夜蝉鸣的文字，就把它抄寄给作者。作者当时认为既然一般人未曾在深夜听到蝉鸣，文字上的那一点记载很可能只是出于偶然，就准备修改自己的文章。可是，后来他又确实两次亲耳听到了月夜蝉鸣，证明了自己以前所做的描写真实可信，毫无问题，这才完全打消了要将描写蝉声的话删去的念头。”[9](P183) 这里作者有关“蝉声”的描述可谓煞费苦心，首先是作者（表达者）在其修辞话语中涉及了“蝉声”，接着是读者（接受者）接受认知该话语后“对此种描写的真实性提出过疑问”，于是作者又多方求证，后来通过自己的观察证实了起初所建构的修辞话语是正确无误的，这才释然。表达者如此反复，表明了百科知识和日常经验是认知语境的基础，在此基础上形成修辞话语和认知语境的互动。

(2)到第二年的端午，又说“孔乙己还欠十几个钱呢！”到中秋可是没有说，再到年关也没有看见他。（鲁迅《孔乙己》）

最初发表时，此处的“端午”“中秋”和“年关”分别作“清明”“端午”和“中秋”。显然这种改动与生活逻辑和生活经验直接相关。因为“清明”“端午”和“中秋”虽然均为传统节日，但是其间间隔不太长，且并不能涵盖代表一“年”。另一方面，“中秋”改为“年关”又与前面的“第二年”照应了起来。

(3)六月，并不是好时候，没有春光，没有雪，也没有秋意。(宗璞《西湖漫笔》)

在《宗璞小说散文集》中，“没有春光”一句原在“没有雪”一句的后面，而在“没有雪”一句的前面还有一句“没有花”。我们以为这种修改是有必要的。首先，删去“没有花”是因为“花”一年四季都有可能有，而且它可以是“春光”“秋意”的一个构成要素。因此，从逻辑上讲，将“花”与“春光”“秋意”并列其外延有可能交叉，相比之下，“雪”可就不是这般情形，因为在特定地点（西湖），“雪”往往不会与“春光”“秋意”同时出现。如此看来，以上调整主要是从日常经验的角度着眼的，这样处理便于接受者认知，不致引起认识上的淆乱。

三、能指与所指的象似

与日常经验及百科知识密切相关，“语言的结构，特别是语法结构，跟人对客观世界（包括对人自身）的认识有着相当程度的对应或‘象似’（iconicity）关系，或者说，语法结构在很大程度上是人的经验结构（人认识客观世界而在头脑中形成的概念结构）的模型”[7](P10)。这种“模型”似可形成ICM，并以此影响修辞话语的建构，形成两者的互动。即认知语境与修辞话语互动的过程中可体现为所指与能指的象似。

收入中学语文中的不少名篇的改笔也是因了能指与所指的象似。例如：

(4)三四顶旧毡帽从石级下升上来。旧毡帽下面是表现着希望的酱赤的面孔。(叶圣陶《多收了三五斗》)

在《四三集》中，“上来”之后的句号作逗号，“面孔”作“颜面”。诚如季樟桂所言：“从看见‘三四顶旧毡帽从石级下升上来’，到看清‘旧毡帽下面是表现着希望的酱赤的面孔’，实际上是一个较长的过程，所以，在《叶圣陶选集》中，‘上来’之后的逗号改成了句号，来表示较长的停顿。”[9](P107)之所以这么改，主要是为了更接近接受者的 ICM，是为了更好地建构认知语境。这实际上是客观实际与语言表达的“象似”。再如：

(5)秭归是楚先王熊绎始封之地，也是屈原的故乡。(刘白羽《长江三峡》)

原文作：“据袁崧《宜都山川记》载：‘秭归是屈原的故乡，是楚王子熊泽建国之地。’”我们知道，“熊泽”是熊绎之误。课文中改“楚王子”为“楚先王”，改“建国之地”为“始封之地”。另外，课文还对语序做了相应调整。这主要是因为屈原是熊绎的后裔。这种改动基于顺序象似，以便于人们的理解和认知。再如：

(6)骑马穿行林中，只听见马蹄溅起在岩石上漫流的水的声音，更增添了密林的幽静。(碧野《天山景物记》)

原文中“听见马蹄溅起……水的声音”作“听见马蹄溅起漫流在岩石上的水声”，没有“更”字。课文中的文本，把介宾短语“在岩石上”移置动词“漫流”之前。“在岩石上”是诉诸视觉感知的，“漫流”既需诉诸听觉又需诉诸视觉感知，这样，将只需单一感官感知的

“声音”前置似更贴近人们的认知习惯。又如：

(7)正说着，门被推开了。一个须眉花白的瑶族老人站在门前，手里提着一杆明火枪，肩上扛着一袋米。（彭荆风《驿路梨花》）

原文中后面的一句是：“一个须眉花白、手里提着一杆明火枪、肩上扛着一袋米的瑶族老人站在门前。”这里收入课本之后所做的改动主要是停顿和顺序，之所以这样改，也体现了能指与所指的象似：通常情况下，人们应该是先认知到推门而入者“何许人也”，然后才去仔细观察对方“手里”和“肩上”有什么。此外，定语的过于复杂也不便于中学生对相关语言知识的认知，不利于这些话语在中学生那里形成新的认知语境。

以上调整主要是语言结构上的调整，“语言结构是语言为实现信息交流的目的而自我调节的结果；对语言结构的解释应该从语言结构以外去寻找，如语言的功能和人的认知方式”[7](P20)。能指与所指的象似是认知语境和修辞话语互动的又一具体体现。

四、话语理解与指示语的映射

如果说以上所讨论的“百科知识”和“象似”与认知语境的关联相对较“虚”，有关“指称”和“指示”与认知语境的关系则相对较“实”。在语言能指形式上指称和指示的“标记”是指示语。“指示语（deixis）一词来自希腊语，意为指点（pointing）或标示（indicating）。话语中的典型指示信息是一些指称信息，包括空间、时间、移动等概念；也指话语进程（the ongoing discourse）、会话双方相互识别及相互关系。这些指示信息依靠一系列与语境有直接联系的词语，通过它们的语法特征和意义表达出来。”[10](P17)这些词语在语用学上统称为“指示语”，在我们看来，较为典型的指示语为指示代词、人称代词及特定语境中的称谓等。“话语和语境之间的关系正是通过指示语而得以在语言结构上反映出来。”[10](P17) 修辞话语与认知语境的关系亦然。

收入中学语文的名篇作为教材，往往力求有助于特定话语接受者（中学生）的认知发展，因此十分注重话语理解与指示语的对应关系，我们不妨将这种较为严格的对应关系称为“映射”。为了话语理解与指示语的映射，一些名篇的有关言语片段常常改笔。例如：

(8)——怕什么呢！我是映川的娘，姓张的是我女婿，我要到街上去喊，看有谁把我怎样！（叶圣陶《夜》）

《叶圣陶选集》中“我是”以下两个分句原作“我是姓张的丈母，映川的娘”。作者最后定稿时改变了语序，称谓也做了调整。这样，“我是……，……是我……，我要……，……把我……”在整体上形成了对称，能指的审美效果得到凸显，感情色彩更加鲜明。而且，在指称上更为明确。再如：

(9)怎么？来过一回！他说什么来着？（贺敬之、丁毅《白毛女》）

(10)“何必推举呢？自然是主张发电的人罗……”他说。（鲁迅《范爱农》）

(11)……已过夜半，又是大风雨，他醉着，却偏要到船舷上去小解。大家劝阻他，也不听，自己说是不会掉下去的。但他掉下去了，虽然能浮水，却从此不起来。（鲁迅《范爱农》）

例（9）的“他”字，是1949年1月的版本所没有的。加上指示语“他”在指称上更为明确，切合认知语境，不至于引起歧解，便于认知。例（10），当本篇最初在1926年10月25日《莽原》半月刊第 24 期发表时，此处没有“他说”两个字及其后的句号。1927 年 7 月把本篇编入《朝花夕拾》一书时增添“他说”两字和句号。例（11）最初发表时没有“自己说是”的“自己”和“是”。以上是在《朝花夕拾》做的改笔。又如：

(12)“先生，‘怪哉’这虫，是怎么一回事？……”（鲁迅《从百草园到三味书屋》）

(13)这张全区党员登记表上的三十四个人，除去老赵和黄淑英同志以外，除去叛徒黄有才以外，其余的都在这里。（峻青《党员登记表》）

例（12）最初发表于 1926 年 10 月 10 日《莽原》半月刊第 19 期，“我”的这句问话中的“怪哉”二字未加引号。1928 年 9 月，作者的回忆散文集《朝花夕拾》已加上了该引号。加上引号，指代更为明确，否则在该语境下容易将“怪哉”理解为一个叹词。例（13）原文中“三十四个人”作“三十四位同志”，没有“老赵和”三个字，“除去叛徒”作“除去了叛徒”。这里将量词“位”换为“个”，将“同志”换为“人”，使语词的感情色彩更恰切：“个”是中性的，“位”带有尊敬庄重的语体色彩；“人”是中性的，而“同志”则带有一定的褒义色彩。因为其中要包含“叛徒”，故这里用中性的“人”比较合适。“除去了叛徒”改为“除去叛徒”使得前后两个句子在结构上对称，从而可以很自然地将前后两个句子作为一种对比格来看待，进而在该句内容所指上将英雄与叛徒进行对比。

五、方言词语改换为共同语词语

方言和共同语可分别形成各自的认知语境，中学语文主要以对共同语的认知为主。因此，对于语文教材上出现的一些方言语汇，需要调整。这种调整也在一定意义上是认知语境和修辞话语建构互动的显例。例如：

(14)他时刻提醒自己，出了门要稳当，不要慌张，免得出差错和丢失东西。(柳青《梁生宝买稻种》)

原文在“他”字之后有“在脑子里”4个字，“提醒”作“警惕”，“稳当”作“拿稳”，“不要慌张”作“甭慌”，“出差错”无“出”字。“课文中把‘拿稳’和‘甭慌’分别改作‘稳当’和‘不要慌张’，显然是为了淡化原文浓厚的地方色彩，用普通话词语代替方言词语。”[9](P35) 再如：

(15)陈列在橱窗里的花花绿绿的洋布听说只要八分半一尺，女人早已眼红了许久，今天粜米就嚷着要一同出来，自己几尺，阿大几尺，阿二几尺，都有了预算。(叶圣陶《多收了三五斗》)

(16)一顶结得很好看的绒线的小囡帽。(叶圣陶《多收了三五斗》)

(17)让一向捏得紧紧的手稍微放松一点。(叶圣陶《多收了三五斗》)

(18)“你这囚犯，在那里做什么梦！你不听见么？他们米行是拿本钱来开的，不肯替我们白当差。”(叶圣陶《多收了三五斗》)

例(15)在《四三集》中，“只要”作“只消”。“只消”为方言词。例(16)中的“绒线”由“绒绳”改成。“绒绳”为方言词。例(17)中的“放松”由“放宽”改成。“放宽”在此语境中为方言词。例(18)中的“拿本钱”，在《四三集》中原作“将本钱”。这里改笔之前的“将”是方言词。

以上改笔其实都是修辞话语的改换，认知语境的改变是其改换的基本动因之一；同时，修辞话语的调整又促成了新的认知语境的生成。两者在此意义上形成互动。

参考文献：

[1]张弓.现代汉语修辞学[M].石家庄：河北教育出版社，1993.

[2]张涤华，胡裕树，张斌，林祥楣.汉语语法修辞词典[Z].合肥：安徽教育出版社，1988.

[3]冯广艺.语境适应论[M].武汉：湖北教育出版社，1999.

[4]邵敬敏.现代汉语通论[M].上海：上海教育出版社，2001.

[5]熊学亮.语言的ICM和语言研究的ICM[J].复旦学报(社会科学版)，2003(3).

[6]张春泉，张艳玲.接受心理：语境的主导因素[J].修辞学习，2004(3).

[7]沈家煊.不对称和标记论[M].南昌：江西教育出版社，1999.

[8]延俊荣.V+Rv带宾语的语义框架[J].山西大学学报(哲学社会科学版)，2002(6).

[9]季樟桂.中学语文名篇改笔丛谈[M].上海：上海教育出版社，1993.

[10]何自然.语用学概论[M].长沙：湖南教育出版社，1988.

原载《汉语学习》，2007年第6期

基于受话心理的人称变换

表达者（作者和编者等）改笔后不同版本文本中对应处的人称变换，以及同一场对话中不同话轮的人称变换，跟接受心理有着较为密切的关联。话语接受心理对人称变换有一定的制约主导作用。人称，是一种颇具主体性的语法范畴，是“指一个情景中参与者的数目和性质”[1]（P263）。人们通常把人称分成第一人称、第二人称和第三人称，这种分类的标准即所指称对象和说话人的远近关系。这种“关系”自身即体现了主体之间以语言为媒介的交互作用，主体之间语言交互过程中必然产生表达心理和接受心理。本文主要讨论基于受话心理的人称变换。

受话心理，又称为接受心理，是话语生成或建构过程中语用主体的心理结构与心理过程。接受心理是存在的，“听者有心”，虽然有时“说者无意”。接受心理的存在势必制约修辞表达。人称变换是修辞表达的一种较为常见的形式。不妨说，“人称变换”和“接受心理”互为表里，后者对前者起一定的制导作用。

一、研究现状与本文研究视角

张炼强《人称代词的变换》[2](P182~185)十分详尽细致地描写和解释了同一个版本文本中某语言片段里人称代词的变换，该文列举了人称代词的22种变换形式，这些研究取材于已成定稿的语例，考察的是同一个语言片段内的人称代词的变换，主要着眼于静态的形式分析。张春泉《第一人称代词的虚指及其心理动因》[3](P106~112)集中描述了第一人称代词在指称、单复数等方面的虚指活用情况，并揭示了第一人称代词虚指活用的心理动因。张炼强《人称代词的变换》和张春泉《第一人称代词的虚指及其心理动因》均讨论的是定稿中的人称代词问题。

倪宝元先生《汉语修辞新篇章——从名家改笔中学习修辞》在上篇《词语的选择》的第二章第一节“代词的选择”中专节讨论了作家改笔过程中人称代词的选择，[4](P93~106)为我们提供了大量的资料。倪宝元先生主要讨论的是第三人称代词和表示第三人称的名词性成分之间的变换，兼及其他人称代词的换用情况。倪宝元《代词的选择》主要是描写人称代词的选择，尚未涉及增删人称代词的情形，且主要偏重于描写，其理据似还可以做进一步的探索。

本文着眼于语言运用，探讨表达者（作者和编者等）改笔后不同版本文本中对应处的人称变换，兼及同一场对话中不同话轮的人称变换，从动态视角考察受话心理对人称变换的制约主导作用。前文已提及，这里所说的“人称”在形式上表现为人称代词和表示称呼的名词性成分，包括自称、近称、远称三种类型。一般说来，人称不仅具有较强的主体性，还与语境之间的关系格外密切，“人称的对立是直指性的，即直接指向话段的情景特征”[1](P263)。这里所说的“话段的情景特征”即一种语境。在我们看来，话语接受心理（受话心理）是语境中的主导因素。[5](P33)受话心理制导人称变换。

改笔后的基于受话心理的人称变换主要包括三种情形：增删人称形式，同一类型人称的不同形式变换，不同类型人称的换用。

二、增删人称形式

“增删”是“变换”的一种重要形式，增删人称形式，在此主要指增删人称代词。增删人称形式往往便于接受者认知，有助于接受者感知、理解特定的话语，从而更得体、更有效地表达语义内容，进而增强人称形式的语用价值。

例如：

(1)原句：此后回到中国来，我看见那些闲看枪毙犯人的人们，也何尝不酒醉似的喝彩，——呜呼，无法可想！（鲁迅《藤野先生》）

改句：此后回到中国来，我看见那些闲看枪毙犯人的人们，他们也何尝不酒醉似的喝彩，——呜呼，无法可想！

此处的“他们”两个字，在最初发表时是没有的，作者在《朝花夕拾》里增添了代词“他们”。增添人称代词后，在指称上就更为明确，便于接受者理解。之所以增添人称代词，接受心理使然。

(2)原句：怎么？来过一回！说什么来着？（贺敬之、丁毅《白毛女》）

改句：怎么？来过一回！他说什么来着？

此处的“他”字，是1949年1月的版本所没有的。这里如果不加“他”确定“所指”的话，在理解上就有可能出现偏差：有可能将“说什么来着”的“说”的施事理解为“白毛女”（喜儿）；“说什么来着”这一句话给接受者的感觉或者是杨白劳对喜儿的回答很烦，或者是杨白劳对女儿的话没有听明白，要求重复说一遍，等等。事实上，这里添加“他”在指称上就十分明确了，即“说什么来着”的“说”是“穆仁智”所说的。

(3)原句:“何必推举呢？自然是主张发电的人罗……”(鲁迅《范爱农》)

改句:“何必推举呢？自然是主张发电的人罗……”他说。

当本篇最初在1926年10月25日《莽原》半月刊第24期发表时，没有“他说”两个字及其后的句号。1927年7月编入《朝花夕拾》一书时增添“他说”两字和句号。这里的“他”是指范爱农。紧接着的下一句是“我觉得他的话又是在针对我”，如果前文不加上“他说”，一方面单独成一自然段的“何必推举呢？自然是主张发电的人罗……”势必让接受者颇费踌躇。另一方面，“我觉得他的话”中的“他的话”会让接受者觉得突兀，甚至不知所云。改动后，便于接受者（读者）认知。

(4)原句:已过夜半,又是大风雨,他醉着,却偏要到船舷上去小解。大家劝阻他,也不听,说不会掉下去的。但他掉下去了,虽然能浮水,却从此不起来。(鲁迅《范爱农》)

改句:已过夜半,又是大风雨,他醉着,却偏要到船舷上去小解。大家劝阻他,也不听,自己说是不会掉下去的。但他掉下去了,虽然能浮水,却从此不起来。

最初发表时没有“自己说是”的“自己”和“是”。改句是收入《朝花夕拾》时做的改笔。这里加上反身代词使指代更加明确，强调“不会掉下去的”是范爱农说的，而不是别人说的。

(5)原句:一定要用我们这一代人的双手,搬掉落后和穷困这两座最后的大山!(秦牧《土地》)

改句:我们这一代人一定要用自己的双手,搬掉落后和穷困这两座大山!

原文中“我们这一代人”6个字在“一定要用”之后，没有“自己”两个字；而在作者的散文集《花城》(作家出版社，1961年)中，“大山”之前还有“最后的”3个字。作者在《长河浪花集》中删去了“最后的”3个字。这里加上反身代词，就使指代更加明确，便于读者的理解与注意。

(6)原句：一个软绵绵的东西触着了她的手，她的心跳得更厉害了，她的手颤抖着掏出来一看，果然就是从棉被上撕下来的那块蓝布包着一个什么东西……(峻青《党员登记表》)

改句：触着了一个软绵绵的东西，她的心跳得更厉害了，手也颤抖着，把那东西掏出来一看，果然就是棉被上撕下来的那块蓝布包着的……

原句“触着了……东西”作“一个软绵绵的东西触着了她的手”，“手也”作“她的手”，“颤抖着”后面没有逗号点开，没有“把那东西”四字，“用”作“从”，“包着的”作“包着一个什么东西”。此处“她的手”改作“手也”实际上是删除了第三人称代词“她”。

(7)原句：猜得出你是个久经风霜的人……你怎么能闻得到红叶的香味？……可是你看，这么大年纪的一个老人，爬起山来不急，也不喘，好像不快，我们可总是落在后面，跟不上。(杨朔《香山红叶》)

改句：猜得出是个久经风霜的人……怎么能闻得到红叶的香味？……可是你看，这么大年纪的一个老人，爬起山来不急，也不喘，好像不快，我们可总是落在后面，跟不上。

改句中删除了原句“猜得出你”和“你怎么能”中的第二人称代词“你”。之所以做这样的改动，首先是因为作者该段话语的叙述由第二人称改成了第三人称；其次是因为这两个地方删除代词之后，可以由定指改为不定指，哲理意味更强，更便于作者托物言志，更便于读者理解作者所要表达的主旨和情绪情感。

以上增删人称代词，适应了接受者（读者）的接受心理，是基于受话心理的人称变换。

三、同一类型人称的不同形式变换

这里主要考察人称代词改为专有名词的情形。相对而言，人称代词较相应的专有名词更为抽象一些。因此，这种情形下的人称变换往往是变抽象为具体。之所以可以、需要这样变换，常常是为了接受者更准确地理解话语语义内容。通常情况下，具体的事物相对抽象的事物而言，更确定，更便于感觉、知觉、理解、认知。

将人称代词改为专有名词，我们不妨称之为由“通指”改为“专指”。这里所说的“通指”与我们通常所说的通名（含一些代词及通用名词等）略当，“专指”则与专名（专有名词）大体相当。人称代词改为专有名词的实质是将概括性相对更强的代词转换为概括程度相对较低的“专有名词”。例如：

(8)原句：只见他合起党证，双手捧起了它像擎着一只贮满水的碗一样，小心地放到卢进勇的手里，紧紧地把它连手握在一起，两眼直直地盯着他的脸。（王愿坚《普通劳动者》）

改句：那同志合拢了夹着火柴的党证，双手捧起像擎着一只贮满水的碗一样，小心地放到卢进勇的手里，紧紧地把它连手握在一起，两眼直直地盯着卢进勇的脸。

据季樟桂《中学语文名篇改笔丛谈》，在1978年出版的《普通劳动者》一书中，“像擎着”以前的文字作“只见他合起党证，双手捧起了它”，而“卢进勇的脸”则作“他的脸”。[6](P75) 这里即将同样表示远称远指的“他”改为“那同志”，将相对抽象笼统的人称代词“他”改为相对具体明确的专有名词“卢进勇”，尽管所指称的对象没有改变，但在表达形式上由不定指改为定指，便于接受者（这里尤指学生，语文课文的接受者）理解，便于认知。

(9)原句：这样想着，她迅速地蹲下身去，把手伸进炕洞里一阵摸索，草灰里面……(峻青《党员登记表》)

改句：这样想着，淑英迅速地蹲下身去，把手伸进炕洞里一阵摸索，在草灰里面……

原文中“淑英”作“她”。没有“草灰”前面的“在”字。改句将人称代词“她”改为专有名词“淑英”显然是更明确了。

(10)原句：她几乎不认识她了，她是那样的可怕：全身的衣服都碎成了一片片破条条，沾满着变黑了的血液。(峻青《党员登记表》)

改句：她几乎不认识妈妈了。妈妈是那样的可怕：全身的衣服都碎成了一片片破条条，沾满着变黑了的血液。

在原文中，两处的“妈妈”都作“她”，第一处的句号作逗号。两处“她”改为“妈妈”，有助于读者正确理解其所指。这里的“妈妈”与“她”均是有所指称的，如果都用“她”，则很容易与该句句首的“她”在所指上令接受者理解时出现偏差。这里实际上是将不定指转换为定指。“简单地说，定指是说话人预料受话人能够确定某一词语所指对象。反过来说，说话人认为对方不能确定所指对象，属不定指。”[7](P84)不定指是指表达与理解双方在名词性成分的所指的理解上未能达成一致的情形。不定指改为定指，便于读者确切理解，有助于接受者正确接受，有助于表达与接受的有效互动。这一互动直接与人称变换的动因相关。毕竟，“定指与不定指是以说话人的想法为准，还是以听话人的想法为准？答案是与两方面都有关”[7](P84)。“与两方面都有关”不妨说是表达与接受互动的理据（动因），这同时表明，人称的变换受制于受话心理。

四、不同类型人称的换用

不同类型人称的换用，也常常是为了更方便读者接受，或者是关涉接受者的情绪情感，或者是考虑到表达者和接受者之间的心理距离（这里尤指缩短交际双方的心理距离）。通过变换人称类型，使不同类型的人称形式更好地发挥其语用价值，让形式和内容更好地统一起来，从而使表达和接受更好地互动。

从理论上说，不同人称之间的换用有如下三种情形：自称与近称的换用，自称与远称的换用，近称与远称的换用。这里首先试举两例收入中学语文课本后换用人称的情形。

(11)原句：我的老大爷，我不十分清楚你过去的身世，但是从你脸上密密的纹路里……你的心过去是苦的，可是你看，这么大年纪的一个老人，爬起山来不急，也不喘，好像不快……(杨朔《香山红叶》)

改句：这位老向导，我不十分清楚他过去的身世，但是从他脸上密密的纹路里……他的心过去是苦的，可是你看，这么大年纪的一个老人，爬起山来不急，也不喘，好像不快……

在原文中，“这位老向导”作“我的老大爷”，四处的“他”字都作“你”。这里既有称谓语的改变（由“老大爷”换为“老向导”），又有人称的换用。在人称上首先由第一人称代词“我”改为表示近指的指示代词，其次由第二人称改为第三人称，之所以这样修改，恐怕主要还是因为接受心理的存在。即接受者的角色意识决定了这里不宜使用过于亲近的拟亲属称谓，原文呼告式的第二人称表述在一般接受者看来多多少少有些做作。毕竟原文中的“老向导”与“我”之间是服务与被服务的关系。此外，如果前面四个“他”都用“你”，则与后面的“可是你看”的“你”在人称上混淆了。“可是你看”的“你”是虚指的，可以无具体指称对象，也可以是指一般的广泛的读者，而原文中被改成“他”的四个“你”则是指“老向导”。无论是称谓的改变，还是不同人称的换用，都是考虑到了接受心理的存在。如上人称的变换，更便于接受者（这里尤指教科书的学习者）的认知。认知，是对客观事物和人自身的认识，是一种心理过程。

以上是由第二人称改为第三人称，在中学语文课文中还可见将含有第二人称代词的定中结构改为表示第三人称的专名的情形：

(12)原句：原来她还不是梨花。我问：“你姐姐呢？”（彭荆风《驿路梨花》）

改句：原来她还不是梨花。我问：“梨花呢？”

改句所做的改动是将“你姐姐”改为“梨花”。显然，这里的“你姐姐”和“梨花”指代的是同一个人。但该句与前面的“原来她还不是梨花”连用，表明“我”此前并不认识梨花，这表明“你姐姐”在“我”这里还不具心理现实性，在这段修辞话语的读者那里亦然。但改用“梨花”这一专有名词指称“她”之后，效果就不太一样了。此外，将“你姐姐”改为“梨花”还有凸显作用，凸显文章主题，该文的标题即为“驿路梨花”。

又如倪宝元《汉语修辞新篇章——从名家改笔中学习修辞》的一个显例：

(13)原句：端详着这些象，你不禁可以发现一些有趣的艺术道理。（秦牧《高高翘起的象鼻子》，见《艺海拾贝》）

改句：端详着这些象，我们很可以发现一些有趣的艺术道理。

上例原用“你”，后来作者自己改用“我们”，由第二人称单数，改为第一人称复数，之所以如是改，诚如倪宝元先生所解释的：“让说话人也站到听话人一边。表现了说话人的谦虚，也使听话人感到亲切。”[4](P104)这里“让说话人也站到听话人一边”可理解为表达者（说话人）和接受者（听话人）角色意识的转换，是表达与接受的互动结果，是接受心理制导修辞表达的具体体现。“表现了说话人的谦虚，也使听话人感到亲切”，这一分析恐怕主要是着眼于修辞心理的，其中“听话人感到亲切”即较为典型的接受心理。不妨说，改笔过程中这一人称转换，系接受心理使然。

如上所述，人称的变换与受话心理之间存在着十分密切的关系，之所以如此，主要是因为“人称”具有较强的主体性。第一人称、第二人称、第三人称相对而存在，互相规定着对方，人称自身体现的即主体之间的交互性（主体间性），人称凸显的是主体之间的关系。当然，也应该指出，尽管受话心理是制导（制约和主导）人称变换的一种重要的因素，但它并不是影响人称变换的唯一因素。

参考文献：

[1][英]戴维·克里斯特尔.现代语言学词典(第四版)[Z].沈家煊译.北京:商务印书馆,2000.

[2]张炼强.人称代词的变换[J].中国语文,1982(3).

[3]张春泉.第一人称代词的虚指及其心理动因[J].浙江大学学报(人文社会科学版),2005(3).

[4]倪宝元.汉语修辞新篇章——从名家改笔中学习修辞[M].北京:商务印书馆,1992.

[5]张春泉.论接受心理与修辞表达[M].北京:中国社会科学出版社,2007.

[6]季樟桂.中学语文名篇改笔丛谈[M].上海:上海教育出版社,1993.

[7]张斌.汉语语法学[M].上海:上海教育出版社,1998.

原载《扬州大学学报》,2008年第5期

基于受话心理的“有标”元语言

话语交际过程中，直接联系交际双方的是语言。为了话语交际的动机（意图）、过程与效果的统一，人们往往需要诉诸一定的话语手段以调整适用语辞。“有标”元语言即有助于交际动机、过程与效果统一的一种必要手段。尤其是在语码转换中，“有标”（有话语标记）元语言的适用有利于听读者有效理解话语。用以解释字母词、缩略语、方言等言语形式的“有标”元语言，颇具语用价值。

一、“有标”元语言的界定

元语言是与对象语言相对存在的。元语言和对象语言首先由波兰逻辑学家塔尔斯基在 20 世纪 30 年代借鉴希尔伯特元数学的称谓而提出。[1](P255) 区分元语言和对象语言主要试图解决语义悖论问题。元语言是用以讨论解释对象语言的语言，而对象语言是被讨论、被解释的语言。作为元语言的修辞话语往往是特定语境中的解释性成分。这里主要讨论书面上有标记的解释性成分。

例如：

因这丛书的名目，连社名也就叫了“未名”——但并非“没有名目”的意思，是“还没有名目”的意思，恰如孩子的“还未成丁”似的。（鲁迅《忆韦素园君》）

这里破折号后的“但并非‘没有名目’的意思，是‘还没有名目’的意思，恰如孩子的‘还未成丁’似的”即对原有的话语“未名”的解释。破折号在此作为标记。

“解释”是对于对象语言的诠释，可以是对能指的说明，也可以是对所指的阐述。我们这里所说的解释指的是解释部分（元语言）与被解释部分（对象语言）均作为修辞话语的组成部分的解释，是适用状态下的解释；而不是像词典、字典释义那样，是备用的。

根据元语言与对象语言是否在语言的线性序列的紧邻的环节上，可以把作为元语言的修辞话语分为即时随境性解释和继时追加性解释。

二、即时随境性解释

即时随境性解释是指作为解释性修辞话语的元语言与被解释对象共处于语言线性序列的紧邻的环节上。这里以特定语言环境中对转换的语码的解释及方言的解释为例探讨之。具体分类讨论如下。

（一）语码转换中的修辞解释

语码转换是话语接受心理（尤其是接受能力）对修辞表达（尤其是外语的使用）制约的一种结果。“会话语码转换可以定义为在一次语言交际中出现了属于两个不同的语法体系或亚体系的言语片段。最常见的这种语言的更替形式是先后两句话，或者后一句是用另一种语言重复前一句的语义，或者后一句是用另一种语言回答前面的问题。”[2](P68) 这里所说的“言语片段”显然应该包括比句子更小的语言单位，比如词、词素等。

饶有意味的是，“语码”这个术语本身即基于接受心理的一个“言语片段”。“社会语言学家把任何一种语言或它的变体都看成是一种语码。这个术语的优越性在于它是中性的，因为像语言、方言、标准语、混合语、克里奥尔等等容易引起情感问题。有时人们也使用变体这个概念，但是又容易被理解成从属于某种更标准的语言，所以也不能算是中性的。与此相反，语码可以用来指任何一种用来交际的系统，甚至可以用来指只供自己使用的一种秘密的符号系统。因此，语码是一个非常容易让人接受的定义。”[3](P134) 这里“让人接受”中的“人”主要是指接受者，以上对“语码”的解释即注意到了语码与接受心理的关系。语码转换中的修辞解释主要有以下几种情形。

第一种情形，用一种语码解释，被解释的部分在前，解释部分在后，这是通常情况。例如：

> 曾几何时，当我漫步在巴黎、旧金山、布鲁塞尔、塞维利时，望着埃菲尔铁塔、艺术宫、原子球等这样一些世博会标志性建筑时，总会一遍又一遍地问自己：expo——世博会，究竟何时方能款款走进我们上海这座东方大都市？（曹可凡《你好，expo》，《文汇报》2002 年 12 月 5 日，第 11 版）

其中的“世博会”即对“expo”的解释，用“——”加以提示。

> 科研成果的质量也稳步上升：CSSCI（中国社会科学文献索引）发文量在全国高校中的排序已由 1998 年的第 11 位上升到 2000 年的第 9 位。（朱晓梦《清华文科：能否再造辉煌》，《光明日报》2003 年 1 月 2 日，B1 版）

其中的“中国社会科学文献索引”是对“CSSCI”的解释，用“（ ）”予以提示。

第二种情形，用一种语码解释，被解释部分在后。例如：

> 记者从浙江温州市统计局获悉，去年温州市国内生产总值(GDP)首次突破1000亿元，达到1055亿元，比去年增长13%。(谢云挺《温州市GDP首次突破1000亿元》，《浙江日报》2003年2月9日，第1版)

该文中“GDP”共出现4次（含标题），文中首次出现时做出了解释。其中“国内生产总值”是对“GDP”的解释，尽管后者以括号括起来了，但它仍然是被解释者，因为汉语母语读者应该更熟悉前者。

> 国家行政学院与北京大学近日决定联合培养公共管理硕士(MPA)，以培养高层次公务员人才。(张传亚《国家行政学院与北大联合培养MPA》，《光明日报》2003年2月27日，第A4版)

以上“公共管理硕士”是对“MPA”的解释。

第三种情形，用两种语码来解释。例如：

> 进入20世纪70年代，“3p”问题：poverty(贫困)、population(人口)、pollution(污染)，开始成为世界三大难题，引起各国的普遍重视。(李家杰《始终奋进在时代前列》，《光明日报》2002年10月30日，第C1版)

这里对“3p”的解释使用了汉语和英语两种代码。

> 2003年1月12日，上海国际包装印刷城(SIPPC)结构封顶，这标志着我国第一个包装印刷中央商务区浮出水面。上海国际包装印刷城位于普陀区西北综合物流园区的核心地段，是中国目前唯一的包装印刷综合产业基地、行业CBD。CBD(central business district)是中央商务区的英文缩写。(梁向东、缪惟民、高晓明《中国首个行业CBD浮出水面》，《光明日报》2003年2月10日，B2版)

该文中“CBD”共出现11次，文中第二次出现时做出解释。此外，该文中还有“WTO”“SIPPC”等字母词，共计13例（其中“WTO”两例。）其中对“CBD”的解释同样使用了两种代码体系。

有的不是人们通常所说的字母词，而是用特定的字母符号表示的有仿造字母词意味的“词”，我们称之为类字母词，对其表示的特定含义也有必要予以解释。例如：

> 单波老师引用了一位学者的话：“现在娱乐界流行F4，学术界流行4F，那就是浮夸、肤浅、浮漂、浮躁。”也许，一稿多交赚学分的现象就是对4F的绝佳阐释。（陈磊《课程论文“一稿多投”文科研究生赚学分出新招》，《中国青年报》2003年3月3日，第5版）

这里的“那就是”后面的“浮夸、肤浅、浮漂、浮躁”即对“4F”的解释。试想如果不做该修辞解释，许多读者定然会“丈二和尚摸不着头脑”，不知所云。已有论者注意到了这种解释（追加）的必要性：“报刊等大众媒体，要对新出现的词汇进行相应的注释说明，以免公众感到费解。”[4]以上的仿拟具有一定的修辞效果，能在一定的程度上激起接受兴趣，引起接受者的受话注意，但若没有相应的解释，这种效果可能会荡然无存。

（二）有关方言语词的解释性修辞话语

除了我们上面述及之字母词的使用多数情况下（尤其是在大众媒体上出现）需要以言语追加的形式做出解释以外，有些方言的使用，也有必要做出追加式的解释。“有生动的方言，也可以用。如果怕读者不懂，可以加一个注解。”[5](P102)“我现在逐渐少用北京土语，偶尔用一个也加上注解。”[5](P102)方言与共同语一起使用，或者说，共同语与方言的转换，严格地说，也是一种语码转换。用方言加一个注即一种言语解释，解释的目的是为了让接受者能够懂，这实乃接受能力对修辞表达制约的具体体现。例如：“我本清纯农家女，只怨生在贫困区，这都是因为穷啊！ 在我们这个小山村里，像我这般大的小伙子想娶回一个堂客（即老婆——记者注）是很困难的事。”（洪鸿《一个千万元贪官情妇的自白》，《金盾》，2003 年第 5 期，第 38 页）这里的“堂客”即方言词（适用于西南官话的大部分地区），表达者用“老婆”及时做注，便于接受者接受。 使用方言土语如果不加注，非当地接受者可能会不知所云。

再如吴士文先生曾举过的《中国青年报》上的一个句子“用土豆可以治胃病”即为显例。“很多地方的人不清楚什么叫‘土豆’。 他们看到了《中国青年报》上登载的这个偏方，有人便写信问报社什么是土豆。 该报不得不在‘服务栏’里回答说：‘土豆就是马铃薯，各地方言对马铃薯叫法不一，如华北多叫“山药蛋”，东北一带多叫作“土豆”，华东叫“洋山芋”，华南叫“荷兰豆”。’”[6](P47) 该报之所以不得不在“服务栏”专门就什么是“土豆”做出解释，接受心理（尤其是接受能力）使然。 显然，这里的解释是一种言语追加，是一种继时追加，如果该报在登出“用土豆可以治胃病”的同时即时在其旁边“加一个注解”，效果就会好多了。

三、继时追加性解释

继时追加性解释是指作为解释性修辞话语的元语言与被解释对象不在语言线性序列的紧邻的环节上。 恰如其分的言语追加对于平衡特定接受者的心理，稳定他们的情绪也有着不可替代的作用。 例如据报载：“判决书和调解书不再只是冷冰冰的法律结论。 日前，一份带有一段充满人性化评论的‘法官后语’的判决书悄然出现在南京建邺区法院的民事审判中。 这份带有‘法官后语’的判决书判决的是一个名誉权纠纷案。 一名在校大学生因为觉得任课教授在课堂上当众批评自己‘你有什么用，不如回家种地、做泥瓦工’，而使自己的名誉受到侵害，便一纸诉状将这位 50 多岁的老教授告上法庭，要求教授赔礼道歉，并赔偿精神损失费1000元。……法院审理后认为，老教授批评学生的语言虽有欠妥之处，但并不构成名誉侵权。……按照以往的惯例，分清了是非曲直，判决书就可以画上句号了。但承办此案的民庭法官金立安却仍觉得在认定的事实之外还有话要说，因为此案的原被告双方关系特殊，还要在今后的教学过程中共同走过很长的时间。于是他在判决之后加了一段'法官后语'，劝诫做老师的应掌握教育艺术，做学生的也应理解老师的良苦用心，不应曲解老师善意的批评和教育，认为师生双方的良好沟通才是解决问题最好的办法。"这段声情并茂的解释善莫大焉，在某种意义上对平衡特定接受者（原告与被告等）有其不可替代的作用。此种情形下"法官后语"即作为一种话语标记，提请人们注意，其后是元语言，是与判决书正文不同但在法官看来又是不可或缺的一个部分。

再比如，有关媒体所报道的"巴黎辱华案"也在某种意义上是以言语解释的形式结案的。"11月26日，海内外华人极为关注的'巴黎街头辱华案'以庭外和解告终。原告方法国华侨华人会主席杨明、法国潮州会会馆副会长许葵、法国北京协会执行会长庄丹泽等，代表全法41个华侨华人社团与被告小说《华人与狗，不得入内》的作者弗朗索瓦·齐博达成庭外和解协议，协议内容如下：'一，作者同意自2000年11月28日起，把话剧广告及小说封面上的题目插入引号（""）内，并加上副标题"——引自租界时期的一块令人愤慨的牌子"。上述字样必须以同样醒目的方式并采用与作者姓名同样大的字体在广告上以及下次印刷的小说封面上出现。二，作者同意在目前出售的小说中附加一页说明，内容为"本书标题出自租界时期的一块令人愤慨的牌子"。三，作者将与该小说出版商联系，尽全力促成上述修改，但作者无权代表出版商做出承诺。四，应作者的要求，在本和解协议上签字的各华人华侨社团同意终止一切司法起诉，包括2000年11月21日在巴黎大事法庭采取的紧急司法行动。五，作者将全力配合华人华侨社团及时修改已在地铁车站张贴的广告。'"（李永群《"巴黎辱华案”给华人的启示》,《中国青年报》2000 年 11 月 29 日，第 6 版）这里的“对簿公堂”整个是围绕“华人与狗，不得入内”这一话语的有无必要“修改”、怎样“修改”等进行的。之所以要求修改，接受者（华人）的接受情绪情感使然。这里元语言的话语标记为引号（“”）和特定字体等。

《华人与狗，不得入内》是齐博于 1997 年创作的一部叙述童年情感历程的自传体小说，内容与中国或者华人毫无关系，但以此作为书名却严重伤害了华人的感情。显然，以上的解释性言语追加是基于接受者情绪情感的元语言的又一显例。

以上表明，作为元语言的修辞话语的存在是必要的，它是表达者充分表达思想，接受者有效认知的前提，是表达者和接受者有效交际的一个必要条件。“有标”元语言有其语用价值。基于受话心理的“有标”元语言的适用有助于表达和接受的良性互动。

参考文献：

[1]黄华新.逻辑与自然语言理解[M].长春:吉林人民出版社,2000.

[2][英]约翰·甘柏兹.会话策略[M].徐大明,高海洋译.北京:社会科学文献出版社,2001.

[3]郭熙.中国社会语言学[M].南京:南京大学出版社,1999.

[4]詹瞻.不必担心 努力规范[N].解放日报.2002/9/27.

[5]老舍.关于文学的语言问题.见:舒济.老舍讲演集[C].北京:生活·读书·新知三联书店,1999.

[6]吴士文.修辞讲话[M].兰州:甘肃人民出版社,1982.

原载《语文学刊》,2006 年第 10 期,署名张春泉,马芝兰

修辞心理过程个案考察之二

——以鲁国尧《创造新词的心路历程》为例①

张春泉《修辞心理过程个案考察之一——以蒋孔阳〈书房题名未遂记〉为例》[1](P18~19)(《修辞学习》，2002 年第 5 期)，对修辞心理过程(尤指表达心理过程)做了一个粗略的描述。这里，我们以鲁国尧《创造新词的心路历程》[2](P8~15)(以下有些地方简称《心路历程》)为例，进一步从微观、常观、宏观视角探讨修辞的过程性，研究修辞心理的材料、方法以及修辞心理诸要素之间的关系等问题。

一、修辞的过程性：一种微观视角

尽管当下学界对什么是修辞的看法见仁见智，人们或者着眼于结构形式，或者着眼于功能效果看修辞的特质，但是，无论持怎样的修辞观，仍然不可回避的是修辞的过程性。因为，不论是同义结构形式

① 张春泉《修辞心理过程个案考察——以中国宪法〈序言〉部分文本的起草与修改为例》(原载《渤海大学学报》，2007 年第 5 期)，后辑入张春泉《叙事对话与语用逻辑》(中国社会科学出版社，2007 年)。张春泉《修辞心理过程个案考察之一——以蒋孔阳〈书房题名未遂记〉为例》(原载《修辞学习》，2002 年第 5 期)，后辑入张春泉《论接受心理与修辞表达》(中国社会科学出版社，2011 年)。

的选择，还是修辞效果的管控，都需要修辞主体的参与，这种参与其实就是由语言而言语的过程，并最终形成特定的修辞话语。无疑，修辞是一个过程，是由收集材料、剪裁配置、写说发表等阶段所形成的过程[3](P5)。在这个过程中，抽象与具体辩证作用，表达与接受交互作用。即使是“修辞技巧”，其“在相当程度上也就是把抽象的语言转化为具体的表达的技巧”[4](P5)。显然，由抽象到具体是一个过程。正如陈光磊先生所指出的：“对于这个过程应当更加深入地加以研究和认识。”[4](P5)

言语事实和修辞实践表明，深入研究和认识修辞的过程性须臾不可离开对修辞心理过程的考察。具体说来，修辞过程与修辞主体（可以含修辞话语的表达者和修辞话语的接受者）的兴趣、能力、动机、需要等心理结构及感知、情绪情感、意志等心理过程密切相关。作家改笔和法典修改等即可说明这些。我们这里所引以为个案的《创造新词的心路历程》即一个较为典型的例证。

修辞过程说到底是一个创新的过程，是创造新的语句的过程，而语句是由具体的词语构成的。因此，修辞过程在最基本的意义上似乎可以说是新词语以使用为目的的创新的过程。这个创新过程有且必定有其“心路历程”，正如鲁国尧先生《创造新词的心路历程》所记录的那样。

显然，无论是修辞心理过程，还是新词语（注意这里说的是“词语”，而不是“语词”）的创造，都是一种微观视角。“修辞研究的微观方法，也可以包括两个方面：一是对某一个体的修辞现象做全面细致的考察和研究，这可以是对某一位作家的，也可以是对某一部作品的修辞特点做个性描述。作家、作品语言研究的重心往往就是建立在这种修辞研究上的。二是对修辞中所形成的语文表达方式做精细的观察和分析，以揭示由抽象的语言组合成具体话语这一过程的复杂精微及其深层机理。”[4](P69)与蒋孔阳《书房题名未遂记》[5](P54~56)相似，鲁国尧的《心路历程》以亲切自然的笔调，以内省的方式剖析和描绘了创造新名词的心理过程。广义地说，蒋孔阳、鲁国尧等熟练表达者也是“作家”，他们也有大量的言语作品问世，虽然他们言语作品的语体与人们通常所说的狭义作家的语体不尽相同。事实上，两者亦只是语体上的差异：一个是文艺审美语体（一般作家作品）；一个是学术科技语体（鲁国尧《创造新词的心路历程》等）。因此，我们对某一位作家（比如蒋孔阳先生或鲁国尧先生）的修辞心理的个性描述在这个意义上即属于微观研究。此外，以表达者内省的方式所“披露”的“心路历程”其实就是陈光磊先生所说的微观方法的第二个方面，毋庸置疑，修辞心理的自我揭示是“对修辞中所形成的语文表达方式做精细的观察和分析，以揭示由抽象的语言组合成具体话语这一过程的复杂精微及其深层机理”。最后，就“新词”而言，词语的使用应该也可以说是修辞的微观方面。一般说来，词是语言中能够独立运用的最小的单位，而修辞即对语言的具体运用，既为“最小”，又是“独立运用”，因此，词语的运用可视为修辞的一种微观现象。

由此看来，修辞的过程性彰显修辞研究的微观视角，微观视角中的修辞过程体现出修辞的创造性。我们以《书房题名未遂记》《创造新词的心路历程》等为例从微观的角度“透视”修辞心理过程是可行的，也是修辞研究须从微观方面着眼的某种必然要求。

二、研究修辞心理的材料：一种常观态质

就修辞研究而言，方法和材料通常是紧密联系在一起的。如上所述，修辞具有一定的过程性，这种过程可以着眼于微观进行揭示。同时，我们还可以从常观的角度考察修辞心理。常观修辞研究“是进行宏观研究和微观研究的‘入口处’”[4](P69)。在我们看来，表达者用语言文字记录下来的内省式的材料即具常观态质，它“看得见”“触得

着”，在一定意义上是个体修辞心理的外化，是我们开展修辞心理研究的较为理想的材料。

一般说来，有关心理问题的研究可以诉诸现代高科技的实验手段，使用相对“精密”“精确”的技术设备。但是，我们觉得使用某些高科技手段得到的结果对于修辞心理的研究而言具有一定的局限性。因为修辞活动并不是纯粹的言语活动，它往往伴随着一定的审美和认知。不妨可以说，修辞活动在一定意义上是一种基于审美与认知的言语活动。正因为其具有一定的审美性，所以诉诸高科技的那些数字材料在解释某些修辞心理过程时就常常会显得捉襟见肘。毕竟，审美是不可用数字材料精确“度量”的。而且，尤为重要的是，如上所述，在修辞的微观层面上，修辞是一个过程，这个过程富于创造性。因此，研究修辞心理过程的比较适宜的材料可以是诸如鲁国尧《创造新词的心路历程》等本身颇具修辞色彩的内省材料。

此外，也有人通过一般的话语分析去“琢磨”修辞主体的修辞心理，即一些裹挟着特定修辞主体的修辞心理的修辞话语（有内容的言语作品），亦可以作为研究修辞心理的材料。但是，这种材料仍然具有较大的局限性。它往往带有一定的随意性，同样的话语不同的研究者可能会有不同的分析，因为它本身即渗入了分析者自身的理解和解释，而不是直接援引表达者创造语词时的心路历程。这种情形发展到一个极端就是穿凿附会，这当然是不利于修辞心理研究的。

相比较而言，我们认为一些表达者对自己就某一言语作品所做的内省而记下的语言文字材料，作为修辞心理研究的材料可以在一定程度上克服以上材料和手段的局限性。我们力倡使用这些内省式的具有常观态质的语言文字材料研究修辞心理。例如鲁国尧之《心路历程》，在这则文字材料中，作者以修辞的方式表达了自己的“心路历程”，它开篇在“提要”中即指出：“本文如有特色，即在于‘实话实说’，详述创造新词的心理活动过程。”[2](P8) 作者谈的是自己对“E-mail”“handout”

这两个外来词的汉语译名的确定过程及“语言入侵”这一术语的创造过程。因为自己就是这些新词的创造者，所以在很大程度上免去了其他人对其创作的心理过程的臆度、揣摩。因此，使用这些材料研究修辞心理过程更具科学性。

这里得说明的是，在我们看来，创造新词是一种修辞行为。“修辞不过是调整语辞使达意传情能够适切的一种努力”[3](P3)。“修辞所可利用的是语言文字的习惯及体裁形式的遗产，就是语言文字的一切可能性”；“修辞所须适合的是题旨和情境”[3](P8)。陈望道先生关于什么是修辞的描述表明：第一，调整语辞的努力是一种行为，这就蕴涵了修辞行为必然存在，而一定的行为势必有其心理；第二，创造新词的目的是为了有效交际，同时也在一定程度上便于审美或认知，都是为了更好地达意传情。比如“E-mail”的汉语译名究竟确定为“电子邮件”“伊妹儿”“伊媚儿”还是“伊美尔”其实是颇费修辞主体踌躇的，需要付出修辞主体的“努力”。它至少需要考虑：译名须与电脑打字的“打起来快”这一要求相适应；要尽量减少电脑键盘输入次数和输入法的切换频率；要与使用者的身份甚至性别相适应等。

事实上，采取表达者自己用语言文字记录下来的内省式的材料研究修辞心理的“合法性”与“合理性”还可以从《心路历程》的作者自己写作该文的目的（修辞动机）见出。作者指出：“以上想法（指将‘E-mail’译为‘伊美尔’——引者按），牵涉性别、年龄、职业、文体、文化程度等诸多因素，不只是外来词的学术问题，似乎也跟语言心理、社会语言学有关，我陈述思考这个问题的过程，留着作为个案，供词汇学家、社会语言学家剖析、批判之用。”[2](P10)作为语言学家的作者此番“表白”是无疑富有见地的。

三、修辞心理诸要素之间的关联：一种宏观视域

除了以上所述之微观与常观视角，修辞心理过程研究还可以有其

宏观视域。修辞的宏观研究可以是：以探求修辞如何对应题旨情境为重点，多方面多层次地考察修辞现象，综合地阐释修辞规律。[4](P69) 修辞心理中的心理结构与心理过程的关联、修辞表达心理与接受心理的关联即展示出一定的宏观性。

事实上，宏观视域中的修辞心理过程研究即强调的是修辞心理诸要素之间的关联性和一定意义上的整体性。修辞心理诸要素之间往往互相联系并协同发挥作用，它们在一定意义上共同支配修辞行为。这同样从鲁国尧之《心路历程》中可以看出。

顾名思义，《创造新词的心路历程》谈的主要是有关修辞心理过程的一些问题，但是其中仍然用相当大的篇幅谈到了有关修辞的个性结构等问题。《心路历程》首先提及："可是我呢，却很不愿意使用'伊妹儿''伊媚儿'。"[2](P9) 显然，这里的"不愿意"即一种心理活动。作者接着内省道：

> 现在坦述我的心理过程。我认为"伊妹儿""伊媚儿"是青年人使用的词儿。当然，如今改革开放，中老年中不乏喜欢她们特殊意味的人。也许是我保守、守旧，因而对新事物、新词语不易接受。我是教师，我是年过花甲的高校教师，所以在使用电子邮件跟朋友、学生通信时，我不愿意使用"伊妹儿"，尤其是对女性，特别是对年轻的女学生，更不便于使用这词儿。教师就是要为人师表，对女学生，出语要严肃庄重，岂可用这种"轻""软"词儿？（案，我想不出如何表达，于是杜撰出这说法，加上个引号。）
>
> 也许有朋友说："那你自己不用就不用呗，你就使用'电子邮件'或'电邮'不就得了吗？"不过，作为一个语言学人，我总想改良"伊妹儿""伊媚儿"这两个词儿。这兴许是我脑中的旧派语言学传统思想在作怪，总想规范语言中的某种看不顺眼的事实。我认为改良的最佳办法是因势利导，或者借用我的同乡梅

兰芳先生在解放后关于京剧改革的话，“移步而不换形”。我思索久之，2001年的某日忽有所悟：“何不用‘伊美尔’？”从此以后我跟友人、学生写信时，无论是电子邮件或者纸本邮件，我一直用“伊美尔”。

我的改良词“伊美尔”里面的“美尔”是“认为您美”的意思。[2](P9)

以上材料中，作者对“伊妹儿”“伊媚儿”的改良是一种修辞活动，“改良”的过程是一种修辞过程，并必定蕴涵有相应的修辞心理过程。值得注意的是，这种“改良”并不是简单的同义词的选择和替换，即并不是简单地把“伊妹儿”“伊媚儿”替换成具有相同所指的“伊美尔”。这个过程是一个创造过程，这从其语义赋值可以看出。在“伊美尔”这个词中，在不改变所指的前提下，作者赋予了该词里面的“美尔”“认为您美”的附加义。作者有关“‘美尔’两字，在文言文里，‘尔’是第二人称代词，‘您’‘你’的意思。而‘美’呢，是‘意动’用法，就是‘以×为美’‘认为×是美的’的意思”[2](P10)的讨论不妨说是一种修辞认知过程，是对特定语词“伊美尔”的理解过程，并且在这个过程中伴随着修辞主体的审美。即修辞主体是以审美的方式在理解（一种“认知”）的基础上对“伊妹儿”“伊媚儿”“伊美尔”做出选择的。最终基于理解和审美，作者（表达者）选定了“伊美尔”。

此外，以上材料中，“青年”“中老年”等指的是年龄，一般说来，不同的年龄定然有不同的心理结构；“保守”“守旧”显然属于心理结构的范畴；“教师”“语言学人”属于身份，通常情况下人的身份不同也势必会有不同的能力、需要、动机、兴趣等心理结构，因此其亦与心理结构密切相关。究其实，“这兴许是我脑中的旧派语言学传统思想在作怪，总想规范语言中的某种看不顺眼的事实”就可看作个性心理结构发挥作用的一种表现。在《心路历程》（即一定意义上的心理过程）中出现这些心理结构方面的要素，表明修辞心理过程与心理结构须臾不可分离。

以上材料还谈道:“在使用电子邮件跟朋友、学生通信时，我不愿意使用‘伊妹儿’，尤其是对女性，特别是对年轻的女学生，更不便于使用这词儿。”显然，这里所提及之“朋友”“学生”“年轻的女学生”均是指的自己所表达的话语(这里指“E-mail”一词)的直接接受者。在谈及“心路历程”时提到这些特定的接受者，这表明，表达心理和接受者密切相关。而此处表达者所直接提到的是年龄(年轻)、性别(女)、身份(学生)等，上文已分析。通常情况下，不同的年龄、性别、身份其心理结构等定然有所不同，就这个意义说，接受心理必然关涉表达心理。进一步来看，接受心理其实在一定意义上是语境的主导因素。[6](P52~54)

尤其值得一提的是,《心路历程》一文还谈道:“2002 年 11 月 14 日我的同事杨锡彭教授，因为我发了一则伊美尔给他，就回复我一则伊美尔，还保存在我的电脑里，如今我把它调出来，主题:‘“伊美尔”写得好’。”[2](P9)“经杨锡彭教授这么一鼓励，我更坚持我的改良方案了，而且还想推广出去，所以写出以上这一段文字。”[2](P10)这里杨锡彭教授首先是“伊美尔”的接受者，其“‘伊美尔’写得好”是对表达者(鲁国尧)的修辞表达的理解、评价、接受。事实上，到这里修辞过程还没有结束，因为在接受者杨锡彭教授的“鼓励”下,“我更坚持我的改良方案了，而且还想推广出去”。显然,“坚持”“想”均可看作是修辞心理过程。尤其是“坚持”，即一种意志，在这里就是“修辞意志”。“推广”“伊美尔”无疑又是一种修辞行为，即这个过程经历了由表达者到接受者再回到表达者的过程。概言之，这较为典型地体现了修辞过程中表达心理与接受心理之间的关联，体现了表达与接受的交互作用，即“互动”(interaction)。

以上我们以鲁国尧《创造新词的心路历程》为例,“微观”“常观”“宏观”“三观齐下”个案考察了与修辞心理过程有关的一些问题。旨在着眼于新视角(“三观齐下”)，利用新材料(比如鲁国尧《创造新词的心路历程》），于修辞研究的新领域（修辞心理过程）做些探索。

参考文献：

[1]张春泉.修辞心理过程个案考察之一——以蒋孔阳《书房题名未遂记》为例[J].修辞学习,2002(5).

[2]鲁国尧.创造新词的心路历程[J].语言教学与研究,2005(1).

[3]陈望道.修辞学发凡[M].上海:上海教育出版社,1997.

[4]陈光磊.修辞论稿[M].北京:北京语言文化大学出版社,2001.

[5]蒋孔阳.真与美——蒋孔阳美学随笔[M].上海:上海人民出版社,2000.

[6]张春泉,张艳玲.接受心理:语境的主导因素[J].修辞学习,2004(3).

原载《修辞学习》,2005 年第 3 期

修辞心理过程个案考察之三

——以朱德熙《评改两篇说明文》为例

张春泉《修辞心理过程个案考察——以中国宪法〈序言〉部分文本的起草和修改为例》[1](P127~130)、《修辞心理过程个案考察之一——以蒋孔阳〈书房题名未遂记〉为例》[2](P18~19)和《修辞心理过程个案考察之二——以鲁国尧〈创造新词的心路历程〉为例》[3](P62~64)分别从宏观、常观和微观视角探讨了修辞的过程性，研究修辞心理的材料、方法以及修辞心理诸要素之间的关系等。本文选取朱德熙《评改两篇说明文》关于修改动因的描述作为材料，探讨基于语境的话语感知和话语理解过程以及基于推理的话语理解过程。

一、文章评改：本文语料来源

本文语料主要取自朱德熙《评改两篇说明文》，该文收于《朱德熙文集》(第 4 卷)。

朱德熙《评改两篇说明文》开头指出："这是报纸上发表过的两篇说明文。题材类似，毛病也差不多。这两篇文章曾由北京大学中文系汉语教研室石新春和张雪森两位同志分别评改过。现在把他们两位的评改略加调整补充，拿来作为讲座的材料。”[4](P247) 可见，《评改两篇说明文》是多主体材料，讨论的主要是文章修改问题。文章修改是一种修辞活动，是修辞过程的延续，诚如秦牧在倪宝元《汉语修辞新篇章——从名家改笔中学习修辞》的序言“从名家改笔中学习修辞本领”中所指出的：“比较成熟的作者，文章写成之后，修改往往也包含了进一步的修辞。”[5](P3) 倪宝元先生则进一步更为明确地指出：“我们觉得‘修改’和‘修辞’在材料、方法、目的等方面都有相通、相同、甚至相等之处，把‘修改’归属在‘修辞’下面来进行研究应该是顺理成章的。”[5](P15) 因此，“我们可以有理由认定修改也是修辞”[5](P14)。修改必然受制于特定的修辞心理过程。

朱德熙十分注重文章的修改。他指出：“一篇文章的写作过程，也就是反复修改的过程。”[6](P304) 具体说来，“写文章之前要好好考虑，考虑好了再动笔。可是写的时候却要大胆，不能有顾虑。写完了必须仔细修改。修改的时候要严格、认真，不能满不在乎”[7](P181)。“严格、认真，不能满不在乎”的修改不能不受修辞心理的制导。

修改至少有两种情形：其一，同一个主体的修改；其二，不同主体的修改。第一种情形，倪宝元等学者已经开展了卓有成效的研究。本文主要关注第二种情形的心理动因，即评改者作为新的修辞主体修改原有言语作品（话语）的心理过程。值得注意的是，“评改者”既是接受者又是表达者，评改者的这一双重角色较为充分地说明了话语接受对于话语表达的影响。

如果我们把“语言”分为元语言和对象语言两个层面，则本文所选取的材料与笔者此前有关修辞心理过程个案考察的材料均主要为元语言。

二、基于语境的话语感知过程

朱德熙《评改两篇说明文》通过元语言对于原文改动理据的说

明，有助于人们了解基于语境的话语感知过程。

话语感知过程是对于话语的某种整体感知活动，修辞过程离不开话语感知。朱德熙《评改两篇说明文》中某些关于评改动因的描述即为显例。为了表述方便，以下诸例中，我们均先给出被修改的原文，然后讨论其修改动因。例如：

原文：番茄含有较多矿物质和很丰富的维生素甲、乙、丙和维生素丁原。

朱德熙认为："这句话用了两个'和'字，层次既不清楚，念起来也别扭。不如把原句拆成两句，说：'番茄含有较多的矿物质，维生素甲、乙、丙和维生素丁原也很丰富。'"[4](P251)"这句话用了两个'和'字"显示的是"和"的语境分布，"把原句拆成两句"也是对于上下文语境的重新建构，"念起来""别扭"无疑是一种话语感知过程，这一过程与语境息息相关。

值得注意的是，在理论上朱德熙也是十分重视话语感知的。比如朱德熙先生十分注重语言的整体感觉（感知），注重"念"和"听"等多种感官的综合运用。朱德熙先生曾指出："一句话通不通，顺不顺，就不一定看得出来，得念一念才能听得出来。为什么'念'和'看'会有这么大的不同呢？说起来也简单，作文和说话基本上是一回事，口里说的是话，写下来就是'文'。"[4](P180)"念"和"听"的过程是原文修辞过程的必要的延续，并且，这种"念"和"听"的感知与修辞效果的检验密切相关。"欣赏别人的文章，光看不念，不容易体会它的好处，检查自己的文章，光看不念，也不容易发现毛病。"[7](P180)"念"和"听"是需要语感的，"说'看两遍'，我的体会就是'念两遍'，最好念出声来。这样做是为了把文章跟口语结合起来，用我们对口语的感性知识去衡量纸上的文章，看看是不是通，是不是顺"[6](P307)。其中，"念两遍"即一种话语感知过程。

三、基于语境的话语理解过程

不妨说，“感知”主要是对于语言能指形式的认知过程，而“理解”则主要是对话语所指（语义内容）的认知过程。朱德熙《评改两篇说明文》用较为典型的元语言描述了基于语境的话语理解过程。

例如：

> 原文：更主要的是它含有一种超于任何蔬菜的养分——胡萝卜素。这种黄色色素在许多植物体中都有，但以胡萝卜中的含量最多。并且在一百二三十年以前，人们就是从胡萝卜中首先发现了这种色素，所以一直称为胡萝卜素。

朱德熙认为：“原文先说明胡萝卜里含有胡萝卜素，再说胡萝卜所含的胡萝卜素比其他植物的含量高，最后才说明胡萝卜素得名的由来。胡萝卜素是什么东西，一般读者不见得知道，应该在提到胡萝卜之后，立即说明它得名的由来。采取这个写法，当读者看到‘因为这种色素最早是在胡萝卜里发现的，所以叫作胡萝卜素’一句时，就知道含有胡萝卜素的植物不止胡萝卜一种，因此下文接着说‘别类植物也有含胡萝卜素的，但是含量都不如胡萝卜高’，就显得顺理成章，一点也不突兀。”[4](P260~261) 这里“先说明”“再说”“最后才说明”“下文接着说”主要是就语境而言的，文章评改之所以要调整上下文，主要是为了更好地适应“一般读者”的认知习惯和方式，从而更好地理解原文。

以上是基于上下文语境的话语理解过程。朱德熙《评改两篇说明文》也描述了基于认知语境的话语理解过程。例如：

> 原文：番茄到欧洲大陆之后，就在比利时、英国等花园中定居下来。

朱德熙认为:“‘大陆’两字要删去,因为下面说的英国虽然是欧洲国家,却不在大陆上。‘在比利时、英国等花园中’,这么说,好像比利时和英国都不是国家,而是花园了。如果要保留原文的说法,就得把‘等’字改为‘的’字。(‘花园’前边最好加上‘一些’。)‘定居’是比喻的说法,得加上引号。”[4](P248) 评改者的分析涉及地理、历史知识,也涉及句法、语义和语用知识。无疑,这属于认知语境的范畴,评改者改动的动因仍然是为了便于读者理解。又如:

原文:“群芳谱”上就有“番柿”的记载。

朱德熙认为:“《群芳谱》这部书一般人不见得知道,最好简单介绍一下。引号应改为书名号(《》)。此外,‘番柿’是‘番茄’的古名,也应该加以说明。根据以上所说,我们把这一句改为:明代一部讲种植知识的书《群芳谱》上就有关于番茄的记载,当时叫作‘番柿’。”[4](P250~251) 本例关于“群芳谱”和“番柿”的知识,涉主体因素,属于认知语境。再如:

原文:四千多年以前人们就食用它,所以古代的罗马人和希腊人对它就很熟悉。人们栽培胡萝卜那应是更久以前的事了。

朱德熙指出:“原文先说罗马,后说希腊,按照历史顺序,应该先说希腊,后说罗马。罗马早已灭亡了,说‘罗马’,总是指古罗马。‘罗马’之前不一定要加‘古’字。‘希腊’前边不加‘古’字,便可能跟现代希腊相混。根据以上所说,原文‘古代的罗马人和希腊人’应改为‘古希腊人和罗马人’。”[4](P259)“古”与不同的直接成分组合,势必有不同的理解,对于原文的改动诉诸历史知识(比如对“历史顺序”的了解),是认知语境影响话语理解的又一个显例。

四、基于推理的话语理解过程

这里所说的“推理”主要是指修辞推理。修辞推理在一定意义上可以说是表达者和接受者之间的一种言语博弈过程。诚如朱德熙先生所言：“要设想作者和读者是处于敌对的地位的，作者任何一点破绽都会引起读者的责难，所以写文章必须周密，准确，无懈可击。”[8](P45)与其说“周密，准确，无懈可击”是对作者表达的要求，不如说是对读者歧解的“抵制”。

朱德熙先生《评改两篇说明文》描述了基于修辞推理的话语理解过程，值得玩味。例如：

原文：一般认为番茄是有毒的植物，但是西班牙人把它的果实加辣椒、大蒜和牛油作菜吃，而葡萄牙人和波希米亚人甚至用它的果实作调味汁。

朱德熙评改道：“作者的意思可能是说葡萄牙人不仅用番茄作菜吃，而且还用来调味。如果是这个意思，那就可以把原文的‘甚至’换成‘还’字。‘作调味汁’的‘作’字，可以解释为‘当作’，也可以解释为‘做成’。如果是前一种意思，应该说‘用番茄汁来调味’，如果是后一种意思，就得说‘把番茄做成调味汁’。”[4](P249)显然，这里“作者的意思可能是”“如果是这个意思”“如果是前一种意思”“如果是后一种意思”即对于作者原意的揣摩推测。再如：

原文：不过烫久了就会变酸，这是因为果实中起缓冲作用的蛋白质受到破坏，酸味就显出来了。

朱德熙认为：“‘缓冲作用’指什么不明确。揣摩作者的意思，似乎是说番茄里所含的蛋白质原来可以抵消一部分酸味，用开水烫过之后，蛋白质受到破坏，酸味就显示出来了。如果我们猜得不错，这一句可以改为：‘这是因为本来可以抵消一部分酸味的蛋白质受到破坏的缘故。’”[4](P253)“揣摩作者的意思”和“猜”在这里是一种修辞推理，在这种推理过程中实现了对原文“所指”的理解。又如：

> 原文：番茄果实中还含有适量的助消化的苹果酸和柠檬酸等与一定的糖类等，使吃的时候酸甜适口。

朱德熙认为：“前边说‘含有适量的助消化的苹果酸……’，后边说‘吃的时候酸甜适口’，好像‘酸甜适口’跟‘助消化’之间有什么因果关系似的，其实作者并没有这个意思。”[4](P252)这番评改运用了“好像”“其实作者并没有这个意思”等凸显评改者的推测理解过程。这种情况下，评改者用“好像”表示揣度的语气。元语言中“好像”的使用在此是一种揣测，对于原文口气的推测更是推测的推测。例如：

> 原文：每一市斤胡萝卜中，含胡萝卜素是1.2～1.8毫克。就是按照近来营养学家的说法，在人体内只有半数的胡萝卜素可以被吸收利用的话，那么取食二两鲜胡萝卜(以每市斤含胡萝卜素1.8毫克计)，就可以转变成整三千个国际单位的维生素甲。

朱德熙认为：“用了‘就是……的话’，这一句就含有对这种说法不十分相信的意味。删去‘就是’和‘的话’。”“……意思要周密一些。因为……言外之意是……”[4](P262)本例“意味”“周密”“言外之意”即基于推理的话语理解的“关键词”。

以上所述之话语感知和话语理解是不可截然分开的，它们只是在某一方面有所倚重而已，都是修辞心理过程，均为修辞过程。修辞过程是人与人之间以语言为媒介以建构或生成有效话语为旨归的一种广义对话过程。这里“人与人”可以是“原作时的修辞主体自己”与“修改时的修辞主体自己”。

以较为典型的元语言为语料，结合心理学的有关理论和方法，个案考察修辞心理过程，符合修辞学的学科性质。“修辞学具有交叉学科的性质。确实是这样。修辞学的研究在某种意义上比起语音研究、词汇研究、语法研究来，难度要大得多。因为它要调动的知识，不只是某一分支学科领域内的，而涉及语言学、美学、文学、心理学等等。”[9](P5)修辞心理是修辞话语生成或建构的重要动因，修辞心理过程的个案分析有助于探索修辞理据。

参考文献：

[1]张春泉.修辞心理过程个案考察——以中国宪法《序言》部分文本的起草和修改为例[J].渤海大学学报(哲学社会科学版),2007(5).

[2]张春泉.修辞心理过程个案考察之一——以蒋孔阳《书房题名未遂记》为例[J].修辞学习,2002(5).

[3]张春泉.修辞心理过程个案考察之二——以鲁国尧《创造新词的心路历程》为例[J].修辞学习,2005(3).

[4]朱德熙.评改两篇说明文.见:朱德熙.朱德熙文集(第4卷)语文教学与研究[C].北京:商务印书馆,1999.

[5]倪宝元.汉语修辞新篇章——从名家改笔中学习修辞[M].北京:商务印书馆,1992.

[6]朱德熙.从作文和说话的关系谈到学习语法.见:朱德熙.朱德熙文集(第4卷)语文教学与研究[C].北京:商务印书馆,1999.

[7]朱德熙.《听了关于认真学习语文后》一文的评讲.见:朱德熙.朱德熙文集(第4卷)语文教学与研究[C].北京:商务印书馆,1999.

[8]朱德熙.作文指导.见:朱德熙.朱德熙文集(第4卷)语文教学与研究[C].北京:商务印书馆,1999.

[9]陆俭明.关于汉语修辞研究的一点想法[J].修辞学习,2008(2).

原载《修辞学习》,2008年第5期

修辞心理过程个案考察之四

——以陈忠实《寻找属于自己的句子》为例

笔者此前关于修辞心理过程个案分析的系列论文主要着眼于消极修辞，这里以作家陈忠实的创作手记为例，在此前系列论文的基础上探讨积极修辞心理过程。同时，拟通过本项个案考察初步证明陈望道《修辞学发凡·积极修辞纲领》有关论断的正确性。

“积极修辞纲领”是陈望道《修辞学发凡》中“积极修辞一”专章里的第一个纲目，是其关于积极修辞的总论。陈望道“积极修辞纲领”指出：“积极的修辞，却要使人‘感受’。”[1](P70)“而要使人感受，却必须积极地利用中介上一切所有的感性因素，如语言的声音，语言的形体等等，同时又使语言的意义，带有体验性具体性。每个说及的事物，都像写说者经历过似的，带有写说者的体验性，而能在看读者的心里唤起了一定的具体的影像。”[1](P70)“中介”主要是指语言文字，而“看读者”即我们所说的接受者，“在看读者的心里唤起了一定的具体的影像”是接受反应，是一种接受心理。以上看法极富前瞻性。

本文取材于陈忠实《寻找属于自己的句子——〈白鹿原〉写作手记》。“寻找属于自己的句子”是作家陈忠实关于《白鹿原》的系列写作手记的主标题，这里主要考察的是其“《白鹿原》写作手记连载五”（以下如不做特别说明，简称《写作手记》），包括写作手记之八“复活了的呻唤声”和写作手记之九“关于性、庄严与挑战”。[2](P40～45) 笔者所选取的这则材料原刊于《小说评论》2008 年第 3 期，是作家关于《白鹿原》创作心路历程的内省，发表后《新华文摘》2008 年第 20 期全文转载，具有一定的影响和信度。

此外，由于本文探究的是通过作者内省文字表达出来的“修辞心理过程”，且为了尽量避免替他人立言，也为了尽量减少“断章取义”，所以本文援引作家的内省式手记的篇幅较大，特此说明并谨以此向原作者致谢。

陈忠实《寻找属于自己的句子——〈白鹿原〉写作手记》（连载五）以《白鹿原》的写作为例，较为集中地描述了典型修辞话语（这里尤指文艺语言）建构时的积极修辞心理过程。一般说来，积极修辞心理过程是十分复杂的，但这并不妨碍我们个案考察较为典型的几个阶段。大致说来，较为典型的积极修辞心理过程主要包括修辞刺激、修辞感知、修辞想象等。

一、修辞刺激

修辞刺激在一定意义上即所谓“物以貌求，心以理应”（《文心雕龙·神思》），它不同于一般刺激，修辞刺激以生成或建构修辞话语为旨归，是语言运用过程（含书面语写作过程）中所受到的来自语言文字方面的刺激。“修辞刺激”作为积极修辞心理过程的一个基础性环节，主要是符号刺激，包括听觉符号刺激和视觉符号刺激。

陈忠实《寻找属于自己的句子——〈白鹿原〉写作手记》（连载五）共两个部分：其中第一个部分标题即“之八‘复活了的呻唤声’”，显然“复活了的呻唤声”为听觉符号，是动态的；另一个标题为“之九‘关于性、庄严与挑战’”，其中所做的内省式描述涉及静态的视觉符号刺激，视觉符号是《贞妇烈女卷》文本。

饶有意味的是，在构成陈忠实《写作手记》全文的两个部分中，恰好一个是着眼于听觉刺激，另一个是着眼于视觉刺激，一动一静，在总体上正好与陈望道“积极修辞纲领”所论及之“语言的声音”和“语言的形体”基本对应吻合。

正如陈望道先生所指出的，修辞刺激所可利用的是“中介上一切所有的感性因素，如语言的声音，语言的形体等等”，陈忠实在写作手记里多次提到“厦屋爷的呻唤声”对自己的刺激。据我们初步统计，陈忠实《写作手记》4006 字的篇幅里共出现“呻唤”达 31 例，可见作家对“呻唤”在意程度之深，足见这种听觉刺激对作家创作影响之大！这种刺激可以“感应”，可以“复活”。陈忠实写道：

> 我用两年时间营造或者说编排的白鹿原上那一茬男人和女人的故事。让白鹿原北坡坡根下的我的厦屋爷留在我心底的呻唤，感应而出了。[2](P41)

此外，“语言的形体”凸显的是语言作为视觉符号的一个方面的特征，这里的“语言”恐怕主要是指书面语。作为“语言的形体”的视觉符号——书面文字形式的《贞妇烈女卷》——也可刺激修辞主体，陈忠实在写作手记里指出：

> 一页一页翻着《贞妇烈女卷》里那些不知封盖了多少年的女人名字时，我家隔壁门楼上的贞节匾牌和被刺刷抽击新媳妇的惨烈的哭叫声，从沉寂的心底复活了。竟然是历历在目，声声在耳。无须太多的回嚼，我为这一正一反的两个具象颇为惊讶。[2](P43)

由阅读（“翻着”）《贞妇烈女卷》而受修辞刺激，进而联想到“贞节匾牌”以及“哭叫声”，并且两者竟然都“历历在目，声声在耳”。事实上，这些符号对于修辞主体的刺激是十分强烈的。例如，《写作手记》之八开篇指出：

> 记不准确是在构思基本成型，或是在已经开始动笔草拟《白》稿的某一天深夜，我确凿无疑听到从上房西屋传出的沉重却也舒缓的呻唤声，且不止一声。这是我的厦屋爷的呻唤声。我不由得战栗。[2](P40)

以上描述的是“声声在耳”的听觉符号对主体的影响，听觉符号对修辞主体的刺激如此之强烈，以至于“我不由得战栗”。此外，还有“历历在目”的视觉符号：

> 然而，那与我时空距离太过久远的《贞妇烈女卷》……以一种令我心颤的新鲜和生动，横陈在我的眼前，盘绕不散，更无法淡忘。我一时尚意识不到，这部小说最初的酝酿实际已经自此开始了。[2](P44)

与听觉符号的刺激相对应，视觉符号刺激如此之强烈，以至于“令我心颤”，并且“盘绕不散，更无法淡忘”，甚至：

> 无论……无论……无论……无论……无论……等等。其中伴随一生的成功和得手时的巨大欢乐和得意。还有挫折和丧失时的难以承受的煎熬和悔恨，现在都淡释了烟散了。只剩下衰老躯体睡熟时发出的深沉而又舒缓的呻唤。[2](P42)

5个并列的条件句“无论……”，几乎穷尽了所有可能的情形，不妨说是一种“无条件”的刺激，凸显出该刺激对主体影响至深至久。

影响深远的刺激对于写作是至关重要的，《写作手记》说道：

> 由厦屋爷引发到白鹿原的这种呻唤，不仅扯开了我与白嘉轩们之间的朦胧纱幕，也使我获得一种前所未有的沉静的写作状态……写得太顺利也太得意的章节，往往不自觉地进入一种太过兴奋状态。句子往往粗疏，把可能找到的更准确更形象也更耐得咀嚼的词汇和句式丢失了，甚至连稿纸上的钢笔字也潦草了。尤其是在写得不顺，甚至遇到怎么也跨不过的沟坎的时候，烦躁以至气馁。我往往是在夜静时分挪一小凳，坐在中院的破烂不堪的两幢厦屋之间，寻觅捕逮厦屋爷的呻唤，不仅使我过分兴奋的情绪归于沉静，更使我烦躁丧气的心境渐次恢复起来，明天早晨可以以一种沉静的心态打开稿纸。[2](P42)

表达者（作家）所描述的自己的如上写作状态（含心理过程），“在草拟和正式稿写作的 4 年时间里，常常有这样的情况发生”，有草拟，有正式稿，这本身就显示了写作（表达）是有一个过程，且达 4 年之久。刺激直接影响创作状态，这也是我们把这种刺激称作“修辞刺激”的一个重要原因。简言之，修辞刺激是有效话语生成或建构的一个重要的外在动因。修辞刺激直接影响表达，诚如陈忠实所言：

> 在我 30 多年的习作历程中，第一次感知到幼年无意听到的一种声音——厦屋爷睡熟时同样无意发出的呻唤，却影响着我的生活思考，也影响着我的写作情绪。我至今难以判断。这是一种什么体验。[2](P42)

不仅仅是“4 年”，还有“30 多年”，这些表示时间的名词性词语具体地表明了修辞刺激的重要性。

修辞主体受到“刺激”后，往往会有所感知，形成特定的感受。修辞刺激还常常伴随一定的情绪情感体验，并引起修辞主体的联想和想象，然后，形成积极的手法，“所以颇有人以所谓联想做这方面的各样手法分类的根据”[1](P70)。

二、修辞感知

如果说修辞刺激是语言符号对修辞主体的听觉和视觉上的刺激，则修辞感知是修辞主体对刺激的接受，二者是两个相对独立的阶段，这两个阶段共同形成非线性过程。积极修辞尤其注重感知，在积极修辞中，感知在一定意义上表现为感受和体验，所谓“研阅以穷照”（《文心雕龙·神思》）。亦即陈望道“积极修辞纲领”所提出的：“内容方面大体都是基于经验的融合。”[1]（P70）

作为事实上的对“积极修辞纲领”上述论断的证明，《写作手记》指出：

> 我在小书房里骤然间兴奋起来，甚至有点按捺不住的心颤。我在这一瞬，清晰地感知到我和白嘉轩、鹿三、鹿子霖们之间一直朦胧着的纱幕扯去了。他们清楚生动如活人一样走动在我的小书房里，脚步声说话声咳嗽声都可闻可辨。这是厦屋爷的呻唤声，扯开了那道朦胧的纱幕，打通了我和白嘉轩那一茬人直接对视的障碍。我的创作一直依赖对生活的直接感受和直接体验……我在《白》书里构思的人物和生活背景，是我的厦屋爷这一茬人的生活历程，离我有些远了。我无法获得直接的感受和体验。[2]（P41）

以上“兴奋”“感知”“感受”“体验”等词语虽然和普通心理学意义上的术语不一定完全等量等值，但仍然真实地描述了修辞感知的内涵和外延。“可闻可辨”是对“脚步声说话声咳嗽声”的感知，而这些感知又都是虚拟的，是想象中的，通过修辞感知，却是“如活人一样”栩栩如生。

修辞感知最为经常的对象应该是形象。“文学是用形象来表现生活的，文艺语体特别要求语言形象生动，真切地再现作者的感性经验，形象地追捉内心的律动，使人如临其境，如见其形，得到深切的形象体验，这与其他非艺术性语体的理性特征有显著差别。”[3](P309)文艺语体语言与积极修辞心理过程在一定意义上互为表里。

概括地说：“积极的修辞，却要使人‘感受’。”[1](P70)《写作手记》以具体的表达实践证明了这一点。《写作手记》内省道：

> 但在我个人的创作实践里，还有一个不可或缺的东西，就是对生活的直接感受和直接体验。如果既保持活跃丰富的想象，又对具体一部小说所描写的生活背景和人物生存环境有直接的体验和感受，我就会进入最踏实最自信也最激情的写作状态。缺失几十年前白鹿原上或原下乡村生活氛围的直接感受和体验。……我曾经努力搜寻儿时的记忆。……这些在幼年看到的乡村生活太细碎，不能形成一种总体的直接的心理印象……尤其是那些老房子和老街巷，企图感受到遗存在这里的旧时的气氛，虽不无收益，却是难以形成良好的感受。无论如何也料想不到，厦屋爷的呻唤声，把我欠缺的那种直接感受和直接体验填充起来了。[2](P41)

由“直接感受和直接体验”而伴随“活跃丰富的想象”，进而迸发“激情”，激发“自信”，修辞感受之于修辞实践的重要性，由《写作手记》如上所述可窥其一斑。

三、修辞想象

如上所述，修辞感知常常伴随“活跃丰富的想象”。修辞想象，是积极修辞心理过程的一个重要环节，这一过程，诚所谓“思接千载，视通万里”（《文心雕龙·神思》）。修辞想象作为“想象”的一个“种概念”，除了具有“想象”的所有内涵外，它还以生成或建构有效修辞话语为旨归。

事实上，陈忠实《写作手记》在谈到修辞刺激、修辞感知时也多次兼及修辞想象。例如：

> 当我即将动手写作《白》的时候，才反复咀嚼这呻唤声的内蕴，这是我们家族中即将走到生命尽头的最后一个爷爷辈老人的呻唤声。我很自然地展开想象。[2](P41)

想象缘于“呻唤声”，如前所述，“呻唤声”是刺激符号，“呻唤”是刺激过程。通过刺激、体验和感知，建构出文艺语言，这样，“每个说及的事物，都像写说者经历过似的，带有写说者的体验性，而能在看读者的心里唤起了一定的具体的影像”[1](P70)。“在看读者的心里唤起了一定的具体的影像”在一定意义上不妨说是接受者的想象。陈忠实以自己的修辞实践证明了陈望道关于积极修辞的这一论断。陈忠实《写作手记》接着写道：

> 厦屋爷的呻唤声，让我获得了弥足珍贵的踏实感。在我学习创作的已不算短的历程中，越来越相信创作需要想象，想象力愈丰富，作品就越出奇制胜，甚至可以说想象力贫乏的作家，是很难实现思想和艺术的突破的。我不仅相信这个理论，也有自己创作实践的切实感知。[2](P41)

显然，作者以自己的创作实践，通过自己的修辞经验，明确了想象之于创作（言语作品表达）的重要性：一方面，创作确实需要想象，须臾离不开想象；另一方面，想象力的丰富程度与文学语言（典型修辞话语）呈正相关。

一般而言，想象可以把修辞刺激和修辞感知衍生开来，激活表达动能并拓展表达空间。“我的不大丰富的想象力竟然活跃起来，把厦屋爷的呻唤想象成白鹿原发出的呻唤的声音。”陈忠实《写作手记》如是说。

以上个案分析表明，典型修辞话语建构时的积极修辞心理过程包含修辞刺激、感知、想象等子过程，这些过程常常伴随特定的情绪情感状态，或者有助于接受者认知，或者有利于接受者审美。修辞心理过程其实蕴涵或预设了听读者的接受反应。通过本项个案考察可以初步证明陈望道《修辞学发凡·积极修辞纲领》里的“积极的修辞，却要使人‘感受’”“带有写说者的体验性，而能在看读者的心里唤起了一定的具体的影像”等有关论断的正确性。

最后，还须指出的是，修辞刺激、感知、想象等子过程之间没有不可逾越的“隔离墙”，它们常常相伴相生。修辞刺激和感知是基础，是生成或建构典型修辞话语的前提，修辞想象则是前者的衍生。文艺语体中的修辞话语和积极修辞心理过程互为表里，受制于积极修辞心理过程的文艺语言不是纯粹的私人话语，还势必影响别人。从这一点看，积极修辞心理过程与消极修辞心理过程没有什么不同。而典型修辞话语的形成过程，伴随着表达者对接受心理的揣测、联想、想象等心理过程，且这些子过程在顺序上可以随机生发，这一点则与消极修辞心理过程不尽相同。

积极修辞心理和消极修辞心理同为修辞心理这一“属概念”的两个“种概念”。本文主题“修辞心理过程个案考察之四”中的“之四”即体现了这一点，它表明本文是以个案分析的形式考察“修辞心理过程”的某一个方面，而不是全部。即使是“修辞心理过程个案考察”的系列论文也只是举其一隅，全方位、多角度、深层次地探究修辞心理过程亟待学界的共同努力。

参考文献：

[1]陈望道.修辞学发凡[M].上海：上海教育出版社，1997.

[2]陈忠实.寻找属于自己的句子——《白鹿原》写作手记（连载五）[J].小说评论，2008(3).

[3]袁晖，李熙宗.汉语语体概论[M].北京：商务印书馆，2005.

原载《沈阳师范大学学报》，2010年第1期

修辞心理过程个案考察之五

——以俞吾金《狮城舌战·辩论中的十大关系》为例

张春泉《修辞心理过程个案考察——以中国宪法〈序言〉部分文本的起草与修改为例》[1]、《修辞心理过程个案考察之一——以蒋孔阳〈书房题名未遂记〉为例》[2]、《修辞心理过程个案考察之二——以鲁国尧〈创造新词的心路历程〉为例》[3]、《修辞心理过程个案考察之三——以朱德熙〈评改两篇说明文〉为例》[4]、《修辞心理过程个案考察之四——以陈忠实〈寻找属于自己的句子〉为例》[5]，分别着眼于法律话语、日常话语、科学话语、文学话语等修辞话语的建构，通过特定的“内省式”材料，考察其心理过程。以上文献所着意的修辞话语主要为书面形式。这里，我们以俞吾金《狮城舌战·辩论中的十大关系》为例考察口语形式的修辞话语建构心理过程。

俞吾金《狮城舌战·辩论中的十大关系》载于《狮城舌战——首届国际大专辩论会纪实与评析》，[6](P145~184) 该书主要纪实与评析了首届国际大专辩论会。辩论主要是以口语形式呈现的一种较为典型的言语博弈过程，是一种狭义直接对话。《狮城舌战·辩论中的十大关系》较为翔实地实录了辩论会的某些修辞心理过程，尤其是其关于虚实第一表达心理、即时第二接受心理、继时第三表达心理等方面的描述值得关注，具有一定的修辞学意义和心理学价值。

一、虚实第一表达心理

虚实第一表达心理，是指多主体修辞行为中某一（方）主体生成或建构修辞话语前的“知情意”（尤指“知”）。虚，是对对方表达心理的揣摩；实，是自己或己方的心理过程。前者是“知彼”，后者是“知己”，“知己”和“知彼”统一于某一个主体或某一方，即为我们所说的虚实第一表达心理。实的第一表达心理和虚的第一表达心理的和谐有机统一是言语博弈的重要前提，也是有效修辞话语（尤指口语）建构的重要基础。《狮城舌战·辩论中的十大关系》（以下简称《关系》）指出：

> 在“知彼”中，最核心的问题是要了解：对方可能采用怎样的思路来立论？如我们和剑桥大学队辩的题目是“温饱是谈道德的必要条件”。剑桥队是正方，我们分析它可能以下面三条不同的思路来立论。第一条思路是“欲望理性说”。这条思路认定……第二条思路是“道德认同论”。这条思路主张……第三条思路是“习惯—人格—道德论”。根据这一思路……由于我方充分地设想了对方可能采取的三条思路，因而在辩论过程中能够从容应对，不为对方所乱。[6](P154～156)

“了解”对方的“思路”是一种认知的认知，而这是“核心”的问题。需要特别注意的是，作者一共列举了三条思路，可以说是周延的，几乎穷尽了所有可能的情形。

《关系》进一步指出：

> “知彼”还不止于了解对方的基本思路，还要了解对方对辩题基本概念的认识。在“温饱是谈道德的必要条件”的辩题中，涉及“温饱”“谈”“道德”“必要条件”这些基本概念，出于论题的

> 需要，对方会……而我方则要……同时，对方又……而我方……从而为我方之立论，在任何条件下都能够谈道德创造条件。[6](P156)

如果说“了解对方的基本思路”是宏观认知，则“了解对方对辩题基本概念的认识”即为微观认知。“对方”与“我方”是“虚”与“实”，上述文字描述可谓虚实相生。对对方表达心理的认知，是己方表达心理的重要组成部分，“实”与“虚”的关系宜为真包含关系，而不是交叉关系或全异关系。

有意思的是，多主体表达时，不仅对话的另一方的心理需要认知，己方的不同具体主体的心理也需要认知，这是一种全方位的换位思考。《关系》指出：

> 为了达到“知己”这一境界，我们主要进行两个方面的训练。一是角色流动和定位训练。四个辩手就是四个不同的角色，从理论上看，一、二、三、四辩要起到起、承、转、合的作用；但从实践上看，当四个队员站在我们面前的时候，要马上确定哪个队员充当哪个角色显然是很困难的。这就需要让每个队员都有机会去充当一、二、三、四辩手。“角色流动”有一个好处，即让每个队员对一、二、三、四辩的角色的地位和作用都有充分的了解和体验。[6](P153)

“角色流动”实质是角色意识、角色心理的变换。这样做的效果是明显的：“由于每个队员对我队在辩论中的总体意图都有明确的、一致的认识，真正做到了‘知己’，因而团队精神发挥得比较好，队员们在场上能做到‘心有灵犀一点通’。比如，在与台大队辩论‘人性本善’时，台大一辩引证了一段康德的语录，这段语录对康德的人性理论做了断章取义的理解。我方二辩和三辩几乎同时把自己做下的关于康德人性理论的另一段语录卡片递给我方一辩，供其反驳时使用。”与之类似的是:“更有趣的是，为了论证‘人性本恶’这一辩题，熟读金庸小说的我方二辩引证了《天龙八部》中的‘四大恶人’，而这一点，未能赴新加坡辩论的一名候补队员居然也想到了。可见，由于我们在‘知己’上下了较大的功夫，四个队员都配合得十分密切，用他们自己的话来说:‘只要听到一位辩手说什么，就马上知道他（她）的意图和下文是什么了。’”[6](P154) 己方其他成员的表达心理，在一定意义上也是“虚”的（相对于自己而言），只是“虚”的程度不同而已。或者可以把“实”看作一个点，以这个点作为一系列同心圆的圆心，则其他表达者的表达心理可以是这组同心圆的圆周，这组同心圆的半径越小，表达效果就可能越好。

二、即时第二接受心理

所谓即时第二接受心理，是指对话的直接当事方之外的第三方的受话心里。就辩论而言，即时第二接受心理，主要是指评委和观众的接受心理。《关系》正确地指出:“从上面的分析可以看出，摆脱‘自我表现中心主义’和‘说服对方中心主义’的影响，确立‘评委和听众中心主义’的视角，乃是辩论取胜的重要前提。”足见《关系》对即时第二接受心理的格外重视。

言语博弈不同于其他博弈的一个重要方面是，虽然有对抗，但是对抗的结果不像棋类博弈那么清楚，后者输就是输，赢就是赢。这种情形下“局外人”的存在就是必不可少的了，评委和观众就属于这必不可少的“局外人”。辩论对话过程中不可忽视这些局外人的接受心理，或曰我们所说的即时第二接受心理有时还处于关键的中心位置。《关系》说道:

> 在训练过程中，我们十分注重引导队员们完成这一观念上的“哥白尼转变”，从自我表现的立足点转向评委和听众接受的

> 立足点，从我想说什么转向评委和听众希望我说什么。“自我表现中心主义”和“说服对方中心主义”的解构既能使队员们迅速适应场上的气氛，对自己的陈词做出切合评委和听众理论取向的改变，又能达到相互之间的密切配合，使团队精神达到最佳的发挥。[6](P151)

“对自己的陈词做出切合评委和听众理论取向的改变”实为因应第二即时接受心理的需要，否则就会影响修辞效果。诚如《关系》举例所言：“相反，台大队在立论时，只是一味地颂扬孟子的人性本善说，对荀子的人性本恶说则予以简单的否定，这就使评委在接受他们的立论时，心理上产生了阻挠。”由此可见即时第二接受心理的重要性不可忽视。自觉地重视即时第二接受心理是取得理想的表达效果的必要条件。《关系》有言：

> 用幽默感人的语言取代贫乏枯燥的陈述。在辩论中语言运用的优美与否，是评委打分的主要依据之一。在我队的辩论经验中，对语言优美的刻意追求，乃是一个重要的方面。比如，为了驳斥剑桥队的“温饱决定论”，我方三辩对裴多菲的诗做了如下的改动：
>
> 生命诚可贵，爱情价更高。若为温饱故，两者皆可抛。

这一幽默的驳斥在场上取得了相当好的效果。又如，在辩论艾滋病问题时，我方三辩又幽默地说：“如果哪个人给艾滋病‘爱’上的话，恐怕会‘此恨绵绵无绝期’吧！”从而生动地刻画出对方在理论上孤立无援的窘态，为我方赢得了长时间的笑声和掌声。[6](P165)

以上幽默效果的取得缘于表达者的创新心理，这一创新心理的形成是基于表达者对即时第二接受心理的重视。

相对于即时第一接受心理（即直接的当事方的接受心理）而言，即时第二接受心理具有一定的“惰性”。就辩论而言，即时第二心理的博弈性弱化，趋近于零，其主要表现为“局外人”的审美欣赏心理，是某种意义上超功利的心理。正如《关系》所言：“从评委和听众的接受心理来分析，他们常常有一种惰性心理，即希望辩手把问题的层次阐述得非常清楚，不用自己再花力气去整理、归类。所以，辩手们的表达愈是井井有条，就愈是容易为评委和听众所接受。”[6](P163)

三、继时第三表达心理

“继时”是相对于“即时”而言的。继时第三表达心理，是指经过了虚实第一表达心理和即时第二接受心理之后，对原有的修辞话语的调整型建构。《关系》描述了继时第三表达心理：

> 在与台湾大学队的决赛中，我方的立论是“人性本恶”。在国内准备这一辩题时，我们已撰写了陈述词的初稿。这一初稿主要从我方立论的主观意向出发，片面地强调人性中的恶根。比如，在分析历史中的恶行时，辩词中有这样的话：“纵观历史，又有哪一页是用玫瑰色写成的？”辩词初稿给人的印象是，我们对人性本恶的论证是有力的，但似乎把人性看得漆黑一团，有一种强烈的悲观主义情调，这显然不利于听众和评委的接受。[6](P151)

其中“主观意向”是第一表达心理（实），“给人的印象”以及“听众和评委的接受”都直接与即时第二接受心理有关。嗣后，《关系》明确写道：“在新加坡决赛的前一天，我们拟出了‘人性本恶’辩词的第二稿……这当然也不利于评委和听众的接受。”“最后，从评委和听众的最广泛的接受性出发，我们斟酌出第三稿……从而使评委和听众觉得，我方的立论是合情合理的，更易于接受的。”[6](P151~152) 表达者三易其稿，因为尚未发表和“问世”，所以主要的还是“由想而移为辞”的“想”的过程。既然尚未面世，则评委和听众的“接受”也应主要是“心理”，而不会是可见的接受行为。因此可以说，三易其稿，虚实第一表达心理和即时第二接受心理使然，而这一认知虚实第一表达心理和即时第二接受心理的过程，即“斟酌”的过程，就是某种意义上的继时第三表达心理过程。

应该说，继时第三表达心理是一种创新心理，在创新心理的支配下，表达者建构的修辞话语不但可以“迎合”即时第二接受心理，还可以生成新的修辞话语，实现修辞话语的创新，从而使特定修辞话语在更大范围内具有理想的心理现实性。《关系》明确指出：

> 当我们碰到一些在逻辑上或理论上都比较难辩的辩题时，不得不采用“李代桃僵”的方法，引入新的概念来化解困难。比如，“艾滋病是医学问题，不是社会问题”这一辩题就是很难辩的，因为艾滋病既是医学问题，又是社会问题，从常识上看，是很难把这两个问题截然分开的。因此，按照我方预先的设想，如果让我方来辩正方的话，我们就会引入“社会影响”这一新概念，从而肯定艾滋病有一定的“社会影响”，但不是“社会问题”，并严格地确定“社会影响”的含义，这样，对方就很难攻进来。后来，我们在抽签中得到了辩题的反方，即“艾滋病是社会问题，不是医学问题”。在这种情况下，如果我们完全否认艾滋病是医学问题，也会于理太悖。因此，我们在辩论中引入了“医学途径”这一概念，强调要用“社会系统工程”的方法去解决艾滋病，而在这一工程中，“医学途径”则是必要的部分之一。这样一来，我方的周旋余地就大了，对方得花很大力气纠缠在我方提出的新概念上，其攻击力就大大地弱化了。[6](P161)

上述“新概念”的提出，有其可能性和必要性，是表达者充分思量的结果，有“预先的设想”，有清晰的思路，有对对方的表达心理的揣摩，所以取得了理想的修辞效果：我方的周旋余地就大了。

四、余论：创新表达心理与惰性接受心理

如前文所述，俞吾金《狮城舌战·辩论中的十大关系》在阐述辩论心得时已将辩论的某些重要修辞心理过程描述得很清楚，借此可探讨多主体口语修辞的某些特质。

最后有必要指出，虚实第一表达心理、即时第二接受心理、继时第三表达心理是相对而言的，它们可以是一个整体，是一个完整的不间断的过程，它们均为理想修辞话语生成或建构的心理动因。从另一个角度看，该整体还伴随着，还可以划分出一定的创新心理和惰性心理。

我们所说的创新心理和惰性心理是相对而言的，创新心理是表达者的心理，惰性心理是第二接受者（非直接当事接受者）的心理。需要说明的是，如上所述，“惰性心理”是有积极作用的，其在一定程度上是表达者创新心理的原动力之一。《关系》指出：

> 用形象的类比取代抽象的说理。在与悉尼队辩论“艾滋病是社会问题，不是医学问题”的题目时，我方必然要指责对方把艾滋病这么大的问题局限在医学问题的小范围内。如何形象地表达我方的见解呢？我们采用了夸张的加以类比的表达手法，比如，“请对方辩友不要让大象在杯子里洗澡”“花盆里是种不下参天大树的”等等，使听众和评委形象地感受到对方的理论错误。[6](P164)

惰性心理的重要性于上例可窥其一斑。创新心理可以是经反复揣摩而生成修辞话语的重要动因，也可以是灵感顿悟的动因。例如《关系》写道：

> 在关于“人性”问题的辩论中，对方强调人人有善根，因而

能放下屠刀,立地成佛。但我方三辩立即提出了一个对方未曾想到的,也难以回答的问题:“如果人性本善,人们怎么可能拿起屠刀?”从“放下屠刀”发散到“拿起屠刀”,思维的跳跃是何等神速,在对方张口结舌之时,场上立即爆出了热烈的掌声和笑声。[6](P177)

显然,上例取得了理想的积极修辞效果:“场上立即爆出了热烈的掌声和笑声。”

此前有不少论者已经注意到了虚实第一接受心理的能动作用,较少关注即时第二接受心理,俞吾金《狮城舌战·辩论中的十大关系》表明,即时第二接受心理这一惰性心理也很重要,需要重视,创新表达心理和惰性接受心理与修辞话语生成之间的关系也还值得进一步研究。

参考文献:

[1]张春泉.修辞心理过程个案考察——以中国宪法《序言》部分文本的起草与修改为例[J].渤海大学学报(哲学社会科学版),2007(5).

[2]张春泉.修辞心理过程个案考察之一——以蒋孔阳《书房题名未遂记》为例[J].修辞学习,2002(5).

[3]张春泉.修辞心理过程个案考察之二——以鲁国尧《创造新词的心路历程》为例[J].修辞学习,2005(3).

[4]张春泉.修辞心理过程个案考察之三——以朱德熙《评改两篇说明文》为例[J].修辞学习,2008(5).

[5]张春泉.修辞心理过程个案考察之四——以陈忠实《寻找属于自己的句子》为例[J].沈阳师范大学学报(社会科学版),2010(1).

[6]王沪宁,俞吾金.狮城舌战——首届国际大专辩论会纪实与评析[M].上海:复旦大学出版社,1993.

原载吴礼权、李索主编《修辞研究》第1辑,暨南大学出版社,2016年

修辞心理过程个案考察之六

——以马建忠《马氏文通》中的《序》等副文本为例

修辞心理过程，主要是指修辞话语生成或建构过程的心理，包括话语生成者或建构者的知、情、意，兼及话语主体的动机、需要等。修辞话语既包括文学话语、日常话语，又包括学术话语等。学术话语的生成或建构过程与“知”的关系尤为密切，这里所说的“知”，主要是指主体对语言文字的“会通”和生成话语的思路等。我们此前个案分析了文学话语、日常话语，也涉及学术话语生成或建构的心理过程。这里拟以《马氏文通》为例，较为集中地探讨学术话语语篇（尤指篇章）作者的修辞心理过程。我们以为，探究学术篇章生成或建构的修辞心理过程的较为典型的材料是相应相关的副文本。

本文所取《马氏文通》的副文本材料，依马建忠《马氏文通》[1]，同时主要参吕叔湘、王海棻《〈马氏文通〉读本》[2]。

一、“副文本”的界定及其学术价值

副文本，是修辞心理过程个案分析的重要材料。“‘副文本’是相对于‘正文本’而言的，是指正文本周边的一些辅助性文本因素，主要包括标题（含副标题）、序跋、扉页或题下题词（含献辞、自题语、引语等）、图像（含封面画、插图、照片等）、注释、附录文字、书后广告、版权页等。”[3](P172)以上关于“副文本”的界定虽然主要着眼于中国现代文学，但就其功能地位和结构关系而言，一般学术语篇中的“副文本”仍可做如是界定。

《马氏文通》中的副文本主要有《序》《后序》《例言》《上册付印题记》等。“《文通》之作，其用意具详前后两序并凡例矣。”[4](P1)副文本中也有不少直接的学术思想，具有一定的学术史价值。例如：

> 此书为古今来特创之书。凡事属创见者，未可徒托空言，必确有凭证而后能见信于人。为文之道，古人远胜今人，则时运升降为之也。古文之运，有三变焉。春秋之世，文运以神；《论语》之神淡，《系辞》之神化，《左传》之神隽，《檀弓》之神疏，庄周之神逸。周秦以后，文运以气；《国语》之气朴，《国策》之气劲，《史记》之气鬱，《汉书》之气凝，而《孟子》则独得浩然之气。下此则韩愈氏之文，较诸以上之运神运气者，愈为仅知文理而已。今所取为凭证者，至韩愈氏而止；先乎韩文而非以上所数者，如《公羊》《穀梁》《荀子》《管子》，亦间取焉。惟排偶声律者，等之‘自郐以下’耳。凡所引书，皆取善本以是正焉。（《例言》，由于本文的副文本材料主要来自《马氏文通》，为行文简便，文中所引用的副文本不再标注《马氏文通》，下同。）

以上说法即具有一定的文章学价值，将《论语》《系辞》《左传》《檀弓》《国语》《国策》《史记》《汉书》等“古文”的“神”描述得活灵活现，这些描述在某种程度上关注到了以上所列文本的风格特征。再如：

> 构文之道，不外虚实两字，实字其体骨，虚字其神情也。而经传中实字易训，虚字难释。（《例言》）

以上表述蕴涵了现代语法学词类思想。又如：

> 夫曰群者，岂惟群其形乎哉！亦曰群其意耳。而所以群今人之意者则有话；所以群古今人之意者则惟字。（《后序》）

以上表述蕴涵了现代普通语言学关于语言文字功能的某些思想。

《马氏文通》等学术论著的《序》等副文本常常具有一定的学术史价值。这种情形古已有之，比如许慎《说文解字叙》、陆法言《切韵序》、陈骙《文则序》、周德清《中原音韵序》、顾炎武《音学五书序》、戴震《六书音均表序》、王引之《经传释词自序》等。副文本的学术史（语言学史）价值往往可以通过其修辞心理过程的描述体现出来。一般而言，副文本是著作者较为便利地集中地表述自己写作动机的所在。一方面，因为副文本相对独立，行文表述可以较为灵便灵动一些，可以独抒性灵；另一方面，学术文本建构、学术话语生成的动机（《马氏文通》所言“用意”）往往也是学术创新的重要动因。

二、学术话语的生成与消极修辞

《马氏文通》副文本较为细致真切地描述了作者撰写该书的心路历程。其对“思路”的描写，揭示了学术话语的生成过程。这一过程与陈望道《修辞学发凡》所提出的“消极修辞”之意义明确、伦次通顺、词句平匀、安排稳密等原则要求相契合。

《马氏文通》首先指出和说明了其对象语言：

> 上稽经史，旁及诸子百家，下至志书小说，凡措字遣辞，苟可以述吾心中之意以示今而传后者，博引相参，要皆有一成不变之例。愚故罔揣固陋，取《四书》《三传》《史》《汉》、韩文为历代文词升降之宗，兼及诸子、《语》《策》，为之字栉句比，繁称博引，比例而同之，触类而长之，穷古今之简篇，字里行间，涣然冰释，

> 皆有以得其会通，辑为一书，名曰《文通》。(《序》)

或者说，以上是对“文通”的解释，更是对全书语料来源的说述。这里所说的“语料”，可称为对象语言，有了对象语言，即可建构或生成相应的元语言。其中“为之字栉句比，繁称博引，比例而同之，触类而长之，穷古今之简篇，字里行间，涣然冰释”是对语料的处理和安排，这一处理形成元语言，即某种意义上的学术话语。同时这一元语言（学术话语）的生成，符合《修辞学发凡》所提出的“词句平匀”和“安排稳密”的要求。值得特别一提的是，《马氏文通》全书所用的元语言“以地境论，是本境的”[5](P261)，“超出本境的是非读者听者的民族语言及方言”[5](P261)。《马氏文通》全书无一个外文单词，尽管作者精通多门外国语言文字。

《马氏文通》元语言的建构思路是这样的：

> 部分为四。首正名，天下事之可学者各自不同，而其承用之名，亦各有主义而不能相混。佛家之“根”“尘”“法”“相”，法律家之“以”“准”“皆”“各”“及其”“即若”，与夫军中之令，司官之式，皆各自为条例。以及屈平之“灵修”，庄周之“因是”，鬼谷之“捭阖”，苏张之“纵横”，所立之解均不可移置他书。若非预为诠解，标其立义之所在而为之界说，阅者必洸洋而不知其所谓，故以正名冠焉。(《序》)

以上将“正名”置于首位，实与《修辞学发凡》消极修辞论所要求的第一条“意义明确”契合。“要明确就是要写说者把意思分明地显现在语言文字上，毫不含混，绝无歧解。”[5](P254)紧接着：

> 次论实字。凡字有义理可解者，皆曰“实字”；即其字所有之义而类之，或主之，或宾之，或先焉，或后焉，皆随其义以定其句中之位，而措之乃各得其当。次论“虚字”。凡字无义理可解

而惟用以助辞气之不足者曰“虚字”。……字类既判，而联字分疆庶有定准，故以论句读终焉。(《序》)

以上由“实字”而“虚字”至“句读”，有条不紊。如是，契合了《修辞学发凡》关于“伦次通顺”的要求。“所以寻常修辞，都不可不依顺序，不可不相衔接，并且不可没有照应。能够依顺序，相衔接，有照应的，就称为通顺。”[5](P259)

《马氏文通》副文本关于该书“本旨”的描述无不体现着系统性、过程性。《例言》指出：

是书本旨，专论句读；而句读集字所成者也。惟字之在句读也，必有其所，而字字相配，必从其类，类别而后进论夫句读焉。夫字类与句读，古书中无论及者，故字类与字在句读所居先后之处，古亦未有其名。夫名不正则言不顺，语曰：“必也正名乎。”是书所论者三：首正名，次字类，次句读。(《例言》)

《例言》还谈道：

此书在泰西名为葛郎玛。葛郎玛者，音原希腊，训曰字式，犹云学文之程式也。各国皆有本国之葛郎玛，大旨相似，所异者音韵与字形耳。童蒙入塾，先学切音，而后授以葛郎玛，凡字之分类与所以配用成句之式具在。明于此，无不文从字顺，而后进学格致数度，旁及舆图史乘，绰有余力，未及弱冠，已斐然有成矣。此书系仿葛郎玛而作，后先次序，皆有定程。观是书者，稍一凌躐，必至无从领悟。如能自始至终，循序渐进，将逐条详加体味，不惟执笔学中国古文词即有左宜右有之妙，其于学泰西古今之一切文字，以视自来西文者，盖事半功倍矣。(《例言》)

以上描述所体现的《马氏文通》之系统性，难能而可贵。“所以《马氏文通》实在是中国有系统的古话文文法书——虽然只是古话文的——第一部。”[6](P210)

三、动机与效果：学术话语的非等值接受

由以上所述可以看出，就学术话语而言，修辞心理过程的分析，有助于我们探讨修辞话语生成与消极修辞之间的密切关系。此外，修辞心理过程还直接关联修辞动机和效果。如果我们把修辞心理过程看作是“黑匣子”，则动机是其输入端，效果是其输出端。黑匣子理论告诉我们，当黑匣子里面的工作机制暂时无法详细探究时，可通过对其输入端和输出端的考察来研究。故我们这里格外关注《马氏文通》作者修辞心理过程这只黑匣子的输入端（动机）和输出端（效果）。动机，可以通过其副文本的文字描述表征；效果，可以通过他人对该著的接受评价体现出来。

文学话语的创作动机与接受效果之间往往呈现某种程度的不等值，就文学话语而言，这种不等值是较为正常的，甚至在某种意义上是不可避免的。而对于学术话语来说，话语建构动机与接受效果之间的“差”则应是越小越理想，但与文学话语同属于修辞话语的学术话语，绝对意义上的等值接受则又常常是不太可能的，尤其是人文社会科学方面的学术话语。人文学术经典《马氏文通》的写作动机与效果之间也呈非等值接受态势，这从《马氏文通》副文本所记录的该学术话语文本建构动机与代表性接受者的接受实际可以看出。

《马氏文通》学术话语建构动机与过程中一个较为核心的问题是，是否简单模仿西方的“葛郎玛”。我们在此无意于简单肯定或否定这个问题，而是想从修辞心理过程这个视角，分其动机（蕴涵过程）与效果两个维度来看。考察似可表明，从《马氏文通》的建构动机和

过程来看,《马氏文通》不是简单模仿泰西语法;只是从其接受效果看,给人有简单模仿之嫌。我们以为,《马氏文通》是否简单模仿泰西语法的问题,宜全面地看,宜有重点地看,宜结合其相应认知语境来看。我们不妨先看看《马氏文通》的写作动机及某些相应的特色。

首先,《马氏文通》注重中西会通。《上册付印题记》谈及:

> 一时草创,未暇审定,本不敢出以问世。友人见者,皆谓此书能抉前人作文之奥,开后人琢句之门,非洞悉中西文词者不办。人苟能玩索而有得焉,不独读中书者可以引通西文,即读西书者亦易于引通中文,而中西行文之道,不难豁然贯通矣。怂恿就梓,得六卷,而论实字已全。其论虚字,论句读,且俟续印。建忠自记。(《上册付印题记》)

以上表述可表明,《马氏文通》作者有世界眼光,关注“中西行文之道”,而不是仅仅囿于“中”或“西”一隅。在作者看来,语言文字的中西会通有其可能性:

> 盖所见非不同者,惟此已形已声之字,皆人为之也。而亘古今,塞宇宙,其种之或黄、或白、或紫、或黑之钧是人也,天皆赋之以此心之所以能意,此意之所以能达之理。则常探讨画革旁行诸国语言之源流,若希腊、若拉丁之文词而属比之,见其字别种,而句司字,所以声其心而形其意者,皆有一定不易之律;而因以律吾经籍子史诸书,其大纲盖无不同。于是因所同以同夫所不同者,是则此编之所以成也。(《后序》)

“皆有一定不易之律”贯穿于中西语言文字之中,“于是因所同以同夫所不同”。

在中西会通的宏观视野下,《马氏文通》还具有很强的针对性。作者所针对的是当时的语言文字学习实际、认知语境。作者指出:

> 三者之学，至我朝始称大备。凡诂释之难，点画之细，音韵之微，靡不详稽旁证，求其至当。然其得失异同，匿庸与嗜奇者，又往往互相主奴，聚讼纷纭，莫衷一是。（《序》）

已有的“诂释”“点画”“音韵”很有局限。又如：

> 凡此之类，曾以叩攻小学者，则皆知其如是，而不知其所以如是。是书为之曲证分解，辨析毫厘，务令学者知所区别而后施之于文，各得其当。若未得其真解，必将穷年累月伊吾不辍，执笔之下，犹且与耳谋，与口谋，方能审其取舍。劳逸难易，迥殊霄壤。（《例言》）

问题的核心是“皆知其如是，而卒不知其所以如是”，即已有的语言文字学缺乏系统的理据探索。

> 顾振本知一之故，刘氏亦未有发明。慨夫蒙子入塾，首授以《四子书》，听其终日伊吾，及少长也，则为之师者，就书衍说。至于逐字之部分类别，与夫字与字相配成句之义，且同一字也，有弁于句首者，有殿于句尾者，以及句读先后参差之所以然，塾师固昧然也。而一二经师自命与攻乎古文词者，语之及此，罔不曰此在神而明之耳，未可以言传也。噫嘻！此岂非循其当然而不求其所以然之蔽也哉！后生学者，将何考艺而问道焉！（《序》）

以上表明，“律”和“理”的探究是必要的。同时，又是可能的。《马氏文通》副文本对当时的社会语境的认知是全面而深刻的，作者指出：

> 余观泰西童子入学，循序而进，未及志学之年，而观书为文无不明习；而后视其性之所近，肆力于数度、格致、法律、性理诸

学而专精焉。故其国无不学之人，而人各学有用之学。计吾国童年能读书者固少，读书而能文者又加少焉，能及时为文而以其余年讲道明理者以备他日之用者，盖万无一焉。夫华文之点画结构，视西学之切音虽难，而华文之字法句法，视西文之部分类别，且可以先后倒置以达其意度波澜者则易。西文本难也而易学如彼，华文本易也而难学如此者，则以西文有一定之规矩，学者可循序渐进而知其所止境；华文经籍虽亦有规矩隐喻其中，特无有为之比拟而揭示之。遂使结绳而后，积四千余载之智慧材力，无不一一消磨于所以载道所以明理之文，而道无由载，理不暇明，以与夫达道明理之西人相角逐焉，其贤愚优劣有不待言矣。(《后序》)

《马氏文通》副文本还憧憬了美好愿景：

斯书也，因西文已有之规矩，于经籍中求其所同所不同者，曲证繁引以确知华文义例之所在，而后童蒙入塾能循是而学文焉，其成就之速必无逊于西人。然后及其年力富强之时，以学道而明理焉，微特中国之书籍其理道可知，将由是而求西文所载之道，所明之理，亦不难精求而会通焉。则是书也，不特可群吾古今同文之心思，将举夫宇下之凡以口舌点画以达其心中之意者，将大群焉。夫如是，胥吾京陔亿兆之人民而群其材力，群其心思，以求夫实用，而后能自群，不为他群所群。则为此书者，正可谓识当时之务。(《后序》)

以上是《马氏文通》的写作（修辞）动机。然而限于特定的认知语境，《马氏文通》的接受效果与其动机之间并非等值的。《马氏文通》的接受者甚众，这里选取与其问世时间相去不远且影响较大的孙中山《孙文学说》的接受为例。《孙文学说》有言：

> 自《马氏文通》出后，中国学者乃始知有是学。马氏自称积十余年勤求探讨之功，而后成此书。然审其为用，不过证明中国古人之文章无不暗合于文法，而文法之学为中国学者求速成、图进步不可少者而已；虽足为通文者之参考印证，而不能为初学者之津梁也。[7](P27)

不难理解，《孙文学说》对《马氏文通》的“用”并没有给予太积极的评价。其与《马氏文通》作者自己的动机（期望值）有较大的差距。《序》指出：

> 虽然，学问之事，可授受者规矩方圆，其不可授受者心营意造。然即其可授受者以深求夫不可授受者，而刘氏所论之文心，苏辙氏所论之文气，要不难一蹴贯通也。余特怪伊古以来，皆以文学有不可授受者在，并其可授受者而不一讲焉，爰积十余年之勤求探讨以成此编。盖将探夫自有文字以来至今未宣之秘奥，启其缄縢，导后人以先路。挂一漏万，知所不免。所望后起有同志者，悉心领悟，随时补正，以臻美备，则愚十余年力索之功庶不泯也已。（《序》）

《孙文学说》1919年问世，比《马氏文通》问世的时间晚21年。其后，1932年《修辞学发凡》初版时刘大白在给《修辞学发凡》所做的《序》中援引了孙中山先生对《马氏文通》的评价（某种意义上的接受效果）。《孙文学说》的评价和《马氏文通·序》里面所表现出来的期望值的差距自不待言。

总起来看，关于《马氏文通》的接受，有赞扬有批评。“近百年来，对《文通》批评最甚者是它简单模仿西方的‘葛郎玛’。”[8](P199)作为一种颇有代表性的看法，王海棻指出：“尽管以上诸方面（即词类问题上的模仿、格位方面的模仿、句子成分方面的模仿、句子分析方面的模仿等——引者注），《文通》表现出明显的模仿西方语法的痕迹，但这些模仿之处只表现在一些具体问题上，在《文通》全书中并不占据主导地位，甚至也不占重要地位。《文通》主导的方面是，它的作者对古汉语进行了长达十数年的全方位考察，从语言材料的实际考察中，全面揭示了古汉语的特点及其语法规律，创立了一个相当完备的、颇为精深的古汉语语法体系。”[8](P209)

此外，还需说明的是，《马氏文通》在建构学术话语时是有读者接受意识的。例如其已经注意到了行文格式与接受感知之间的某些关系。《例言》指出：

> 书中正文，只叙义例，不参引书句，则大旨易明。正文内各句有须引书为证者，则从十三经注疏体，皆低一格写，示与正文有别。（《例言》）
>
> 凡引书句，易与上下文牵合误读。今于所引书句，俱用小字（居中）印；于所引书名篇名之旁以线志之，以示区别。（《例言》）

似乎与《马氏文通》内容动机上的某种对应，其形式上的行文格式的接受效果并不理想。“这本名著读起来比较困难。编排形式简单，看起来不怎么清爽。内容上使人顿开茅塞之处固然很多，可是迷雾矛盾也不少。这也难怪。创业不易，而且作者不幸于此书出版之后第二年逝世，自己来不及修订加工。”[9](P1)

不仅仅文学创作的动机和效果如人们一般所了解的那样——不是等值的，学术“创作”的动机和效果也不是等值的。然而，通过修辞心理过程的分析可获知，以《马氏文通》为代表的学术话语生成过程契合消极修辞的原则要求。以上分析还似可表明，学术话语生成的动机是值得研究的，学者对承载和描述修辞动机的“序”等副文本应给予应有的重视。学术“创作”的动机和效果是“过程”这只“黑匣子”的“输入端”和“输出端”。考察表明，学术“创作”的动机和效果不是等值的，学术话语生成过程契合消极修辞的原则要求。

参考文献：

[1]马建忠. 马氏文通[M]. 北京：商务印书馆，1983.

[2]吕叔湘，王海棻.《马氏文通》读本[M]. 上海：上海教育出版社，2005.

[3]金宏宇. 中国现代文学的副文本[J]. 中国社会科学，2012(6).

[4] 吕叔湘，王海棻.《马氏文通》读本・上册付印题记[M]. 上海：上海教育出版社，2005.

[5]陈望道，修辞学发凡. 见：陈望道. 陈望道学术著作五种[C]. 上海：复旦大学出版社，2005.

[6]刘大白. 修辞学发凡・序. 见：陈望道. 陈望道学术著作五种[C]. 上海：复旦大学出版社，2005.

[7]孙中山. 孙文学说. 见：孙中山. 建国方略[M]. 北京：中华书局，2011.

[8]王海棻.《马氏文通》与中国语法学[M]. 合肥：安徽教育出版社，1991.

[9]张清常.《马氏文通》读本・代序. 见：吕叔湘，王海棻.《马氏文通》读本[M]. 上海：上海教育出版社，2005.

原载吴礼权、李索主编《修辞研究》第 2 辑，暨南大学出版社，2017 年

第二篇

修辞审美理据

语言：美学家的诗意栖居之所

——试析朱光潜修辞思想的主要特点

美学家朱光潜十分重视对语言及其运用的探究，这在某种程度上类似于克罗齐（Bendetto Croce，1866— 1952），即朱光潜在研究美学问题时常常涉及以研究调整适用语辞为己任的修辞学。语言，俨然已成为美学家的诗意栖居之所。然而其修辞思想似未得到应有的重视。这里，我们拟粗略考察朱氏修辞思想的主要特点，以期有助于人们更深入、透彻地理解其整个学术思想。

一、宏观与微观的辩证统一

朱光潜修辞思想主要散见于其有关美学、诗学等方面的论著中，朱氏似未来得及系统阐述其修辞思想，未曾着意修辞学体系的建构，但他对修辞的具体问题的论析却格外精辟、透彻，对某些具体问题的看法着意宏观与微观的辩证统一。

譬如朱氏对于风格的探讨即为明证。他时而旁征博引：

> Sublime 一词起源于希腊修辞学者朗吉弩斯(Longinus)。他曾著一书《论雄伟体》。不过他专指诗文的高华的风格，后人

言“雄伟”则意义较为广泛。[1](P231)

又：

中国古代哲人观察宇宙，似乎都从艺术家的观点出发，所以他们在万殊中所见得的共相为“阴”与“阳”。《易经》和后来纬学家把万事万物都归原到两仪四象，其所用标准，就是我们把老鹰配古松、娇莺配嫩柳所用的标准。这种观念在一般人脑里印得很深，所以历来艺术家对于刚柔两种美分得很严，在诗的方面有李杜与韦孟之别，在词的方面有苏辛与温李之别，在书法方面有颜柳与褚赵之别。[1](P230)

以上朱氏信手拈来却无有“吊书袋”之嫌，追根溯源，着眼于宏观背景，具体落实到微观考察，其见解十分深刻独到。尽管朱氏修辞思想还不系统，但这并不妨碍他在某种意义上对某些修辞现象的宏观研究。事实上，朱光潜修辞思想时时体现出宏观与微观的辩证统一，仍以朱氏对风格的考察为例：

音义调协不必尽在谐声字上见出。有时一个字音与它的意义虽无直接关系，也可以因调质暗示意义。就声纽说，发音部位与方法不同，则所产生影响随之而异；就韵纽说，开齐合撮以及长短的分别也各有特殊的象征性。[2](P190)

姑举例为证，“委婉”比“直率”，“清越”比“铿锵”，“柔懦”比“刚强”，“局促”比“豪放”，“沉落”比“飞扬”，“和蔼”比“暴躁”，“舒徐”比“迅速”，不但意义相反，即在声音上亦可约略见出差异。[2](P191)

朱氏首先宏观概括“风格”意义上的音义关系，然后分别就声纽与韵纽的“发音部位与方法”“开齐合撮以及长短的分别”做实证性的细致的微观分析，令人耳目一新且不无启发作用。

一般认为朱光潜的代表作为《文艺心理学》《诗论》。尤其是后者，朱氏本人也格外珍爱："在我过去的写作中，自认为用功较多，比较有点独到见解的，还是这本《诗论》。"（《诗论》1984 年版后记）朱氏修辞思想也就主要散见于《诗论》《文艺心理学》，而这两本论著均脱稿于 1933 年前："写成了《文艺心理学》之后，我就想对于平素用功较多的一种艺术——诗——作一个理论的检讨。在欧洲时我就草成纲要。1933 年秋返国……他（指胡适——引者注）看过我的《诗论》初稿，就邀我在中文系讲了一年。"（《诗论·抗战版序》）因而可以断定朱光潜修辞思想萌芽甚至形成于 20 世纪二三十年代，其时，"随着文化运动的深入，外国的文化学术思想，包括语言学、修辞学等更多的传入，也推动了我国修辞学的研究。因此这一时期，汉语修辞学也同其他学科一样，有了质的飞跃，即从'五四'前的萌芽时期逐步进入修辞学的建立时期"[3](P60)。这一文化学术背景为朱氏修辞思想宏观与微观的辩证统一提供了可能。而且似有且只有如此，作为美学家的学术大师才能对具体修辞现象有其独到精辟的见解，借此形成其修辞思想的基本要义。[4]

二、注重理据的探求

朱光潜对有关修辞现象的探讨常力求透过现象发现其本质，具体体现在其注重描写与解释的结合，思辨与实证的结合，理论与事实的结合。在这三种"结合"中显示出朱氏对理据（理由根据）的不懈求索。

（一）描写与解释的结合

有时先描写后解释，譬如：

> “衬字”在文义上为不必要，乐调曼长而歌词简短，歌词必须加上“衬字”才能与乐调合拍。[2](P13)

“‘衬字’在文义上为不必要”可视为是对“衬字”的简明描写，后面即对“衬字”现象所做的解释。其有关“气”与“思路”的阐述亦为著例：

> 诗文都要有情感和思想。情感都见于筋肉和其他器官的变化，喜时和怒时的颜面筋肉和循环呼吸等等各不相同，这是心理学家所公认的事实。思想离不开语言，而语言则离不开喉舌的动作，想到“竹”字时，口舌间筋肉都不免有意或无意地说出“竹”字的动作。这是行为派心理学的创说，现在也已得多数心理学家的赞同了。诗人和文人常欢喜说“思路”。所谓“思路”并无若何玄妙，也不过是筋肉活动所走的特殊方向而已。这种筋肉活动是否可以模仿呢？中国人论诗文的模仿，向来着重“气”字。苏子由说：“辙生好为文，思之至深，以为文者气之所形。然文不可以学而能，气可以养而致。”……可知“气”与声调有关，而声调与喉舌运动有关。韩昌黎说：“气盛则言之短长与声之高下皆宜。”声本于气，所以想学古人之气，不得不求之于声。[1](P218～219)

正因为朱氏注重描写与解释的有机结合，其对同一问题的看法较之与曾国藩等实为“前修未密，后出转精”。朱光潜对“可以意会而不可以言传”（刘海峰《论文偶记》）的“气”做出了在某种意义上令人信服的“言传”。

有时先解释后描写，譬如：

> 这种搬砖弄瓦式的文字游戏是一般歌谣的特色。它们本来也有意义，但是着重点并不在意义而在声音的滑稽凑合，如

专论意义，这种叠床架屋的堆砌似太冗沓，但是一般民众学好它们，正因为其冗沓。他们仿佛觉得这样圆转自如的声音凑合有一种说不出来的巧妙。

第一是“重叠”，一大串模样相同的音调像滚珠倾水似地一直流注下去。他们本来是一盘散沙，只借这个共同的模型和几个固定不变的字句联络起来，成为一个整体。[2](P47)

当然解释与描写的先后只是相对的，这里之所以分出先后是为了便于我们更好地理解朱氏描写与解释相结合的探究方式。

（二）思辨与实证的结合

深谙哲学的朱光潜先生常在其修辞思想里将思辨与实证结合起来。这从朱氏有关音律的技巧的论述即可看出：

音律的技巧就在选择富于暗示性或象征性的调质。比如形容马跑时宜多用铿锵急促的字音；形容水流，宜多用圆滑轻快的字音。表示哀感时宜多用阴暗低沉的字音，表示乐感时宜用响亮清脆的字音。[2](P191)

以上看法带有一定的形而上学思辨色彩。接着朱氏举出例证具体分析：

例如韩愈《听颖师弹琴歌》的头四句：

昵昵儿女语，恩怨相尔汝。

划然变轩昂，猛士赴敌场。

“昵昵”“儿”“尔”以及“女”“语”“怨”“汝”诸字，或双声，或叠韵，或双声而兼叠韵，读起来非常和谐；各字音都很圆滑轻柔，子音没有夹杂一个硬音、摩擦音或爆发音；除“相”字以外没有一个字是开口呼的。所以头两句恰能传出儿女私语的情致。后两句情景转变，声韵也就随之转变。第一个“划”字音来得非常突兀斩截，恰能传出一幕温柔戏转到一幕猛烈戏的突变。韵脚转到开口阳平声，与首二句闭口上声韵成一强烈的反衬，也恰能传出“猛士赴敌场”的豪情胜慨。[2](P191)

我们发现，以上所述与陈望道《修辞学发凡》的有关论析似有异曲同工之妙：

> 象征的音调，都同语言文字的内里相顺应，可以辅助语言文字所有的意味和情趣……所以唐钺发表他的“隐态绘声”论，引韩愈《送本师归范阳》的奸穷怪变得，往往造平淡。以为“奸”“穷”“怪”，音也突兀，同语意相称；又引韩愈《荐士》的敷柔肆纡余，奋猛卷海潦。以为上句字音同字意相应，下句“奋猛”也同“卷海潦”的声音相似。……音趣的象征虽不十分明了，却也似乎不能以为没有这么一回事。例如有些修辞学家和语言学家所称述的：长音有宽裕、纡缓、沉静、闲逸、广大、敬虔等情趣；短音有急促、激剧、烦忧、繁多、狭小、喜谑等情趣。[5](P235～236)

值得注意的是，在陈氏《修辞学发凡》1976 年版及以前的版本中均见不到这样的论述，显然，它是陈氏“大体还是仍原书之旧”“所做的修改也只是添换了部分例证，改动了某些用语、辞句、节段”[5](P284)的修改本所做的改动之一。由此可见陈氏这里的看法是谨慎而又成熟的，这即从另一个侧面说明了朱光潜对“音律的技巧”的论述不无见地，不无意义。显然，思辨与实证的有机结合在某种意义上既克服了不切实际的空谈，又便于更好地探求理据。

（三）理论与事实的结合

“科学的第一要务在接收事实，其次在说明因果，演绎原理……”[1](P223)朱氏修辞思想常常体现出理论与事实的结合。譬如朱氏在讨论风格时曾论及“区区一字往往可以见出时代的精神”[2](P234)，紧接着就举出相应的语言事实：“例如陆机的‘凉风绕曲房’的‘绕’

字，张协的‘凝霜竦高木’的‘竦’字，谢灵运的‘白云抱幽石，绿篠媚清泉’的‘抱’字和‘媚’字，鲍照的‘木落江渡寒，雁还风送秋’的‘渡’字和‘送’字之类，都有意力求尖新，在汉诗中决找不出。《木兰辞》的时代已不可考，但就‘朔气传金柝，寒光照铁衣’‘当窗理云鬓，对镜贴花黄’诸句看，似非魏晋以前的作品。”[2](P234)

“例不十，法不立”，朱氏列举了系列事实作为例证，可见朱氏十分注重理论与事实的结合。

三、注重修辞在其他学科领域的融会贯通

为了更透彻地探求修辞现象的理据，常须诉诸美学、心理学等领域的思想、方法和结论。

朱氏将修辞学、美学、心理学等有机结合起来，注重修辞在其他学科领域的融会贯通。

这首先与其学术背景紧密相关。“在英法留学八年之中，听课、预备考试只是我的一小部分的工作，大部分的时间都花在大英博物馆和学校图书馆里，一边阅读，一边写作。”[6](P4)“我选修的课程有英国文学、哲学、心理学、欧洲古代史和艺术史。”[6](P3) 另一方面，这也在某种意义上体现了朱氏对修辞学综合学科性质的认识，毕竟，“研究修辞学，必须学习马列主义，学习美学、心理学、文艺理论、逻辑等，可见修辞学的发展与邻近学科的关系十分密切”[7](P25)。 事实上，朱氏曾明确地将修辞学与美学等量齐观，认为二者有着共同的研究对象：“要明白一国的语言文字，第一要知道它的音（音韵学），第二要知道它的义（训诂学），第三要知道它的音的组合原则（音律学），第四要知道它的意的组合原则（文法学），第五要知道它的音和义的组合对于读者或听者所生的影响（修辞学及美学）。”[2](P215) 显然，朱氏在这里把语言文字的音和义的组合对于读者或听者所生的影响作为修

辞学及美学的共同研究对象。

朱光潜注重修辞学与其他学科的融会贯通，于此可窥其一斑。朱氏将美学、心理学等与修辞学的结合是有机的，丝毫不露斧凿之痕。譬如：

> 这两种美的共相是什么呢？定义正名向来是件难事，但是形容词是容易找的。我说“骏马秋风冀北”时，你会想到“雄浑”“劲健”。我说“杏花春雨江南”时，你会想到“秀丽”“典雅”。前者是“气概”，后者是“神韵”；前者是刚性美，后者是柔性美。……刚性美是动的，柔性美是静的，动如醉，静如梦。[1](P228)

以上毋宁说是“谈美”，不如说是对“风格”的讨论，或者两者根本就没有泾渭分明的界线。再如朱氏有关“排偶”“对仗”的论述：

> 这个演化次第中有一点最值得注意，就是讲求意义的排偶在讲求声音对仗之前。意义的排偶在《楚辞》、汉赋里已常见，声音的对仗实以意义的排偶为模范。辞赋家先在意义排偶中见出前后对称的原则，然后才把它推行到声音方面去，意义所含的迹象大半关于视觉，声音则全关听觉。人类的听觉本较视觉的迟钝，所以在诗方面，声虽先于义，而关于技巧的讲求，则意义反在声音之前。[2](P232)

诉诸心理学方面的知识，朱氏将“意义的排偶”与“声音的对仗”之间在“关于技巧的讲求”这一意义上的先后关系阐述得清楚明了，对排偶与对仗的理据也做了较为科学的探索。

四、注重古今中外的综合对比

朱氏常将修辞现象纳于古今中外的背景下考察，由今溯古，中外对比，借此探讨修辞在某些方面的特质，值得我们注意。譬如朱氏在谈“韵”时特列专节讨论之，将韵的性质与起源结合起来：

> 在古英文诗中，双声有韵的作用。依阮元说，齐梁以前，“韵”兼包近代的“声”“韵”两个意义。齐梁时有“有韵为文，无韵为笔”之说，但昭明太子所选的叫作《文选》，里面不押韵的文章还是很多。……“韵”在古代兼包“声”“韵”两义，尚另有一证……中国文字除鼻音外都以母音收，所谓同韵只是同母音。西文同韵字则母音之后的子韵必相同。所以中文同韵字最多，押韵较易。[2](P207～208)

以上朱氏讨论“古英文诗”“齐梁以前”，旨在溯源，同时比照中西各自的情形，以此得出“中文同韵字最多，押韵较易”的结论，其古今中外的综合对比，令人叹服。类似的比较在朱氏有关论著中较为常见，这亦是朱光潜修辞思想得以形成的途径与体现之一。比如拿英诗与法诗相较，韵对于法诗比对于英诗较为重要。[2](P212) 以中文和英法文相较，它的音轻重不甚分明，颇类似法文而不类似英文。[2](P213) 中国诗的节奏有赖于韵，与法文诗的节奏有赖于韵，理由是相同的：轻重不分明，音节易散漫，必须借韵的回声来点明、呼应和贯串。[2](P214)

显然，通过综合对比，更便于人们了解汉语甚至英语、法语各自在语音修辞方面的特色。这即在某种意义上体现为朱光潜修辞思想的高明、独到之处。

五、注重语用及语用价值的实现

朱光潜对语用的重视主要体现为他对“死文字”“活文字”的区分。朱氏指出：

> 一般人把有形声可求的符号通叫作文字，其实文字有死有

活的分别。文字的生命是情思，通常散在字典中的单字都已失去它在特殊的具体的情境之中所伴的情思，它已经是没有血肉的枯骸，这是死文字。每个人在特殊的具体的情境之中所说的话或是所做的诗文，都有情思充溢其中，这是活文字。活文字都离不开活语言，都离不开切己的情思，而死文字则是从活语言之中割宰下来的残缺的肢体，就是字典中的单字。[2](P256)

不难发现，涉及“活文字”（语用）时朱氏已注意到“特殊的具体的情境”（语用）的作用。

朱氏对语用的重视还体现在他对言语功能的格外关注上。譬如谈“四声与调质”时，他强调指出：

从这个短例看，我们可以见出四声的功用在调质，它能产生和谐的印象，能使音义携手并行。[2](P191)

又：

四声的“调质”的差别比长短、高低、轻重诸分别较为明显，它对于节奏的影响虽甚微，对于造成和谐则功用甚大。[2](P193)

朱氏在探讨言语功能时往往已涉及语用价值（修辞效果）的评判问题。而对语用价值（修辞效果）的讨论尤以美学效果见著。仍以其对四声的分析为例：

我们如果细心分析，就可见凡是好诗文，平仄声一定都摆在最适宜的位置，平声与仄声的效果绝不一样（最好的分析材料是状声的诗文如《庄子·齐物论》人籁天籁段，《文选》“音乐”类的赋，李颀写听音乐的诗，欧阳修《秋声赋》，元曲里《秋夜梧桐雨》之类）[2](P192)。

上述“平仄声一定摆在……位置”即“调整或适用语辞”，然后直接考虑到其“效果”。在当时，朱氏能做出这样的分析实属难能可贵。此外，朱氏还特别注明（以括弧标示）“最好的分析材料”，其对理论与事实的结合的注重真可谓须臾不曾懈怠。自然，从朱氏给出的分析材料不难看出这里所指的“效果”亦主要是指美学效果。

朱氏对语用价值（修辞效果）的关注不仅仅如上例体现于其对具体修辞现象的分析上，我们从其一般性的较抽象的更具普适性的论说中亦不难见到：

> 就学理说，凡是真正能引起美感经验的东西都有若干艺术的价值。巧妙的文字游戏，以及技巧的娴熟的运用，可以引起一种美感，是不容讳言的。[2](P48)

显然，朱氏已从“学理”的高度提出了自己的语用价值观。

以上我们着眼于理论视角、形成手段、理论倾向、学术旨趣等方面分析了朱氏修辞思想的主要特点，并间或探讨了这些特点得以形成的基本原因。一言以蔽之，朱光潜修辞思想的主要特点与其博古通今、学贯中西的学术背景不无关系。另外，在某种意义上亦是其对另一位美学大家克罗齐的学术接触（含朱氏在欧洲留学多年、大力移译克罗齐的代表作、介绍克罗齐首倡之艺术与语言统一说等）的反映。

参考文献：

[1]朱光潜．朱光潜美学文集（第一卷）[C]．上海：上海文艺出版社，1982.

[2]朱光潜．诗论[M]．北京：生活·读书·新知三联书店，1998.

[3]宗廷虎．中国现代修辞学史[M]．杭州：浙江教育出版社，1990.

[4]张春泉．朱光潜修辞思想的要义[J]．安徽师范大学学报（人文社会科学版），2001(4).

[5]陈望道.修辞学发凡[M].上海:上海教育出版社,1997.

[6]朱光潜.朱光潜全集(第一卷)[C].合肥:安徽教育出版社,1987.

[7]易蒲,李金苓.汉语修辞学史纲[M].长春:吉林教育出版社,1989.

原载《华中科技大学学报》(社会科学版),2003 年第 2 期

朱光潜修辞思想的要义

学贯中西、博古通今的美学大家朱光潜先生研究美学问题时常常涉及修辞学，其修辞思想不可忽略。朱光潜的修辞思想虽散见于其美学、诗学等论著中，但这并不妨碍朱氏对什么是修辞、风格、辞格、修辞过程等修辞学基本问题有着至今仍具启发性的真知灼见。

一、修辞："文人用字不苟且"

朱光潜对修辞的重视及其修辞观的形成是与其对作品传达媒介的格外关注密不可分的。"艺术家既然要借作品'传达'他的情思给旁人，使旁人也能同赏共乐，便不能不研究'传达'所必需的技巧。他第一要研究他所借以传达的媒介，第二要研究应用这种媒介如何可以造成美形式出来。比如说做诗文，语言就是媒介。这种媒介要恰能传出情思，不可任意乱用。相传欧阳修《昼锦堂记》首两句本是'仕宦至将相，富贵归故乡'，送稿的使者已走过几百里路了，他还要打发人骑快马去添两个'而'字。文人用字不苟且，通常如此。"[1](P501)朱氏把对借以传达的媒介的研究置于首要地位，进而提出"文人用字不苟且”，值得人们注意。

朱氏这里所说的“字”不宜理解为纯粹的书写单位（character），而是与“辞”相对应的，是指语言文字。“各种艺术都有它的特殊的学问，其中最基本的是关于媒介的知识。媒介就是表现和传达的工具。……文学的媒介是语言文字。”[1](P215)这样，“用字不苟且”，也就是说对语言文字的运用“不苟且”，朱氏认识到“用字”的前提是“要明白一国的语言文字”。“要明白一国的语言文字，第一要知道它的音（音韵学），第二要知道它的义（训诂学），第三要知道它的音的组合原则（音律学），第四要知道它的意的组合原则（文法学），第五要知道它的音和义的组合对于读者或听者所生的影响（修辞学及美学）。”[1](P215)朱氏于此明确提及“修辞学”，并将其与“美学”并置，这在某种意义上体现了其将“修辞学”与“美学”等量齐观的学术意向。更为重要的是，朱氏在修辞学史上较早地、富于前瞻性地以简明的语言指出了修辞学的研究对象：语言文字的音和义的组合对于读者或听者所生的影响。突出听者、读者在言语交际中的重要地位，强调修辞研究应把“音和义的组合”与其“对于读者或听者所生的影响”结合起来，对于我们今天的修辞学仍不失启发性。

“文人用字不苟且”一方面是因为要顾及“音和义的组合对于读者或听者所生的影响，另一方面是因为‘驾驭媒介和迁就规范在起始时都有若干困难’”[2](P45)。既然有若干困难，就不容苟且。“但是艺术的乐趣就在于征服这种困难之外还有余裕。还带几分游戏态度任意纵横挥扫，使作品显得异趣横生。这是由限制中争得的自由，由规范中溢出的生气。艺术使人留恋的也就在此。”[2](P45)这样，修辞又是可能的和必要的了。

二、风格：“彼此各有悬殊”

朱氏虽没有给“风格”下一个严格的定义，但通过对比，“风格”

已现端倪。“总观全体，我们可以说，西诗以直率胜，中诗以委婉胜；西诗以深刻胜，中诗以微妙胜；西诗以铺陈胜，中诗以简隽胜。”[2](P80)“直率”“委婉”“深刻”等虽不能说就一定是修辞学意义上的风格，但后者往往可以概括为前者。质言之，“直率”“委婉”等可以包含修辞学意义上的风格，毕竟，“直率”“委婉”等最终得诉诸语言文字表现出来。文学的媒介是语言文字，媒介和艺术的关系十分密切。“一切媒介往往只适宜于一种风格，媒介与风格不相称时则难引起美感。……同是一种人情，用诗写和用词写所生的印象不同；同是用诗写，用古体和用律体所生的印象不同；同是用古体写，用五言和七言所生的印象又不同。艺术上的风格的变迁，媒介往往是一个主因。”[1](P214)显然，这里所讨论的“风格”已经很接近或者说已经是修辞学意义上的“风格”了。

朱光潜论析风格时已将其分为三类：个人风格、民族风格、时代风格。“艺术风格有难有易。简易是艺术最后的成就，古今中外最大的艺术作品都是简单而深刻。……陶渊明、苏东坡和袁子才的作品可以都说是简易，但是品格彼此各有悬殊。陶渊明专在性情上做根本功夫，他的诗正如姜白石所说‘文以文而工，不以文而妙’，自是圣品。苏东坡是从难处做到平易，所以虽平易而不俗滥。袁子才入手是平易，便流入下乘了。”[1](P223)这里说的即个人风格。朱氏还曾专就陶渊明的个人风格做过个案考察，指出：“他的诗正和他的人格一致，也不很单纯，我们姑择一点来说，就是它的风格。一般人公认渊明的诗平淡……阅历较深，对陶诗咀嚼较勤的人们会觉得陶诗不但不枯，而且不尽平淡……陶诗的特色正在不平不奇、不枯不腴、不质不绮，因为它恰到好处，适得其中。”[2](P305)朱氏有关个人风格的论述可谓“具体而微”。

此外，朱氏还述及民族风格。“中国自然诗和西方自然诗相比，也像爱情诗一样，一个以委婉、微妙、简隽胜，一个以直率、深刻、铺陈胜。本来自然美有两种，一种是刚性美，一种是柔性美。刚性美如高山，大海，狂风，暴雨，沉寂的夜和无垠的沙漠；柔性美如清风皓月，暗香，疏影，青螺似的山光和媚眼似的湖水。昔人诗有‘骏马秋风冀北，杏花春雨江南’两句可以包括这两种美的胜境。艺术美也有刚柔的分别……中国诗自身已有刚柔的分别，但是如果拿它来比较西方诗，则又西诗偏于刚，而中诗偏于柔。西方诗人所爱好的自然是大海，是狂风暴雨，是峭崖荒谷，是日景；中国诗人所爱好的自然是明溪疏柳，是微风细雨，是湖光山色，是月景。这当然只就其大概说。西方未尝没有柔性美的诗，中国也未尝没有刚性美的诗，但西方诗的柔和中国诗的刚都不是它们的本色特长。”[2](P81)朱氏结合美学、诗学将“西方诗”与“中国诗”的“本色特长”做了精辟的论析，辩证而深刻。不难发现，这里的“本色特长”即为风格，尽管朱氏在此讨论的主要是诗，但业已涵括了我们所说的修辞学意义上的风格，毕竟诗是语言的艺术，“诗是最精妙的观感表现于最精妙的语言”[2](P308)。

进一步考察，我们还发现朱氏在讨论民族风格时注意到了风格与文化背景的关系，借此探讨风格形成的原因。“中国诗人何以在爱情中只能见到爱情，在自然中只能见到自然，而不能有深一层的彻悟呢？这就不能不归咎于哲学思想的平易，宗教情操的淡薄了。诗虽不是讨论哲学和宣传宗教的工具，但是它的后面如果没有哲学和宗教，就不易达到深广的境界。诗好比一株花，哲学和宗教好比土壤，土壤不肥沃，根就不能深，花就不能茂。西方诗比中国诗深广，就因为它有较深广的哲学和宗教在培养它的根干。没有柏拉图和斯宾诺莎就没有歌德、华兹华斯和雪莱诸人所表现的理想主义和泛神主义；没有宗教就没有希腊的悲剧，没有但丁的《神曲》和弥尔顿的《失乐园》。”[1](P83)“中国民族性是最‘实用的’，最‘人道的’。它的长处在此，它的短处也在此。它的长处在此，因为以人为本位说，人与人的关系最重要。中国儒家思想偏重人事，涣散的社会居然能享到二千余年的稳定……它的短处也在此，因为它过重人本主义和现世主义，不能向较高远的地方发空想，所以不能向空远处有所企求。”[2](P84)朱氏从文化、哲学思辨的高度，着眼于古今中外的综合对比，对民族风格的成因做了较圆满的交代，使“风格”的内涵更为丰富。

除了个人风格与民族风格，朱氏还探讨了时代风格。“魏晋间的赋去汉已远，而诗却仍有若干汉人的风骨。曹植的《洛神赋》和《七启》是何等纤丽的文字，而他的诗却仍有几分汉诗的浑厚古朴，虽然这种浑厚古朴已经是人为的，由模仿揣摩得来的。……‘朱华冒绿池’一句，每字都有雕琢痕迹。区区一字，往往可以见出时代的精神。”[2](P233~234)“区区一字，往往可以见出时代的精神”是对时代风格的精辟概括。朱氏接着以实证的态度对此论断做了说明：“例如陆机的‘凉风绕曲房’的‘绕’字，张协的‘凝霜竦高木’的‘竦’字，谢灵运的‘白云抱幽石，绿篠媚清泉’的‘抱’字和‘媚’字，鲍照的‘木落江渡寒，雁还风送秋’的‘渡’字和‘送’字之类，都有意力求尖新，在汉诗中绝找不出。《木兰辞》的时代已不可考，但就‘朔气传金柝，寒光照铁衣’‘当窗理云鬓，对镜贴花黄’诸句看，似非魏晋以前的作品。”[2](P234)

三、辞格：“几分文字游戏”

朱光潜断定辞格有几分文字游戏的意味是以人对文字游戏的天然嗜好为前提的。“从民歌看，人对文字游戏的嗜好是天然的，普遍的。凡是艺术都带有几分游戏意味，诗歌也不例外。中国诗中文字游戏成分有时似过火一点……不过我们如果把诗中文字游戏的成分一笔勾销，也未免操之过‘激’。就史实说，诗歌在起源时就已与文字游戏发生密切的关联，而这种关联一直维持到现在，不曾断绝。其次，就学理说，凡是真正能引起美感经验的东西都有若干艺术的价值。巧妙的文字游戏，以及技巧的娴熟的运用，可以引起一种美感，也是不容讳言的。……在许多伟大作家——如莎士比亚和莫里哀——的作品中，文字游戏的成分都很重要，如果把它洗涤净尽，作品的丰富和美妙便不免大为减色了。”[2](P48) 一言以蔽之：“凡是诗歌的形式和技巧大半来自民俗歌谣，都不免含有几分文字游戏的意味。”[2](P47) 显然，朱氏所谓“诗歌的形式和技巧”在某种意义上即为“修辞”，如果我们把“带有几分文字游戏的意味”视为“准文字游戏”，则似可得出修辞是准文字游戏。事实上，这种情形尤见于辞格——辞格似是修辞中最能表现“形式和技巧”的部分。于是，我们可以说，在朱光潜修辞思想里辞格常表现为一种准文字游戏。“诗中的比喻（诗论家所谓比、兴），以及言在此而意在彼的寄托，也都含有隐语的意味。就声音说，诗用隐语为双关。”“谐与隐都带有文字游戏性。”[2](P44)

需要注意的是，辞格终究不是文字游戏，它只是有几分文字游戏的成分。这点朱氏已认识到了，故其在“文字游戏”前冠以“几分”或曰“带有（文字游戏）性”等提示性表述加以限制。此外，朱氏反复提及“文字游戏”与“歌谣”的密切联系，譬如：“这种搬砖弄瓦式的文字游戏是一般歌谣的特色。”[2](P47) 既然文字游戏是一般歌谣的特色，则这里的“文字游戏”之“文字”仍然应做广义的理解，不可仅视为狭义的书写单位及其系统，应与“辞”对应，这与“文人用字不苟且”中的“字”义略当。

朱氏还从准文字游戏的意义上列举、描写和解释了多种辞格：“第一是‘重叠’，一大串模样相同的音调像滚珠倾水似地一直流注下去。它们本来是一盘散沙，只借这个共同的模型和几个固定不变的字句联络起来，成为一个整体。第二是‘接字’，下句的意义和上句的意义本不相属，只是下句起首数字和上句收尾数字相同，下句所取的方向完全是由上句收尾字决定。第三是‘趁韵’，这和‘接字’一样，下句跟着上句，不是因为意义相衔接，而是因为声音相类似。……第四是

‘排比’，因为歌词每两句成为一个单位，这两句在意义上和声音上通常彼此对仗……第五是‘颠倒’或‘回文’，下句文字全体或部分倒转上句文字。”[2](P46~47)朱氏还做了补充说明：“以上只略举了文字游戏中几种常见的技巧，其实它们并不止此。”[2](P47)

尤其难能可贵的是朱氏还从美学、心理学、生理学等角度对“比喻”（含“拟人”“托物”“变形”，朱氏认为它们均属比喻格）、“排偶”等辞格的理据做了个案考察。这其实是对“几分文字游戏”中的“几分”的最好诠释，即据此可说明辞格终究不是完全意义上的文字游戏。“谜语不但是中国描写诗的始祖，也是诗中‘比喻’格的基础。以甲事物隐射乙事物时，甲乙大半有类似点，可以互相譬喻。有时甲乙并举，则为显喻（simile）；有时以乙暗示甲，则为隐喻（metaphor）。……这种比喻在普通语言中极流行。它们可以显示一般民众的‘诗的想象力’，同时也可以显示普通语言的艺术性。一个贩夫或村妇听到这类‘俏皮话’，心里都不免高兴一阵子，这就是简单的美感经验或诗的欣赏。诗人用比喻，不过把这种粗俗的说‘俏皮话’的技巧加以精炼化，深浅雅俗虽有不同，道理却是一致。《诗经》中最常用的技巧是以比喻引入正文。”[2](P40~41)以上是对比喻的特点及其功能的论析。朱氏指出：“‘拟人’‘托物’‘变形’三种类似联想虽不同，而在实际上常不可分开。‘水是眼波横，山则眉峰聚’可以说是‘拟人’，也可说是‘变形’。‘天寒犹有傲霜枝’可以说是‘拟人’，也可以说是‘托物’。这三种类似联想在文学上极为重要。它们最普通的用处在‘比喻’。上文所举各例在修辞学中都属于‘比喻’格。文学上的文字大半都不用本意而用引申义。文字的引申义大半都由‘比喻’得来的。”[1](P195)“因为类似联想的结果，物固然可以变成人，人也可变成物。物变成人通常叫作‘拟人’。……一切移情作用都起类似联想，都是‘拟人’的实例。”[1](P195)“人变成物通常叫作‘托物’。……‘托物’者大半不愿直言心事，故婉转以隐语出之。……最普通的托物是‘寓言’，寓言大半拿动植物的故事来隐射人类的是非善恶。托物是中国文人最欢喜的玩意儿。”[1](P506)“‘拟人’和‘托物’都属于象征。所谓‘象征’，就是以甲为乙的符号，甲可以做乙的符号，大半起于类似联想。象征最大的用处就是以具体的事物来代替抽象的概念。——象征的定义可以说是‘离理于象’。”[1](P506~507)

以上是朱氏对拟人、托物、变形、象征等辞格的特质及功能的论析。朱氏对排偶的讨论着眼于其特定的应用领域（赋）以及它与“生理的自然倾向”的关系。“赋侧重横断面的描写，要把空间中纷陈对峙的事物情态都和盘托出，所以最容易走上排偶的路。……文字排偶不过是翻译自然事物的排偶……本来各种艺术都注重对称……人体各器官以及筋肉的构造都是左右对称。外物如果左右对称，则与身体左右两方面所费的力量也恰相平衡，所以易起快感。文字的排偶与这种生理的自然倾向也有关系。”[2](P227~228)

可以看出朱氏对辞格的理据探索亦不乏真知灼见，尽管其对辞格的分类似有失之于杂糅之嫌。

四、修辞过程：“便是从锻炼入手”

朱氏已经对修辞做了动态考察，这从其有关修辞过程的论析可以看出。朱氏认为“用字不苟且”的修辞过程“便是从锻炼入手”的“寻思”“寻言”工作。“我们寻思，就是把模糊隐约的变为明显确定的，把潜意识和意识边缘的东西移到意识中心里去。……作诗也不能全恃直觉和灵感，就因为这种搜寻有时需要极专一的注意和极坚忍的意志。但是，我们要明白：这种工作究竟是‘寻思’，并非情感思想本已明显固定而语言仍模糊隐约，须在‘寻思’之上再加‘寻言’的工作。……我们通常自以为在搜寻语言（调配情感思想的距离）。”[2](P110)朱氏还明确指出：“寻思必同时寻言，寻言亦必同时是寻思。”[2](P111)因为“诗人想象竹子时，要连着字的声音和意义一起想……由创造到传达，并非是由甲阶段走到一个与甲完全不同的而且不相干的乙阶段。创造一个意象时，对于如何将该意象传达出去，心里已经多少有些眉目了。这个道理在作诗文时更容易见出。作诗文所用的媒介或符号是语言文字。作诗文的人们很少有（也许绝对没有）离开语言文字而运思的，创造与传达所用的媒介物常相依为命”。[1](P169)

似可认为朱氏对修辞过程的论述与几乎与其同时问世的王易的“由想而移为辞”[3]在某种意义上可以相互补充，互为表里，甚至可以说前者是后者的深化。

朱氏还注意到了修辞过程的心理生理机制。“诗文都要有情感和思想。情感都见于筋肉和其他器官的变化，喜时和怒时的颜面筋肉和循环呼吸等等各不相同，这是心理学家所公认的事实，思想离不开语言，而语言则离不开喉舌的动作……所谓‘思路’并无若何玄妙，也不过是筋肉活动所走的特殊方向而已。”[1](P219)

朱光潜修辞思想的要义注重宏观与微观的辩证统一，注重修辞理据的探求，注重修辞学与其他学科的融会贯通，注重古今中外的综合对比，虽无意于或未来得及建构理论体系，仍蔚为大观。

参考文献：

[1]朱光潜.朱光潜美学文集(第一卷)[C].上海:上海文艺出版社,1982.

[2]朱光潜.诗论[M].北京:生活·读书·新知三联书店,1998.

[3]王易.修辞学通诠[M].上海:神州国光社,1930.

原载《安徽师范大学学报》(人文社会科学版),2001年第4期

和谐社会与和谐语言建构

语言是社会的一面镜子，它全息反映社会生活的方方面面。语言又是“社会”得以形成的一个基本条件。语言与社会有可能、有必要互动（互相作用）。语言和社会以和谐的方式互动，是我们所追求的一个目标，或者说，和谐语言的建构与和谐社会具有密切的联系，二者须臾不可隔离开来。

如果将和谐社会建设与和谐语言建构二者隔离开来，则会出现一些“不和谐”因素。就当下语言建构实际而言，如下数端值得引起我们的关注：语言建构的极端化，比如语言建构中的夸大其词，例如某些广告用语，甚至正式文案中“浮夸风”大有“狂飙”之势；语言建构中的媚俗、媚外、泥古倾向，例如一些媒体和影视作品中港台腔的不得体模仿，一些网络用语、字母词、外来词、欧化句式、古语词的滥用；语言建构中的新八股倾向，例如一些官样文章的千篇一律等。以上显然是我们所不取的，这些现象本身已彰显：在和谐社会里和谐语言建构的紧迫性和必要性。

我们认为，和谐语言与和谐社会的良性互动是可能的。这从以下几个方面可以见出。

一、和谐社会是和谐语言建构的社会语境

语言的建构离不开特定的语言环境。语言环境，即语境，主要可以包括上下文语境和社会语境。张弓先生在《现代汉语修辞学》一书中指出："所谓语境，包括社会情境、自然环境及上下文。分析起来有：（1）联系说话时的情境；（2）利用时间地点等条件；（3）利用自然景物特点；（4）适合说话人和听众读者的关系；（5）适应听众读者的情况；（6）照顾上下文的关系等项。"[1](P2) 不难理解，《现代汉语修辞学》中所说的"社会情境""自然环境"是互相依存的，前者是后者的某种提升，后者是前者赖以存在的基本物质条件。毕竟，这里所说的"自然环境"是语用主体（说话时的"人"）说话交际时的自然环境，而不是宽泛的一般意义上的自然环境。因此，在这个意义上可以将"社会情境"和"自然环境"二者概括为社会语境。

社会语境是语境中最为复杂的一个种类，因为用以言语交际的社会环境（即语境）本身是纷纭复杂、形式多样、形形色色的。具体而言，社会环境主要包括一个社会的政治制度、社会的经济面貌、社会的时代特征和地域环境等。社会环境是语言赖以生存、使用、发展的根本条件，它本身就是一个大语境，它对人们使用语言、决定语言的基本形态，具有很强的制约作用。[2](P70) 在和谐社会里，社会的政治制度、社会的经济面貌、社会的时代特征和地域环境趋于和谐共生、良性发展、对立统一。和谐语言即建构于斯。

语言说到底是一种社会现象。语言自身无所谓和谐与不和谐，但是在特定社会里，在具体的建构过程中，势必会形成和谐与不和谐的态质。和谐社会作为一种社会环境，作为语言建构的语境，为和谐语言的建构提供了可能。和谐社会里，人们讲究诚信，而"修辞立其诚"（《易》），修辞即为某种意义上的语言建构。和谐社会里，人们

注重合作，人们关注合作的“质”（真实）、“量”（信息的适量）、“方式”和“相关”。这就为人们话语交际过程中遵循“合作原则”提供了可能。和谐社会里，人们讲究得体，提倡慷慨、谦虚、一致、同情等，而这些都为语言交际过程中遵守“礼貌原则”提供了社会条件。社会环境中的和谐语言的建构也可视为一种“正名”过程。古人有言：“名不正，则言不顺；言不顺，则事不成；事不成，则礼乐不兴；礼乐不兴，则刑罚不中；刑罚不中，则民无所措手足。”（《论语·子路》）这里，先贤已经注意到了“名”“言”“事”“礼乐”“刑罚”“民”之间的关系。抽象地说，“名”和“言”在此主要体现的是语言的建构，而“事”“礼乐”“刑罚”“民”则可视为社会的构成要件。《论语·子路》以顶真的方式所“推理”出的结论表明了社会与语言建构之间的关联，如果把这一段话抽象为一个假言推理的话，则其逆否命题（原命题的等价命题）中的结论即为“名正”，其充分条件之一为“言顺”，即由“言顺”可以得到“名正”，似乎可以说“名正”在《论语·子路》时代是一种“和谐社会”的必要条件和主要特征，而“言顺”则是和谐语言建构的一个具体体现。由此可见，和谐社会之于和谐语言建构的某种社会语境制约作用以及和谐语言建构（“言顺”）对于和谐社会（“名正”）的反作用。

以上表明，在和谐社会里，社会环境是以“和谐”的方式制约着语言的建构，是为和谐语言建构的社会语境。

二、和谐语言建构是和谐社会的题中应有之义

和谐语言建构是和谐社会的题中应有之义。这从和谐社会的主要特征、建构和谐社会的主要目标及和谐语言的主要内涵可以看出。

首先，和谐社会的主要特征表明和谐语言的建构是和谐社会的题中应有之义。和谐社会主要有六个方面的特征。胡锦涛同志指出，

我们所要建设的社会主义和谐社会，应该是民主法治、公平正义、诚信友爱、充满活力、安定有序、人与自然和谐相处的社会。[3]这些基本特征是相互联系、相互作用的，需要在全面建设小康社会的进程中全面把握和体现。其中，民主法治就是社会主义民主得到充分发扬，依法治国基本方略得到切实落实，各方面积极因素得到广泛调动。而要充分调动各方面的积极性，最为基本的渠道恐怕不外乎让普通民众更为迅速、更为透彻、更为深刻、更为全面地理解国家的方针政策，更为便利地建言献策，并且让决策者、立法者更为便捷、更为全面、更为及时、更为有效地了解社情民意，体恤民情，而这实际上可以抽象为干部和群众之间的一种交际，这种交际最为基本和便捷的工具仍然是语言文字。此外，就法治而言，我国现行法律为成文法，即法典诉诸法律文本规范和调整人们的行为，以语言文字"明文"规定公民的权利和义务，在这个意义上不妨说，和谐社会的构建需要通过语言文字的和谐建构反映和体现出来。由此可见，和谐语言的建构势必有助于民主法治，和谐语言的建构是和谐社会的题中应有之义。

公平正义就是社会各方面的利益关系得到妥善协调，人民内部矛盾和其他社会矛盾得到正确处理，社会公平和正义得到切实维护和实现。这里值得注意的一个关键词是"矛盾"，矛盾的解决和处理，在很大程度上诉诸语言文字。其实，从另外一个角度看，这一点是与"民主法治"紧密相关联的。公平正义是主要靠法律来实现的，是需要民主法治做保障的。既然如此，公平正义彰显的仍然是和谐语言建构的必要性和可能性。

诚信友爱就是全社会互帮互助、诚实守信，全体人民平等友爱、融洽相处。这里值得注意的关键词是"互"和"信"。"诚信友爱"需要人们的交往理性，而交往理性正是和谐语言建构的一个基本前提。另外，诚实守信与"修辞立其诚"的原则有异曲同工之妙。这又表明了和谐语言的建构是和谐社会的题中应有之义。

如果说以上三个方面与和谐语言的建构直接相关的话，则“充满活力”“安定有序”“人与自然和谐相处”可看作与和谐语言的建构至少是间接相关的。充满活力就是能够使一切有利于社会进步的创造愿望得到尊重。创造活动得到支持，创造才能得到发挥，创造成果才能得到肯定。安定有序就是社会组织机制健全，社会管理完善，社会秩序良好，人民群众安居乐业，社会保持安定团结。人与自然和谐相处就是生产发展，生活富裕，生态良好。由此不难看出，“充满活力”“安定有序”“人与自然和谐相处”分别强调的是“创造”“有序”等，而语言的建构也势必考虑到这些：很难置信，没有创造性的语言能为广大受众所喜闻乐见；很难想象，“语无伦次”的谈话能够动人、服人。这些仍然表明：和谐语言的建构是和谐社会的题中应有之义。

第二，构建和谐社会的总体目标亦表明和谐语言的建构是和谐社会的题中应有之义。构建和谐社会的一个总体目标是：努力改善社会关系和劳动关系，正确处理新形势下的各种社会矛盾，建立一个更加幸福、公正、和谐、节约和充满活力的全面小康社会。（见中国社科院新近发布的《2005 年：中国社会形势分析与预测》，中国社会科学院社会学研究所组织研究，社会科学文献出版社出版）如上所述，改善社会关系和劳动关系，处理社会矛盾的基本方式是在交往理性支配下诉诸语言文字的适用（适当使用）形成的。

第三，和谐语言（尤指和谐语言的建构）的主要内涵也表明了和谐语言的建构是和谐社会的题中应有之义。在我们看来，和谐语言的建构至少包括以下几个方面的内涵：

（一）语用主体之间的理性交往

和谐语言的建构是特定语用主体的言语创造及其结果，是语用主体之间的语言交往交际过程，这种交往交际过程如果符合交往理性则其可能是和谐的，否则即势必是不和谐的。或者可以说交往理性支配下的交际有效性是和谐语言建构的必要条件。“任何处于交往活动中的人，在施行任何言语行为时，必须满足若干普遍的有效性要求并假定它们可以被验证。”[4](P2) 即有效性正是理性交往的一个根本要求。有效的前提是理解。对于理解，“最宽泛的意义则是表示在与彼此认可的规范性背景相关的话语的正确性上，两个主体之间存在着某种协调；此外还表示两个交往过程的参与者能对世界上的某种东西达成理解，并且彼此能使自己的意向为对方所理解”[4](P3)。主体间的相互有效理解主要是以对话的方式完成的，显然，对话本身即一种更为常见的语言建构方式，并形成有内容的能为特定接受者所接受的话语。[5] 而社会是人的社会，人与人的交往所形成的社会关系的总和即构成了社会。由此可见，和谐语言的建构这一特征表明了和谐语言的建构是和谐社会的题中应有之义。

（二）“普、方、古”之间的和谐并用

和谐社会构建的另一重要特征是在汉语语境下“普、方、古”之间的和谐并存。普通话是现代汉民族的共同语，方言则是共同语的社会地域变体，古语词则是古代汉语中仍然沿用于现代汉语的有生命力的语词。在一定意义上可以说，“普、方、古”之间的和谐并用体现了普遍与特殊的辩证统一，历史与逻辑的统一。这里的对立统一无疑是“和谐”的具体体现。另一方面，也是十分重要的一个方面，“普、方、古”三者在宏观上形成稳定而开放的“三角关系”，它们之间的和谐并用折射出特定社会语境的纷纭复杂及其“和而不同”。

（三）汉外语之间的和谐“共处”

和谐语言的建构还表现为汉外语之间的和谐共处。在汉语社会语境下，我们不宜盲目排斥某些外来语词。词语是最小的能够独立运用的语言单位，因此以外来词语为例即可说明汉外语之间的和谐共处的必要性和可能性。事实上，汉语词汇史表明，汉语的词汇系统从来就不是封闭的，它总是在不断地吸收少数民族语言和异域其他非汉语语言中的某些一般词汇，有些外来词还逐渐进入了汉语的基本词汇。比

如汉语中所借入的日语词“经济”“干部”“景气”等已经成为汉语的基本词，与人们的日常生活休戚相关。再比如，一些“字母词”的使用其实如果用得“本色当行”也是具有不可替代的得天独厚的“先天优势”的，比如“DNA”“CT”“IT”等已逐步深入人心，至少有进入汉语词汇系统的趋势。

无论是语用主体之间的理性交往，“普、方、古”之间的和谐并用，还是汉外语之间的和谐“共处”，都既反映了特定社会环境，又营造了相应的社会语境，它们共同构成了汉语语境中和谐语言建构的主要内涵，同时也表明了和谐语言的建构之于和谐社会是必要的，可能的，是其题中应有之义。

三、和谐社会与和谐语言建构的良性互动

既然如上所论及，和谐社会是和谐语言建构的社会语境，和谐语言的建构是和谐社会的题中应有之义，则我们不妨在和谐社会里建构和谐语言，以和谐的方式建构和谐语言，从而最终形成和谐社会与和谐语言的良性互动。

具体而言，要做到和谐社会与和谐语言的良性互动，我们觉得可以从以下几个方面展开。

（一）“虚实”相生

当代社会是信息社会，网络已然深入到了社会的各个层面、各个角落，在网络上通行甚至流行的语言，我们统称为网络语言。与之相对的则是现实社会中人们日常交际（含口头的和书面的）的实际语言。如果说后者为“实”的话，则前者即为“虚”了。

我们提倡当下社会语境中网络语言与现实语言的“虚实”相生。虚实相生，并不一定表明两者可以平分秋色，等量齐观。事实上，在我们看来，人们更为直接使用的恐怕还是现实语言，现实语言的语用

主体至少在我们可以预见的将来仍然更具生活地域的广泛性和文化背景的多样化，而且人们还是往往以现实语言制约和影响网络语言的。但值得注意的是，这种影响绝不是，事实上也不可能消弭网络语言的存在。即这种影响应该以和谐共生的方式发生作用。这种和谐共生，势必有助于和谐社会的建设。

（二）"刚柔"相济

这里所说的"刚柔"相济，主要指的是规范与变异的对立统一以及语言政策、语言立法和约定俗成的统一。

首先，规范与变异的对立统一。不同文体、不同语体的语言的建构不宜，事实上也不可"一刀切"。比如就语体而言，公文事务语体注重"规范"，显示出一定的"刚性"；而文艺审美语体则更倾向于变异，在词法、句法、词汇、语音等方面往往可以超常越格，更富于"弹性"，是为"柔性"语言建构。试想，如果我们以公文事务语体中常用的词语、常见的语法结构、常听到的语音配置用于文艺审美语体中，则势必形成不伦不类的"八股腔"，联想和想象几无从谈起，也谈不上什么审美和美感了。

不妨说规范是社会的规范，而变异则主要是个体（即语用主体个体）的临时适境而为之。其实仍然是社会层面上的求同存异，"和而不同"。

其次，语言政策、语言立法和约定俗成的统一。社会生活中往往需要以政策和法律的形式规范人们的行为，语言作为一种较为特殊的行为即属于此列。就语言政策而言，语言政策往往在一个国家的政策体系中具有举足轻重的地位，它与人们的日常交际、认知、教育、审美等直接相关。比如，有的国家实行双语制，有的国家实行多语制等，有的国家将语言文字的变革形成国家意志，制定相关的语言文字法，这种法律其实主要针对的是语言文字使用方面。我们认为，和谐社会里，国家语言政策与语言的宏观建构上的约定俗成应该是和谐的。即国家在制定相关语言政策时要考虑到“从俗”“从众”。就语言立法而言，语言立法其实是语言政策的进一步规约，更具强制性，更具“刚性”。此时，约定俗成即对应着体现为对民众的“柔性”影响。

和谐语言的建构与和谐社会的良性互动具有十分重要的意义。这种良性互动有助于言语文明，有助于社会进步，有助于先进文化的形成。

概言之，和谐社会里，一方面和谐社会为和谐语言建构提供基本的社会环境；另一方面，和谐语言的建构是和谐社会的题中应有之义；二者可以，应该形成良性互动。我们应以和谐的方式使得和谐语言的建构与和谐社会良性互动。

参考文献：

[1]张弓.现代汉语修辞学[M].石家庄：河北教育出版社，1993.

[2]冯广艺.语境适应论[M].武汉：湖北教育出版社，1999.

[3]胡锦涛.深刻认识构建社会主义和谐社会的重大意义 扎扎实实做好工作大力促进社会和谐团结[N].人民日报，2005/2/20.

[4][德]哈贝马斯.交往与社会进化[M].张博树译.重庆：重庆出版社，1989.

[5]张春泉.论接受心理与修辞表达[D].上海：复旦大学研究生院，2000.

原载《湖北社会科学》，2006年第4期，署名冯广艺，张春泉

接受美学与语用学的契合

——以伊泽尔文学语言观为个例

作为接受美学重要代表人物之一的沃尔夫冈·伊泽尔（又译“伊瑟尔”）的语言观体现或蕴涵了几乎与接受美学同时兴起的语用学思想。以伊泽尔《审美过程研究——阅读活动：审美响应理论》为个案，不难发现语用学与接受美学的契合。两者的契合点具体体现为如下三个关键词：语境、读者、空白。从中可发现接受美学与语用学几乎同时兴起的某些理据（理由根据）。

接受美学，又称“接受影响美学”或“接受理论”，由联邦德国康茨坦斯大学教授汉斯·罗伯特·尧斯所首倡，其《文学史作为文学科学的挑战》（1967）一文，是接受美学形成一个独立学派的宣言。紧踵其后，沃尔夫冈·伊泽尔 1970 年以后成为接受美学学派最重要的代表人物之一。《审美过程研究——阅读活动：审美响应理论》（以下简称《阅读活动》）是伊泽尔最重要、最有代表性的理论著作，该书集伊泽尔的所有研究成果之大成，集中、系统、全面、充分地体现了他的响应美学理论。《阅读活动》德文版首先于 1976 年问世，以后又陆续被多家出版社翻译出版。[1]《阅读活动》集中体现了伊泽尔对文学语言的理解。我们认为，其涵括了文学语言与语境、读者、空白（blank）之关系的文学语言观，在某种意义上是当时方兴未艾的语用学思想的反映，只不过，这一语用学思想是基于审美的，体现了接受美学与语用学的契合。

一、文学语言与语境

文学语言不同于一般日常语言，这在当下已被认为是不争的事实，但这一问题在伊泽尔《阅读活动》问世前后在文学理论界似并未引起自觉的重视。于是，伊泽尔在《阅读活动》中首先区分了文学语言与日常语言。“我们可以从情境性语境方面来观察文学言语方式和日常言语方式之间的分歧。虚构性表述看来不参照任何真实情境就可以做出，而日常语言活动却以情境为前提，准确地限定这种情境是日常言语活动取得成功所不可或缺的条件。”[1](P85)不难看出，伊泽尔对文学语言与日常语言的区分是紧密联系着语境的。换言之，伊泽尔注意到了文学语言与语境之间的关系，他以对语境的依赖程度来描述文学语言的特质。

“语境”是语用学的一个重要概念，因而谈及文学语言与语境，就不能不提到有关语用方面的问题。“奥斯汀和瑟尔把文学语言排除在他们分析之外的根据是，从语用学的立场来看，文学语言是虚假的。在他们看来，语言通过使它受制约的用法获得它的功能，从而也获得了它的意义。”[1](P81)着眼于文学语言与语境，考察文学语言与语用学的“格格不入”，显然是又进了一层。既然语用关注的是“语言通过使它受制约的用法获得它的功能”，那么，再进一步弄清楚文学语言与语境在“功能”意义上的联系就格外有意义了。伊泽尔从符号学（在当时人们看来，如果说“语用学”是种概念，则“符号学”就是其属概念了）的角度做了更进一步的说明。“虚构性语言表现了这样一种符号的组合，因为用英伽登的术语来说，它在现实之中不是固定的；用奥斯汀的术语来说，它不具有情境性语境。文学语言的符号并不‘表现’任何经验的现实，但是它们确实具有一种再现的功能。由于这种功能与现存的客体无关，因此得到再现的东西必然是语言本身。这意味着文学语言再现的是日常语言，因为它使用的符号方式与后者相同，但是，因为它不具备任何一种经验参照物，它就必须增大将由符号组合赋予（它的）指令的密度。作为一种言语再现，它只能表现言语是什么或者言语实现了什么。简而言之，我们可以说，虚构性言语向读者提供了建构一种情境的指令，因此也向他提供了展现一种想象客体的指令。”[1](P81)

“展现一种想象客体”不可能不涉及人的回忆，而这种回忆又密切联系着语境。诚如伊泽尔所言：“如果读者受到刺激，进入回忆某种已经派入记忆之中去的东西的状态，他就会把这种东西回忆起来，不是孤零零地，而是把它嵌到一种特定语境中和语境一起回忆起来。回忆这个事实表现了语言学信号所能发挥作用的界限，因为在本文中，词语只能批示一种参照物，而不能批示它的语境；它和语境的联系是由读者记忆力强健的心灵建立的。”[1](P156) 即“和日常言语活动相比，文学本文不具有供读者参照的具体语境”[1](P89)。显然，“读者受到刺激”是一种言语行为，这种有关言语的刺激-反应理论滥觞于布龙菲尔德（Bloomfield），以后又不断发展，以至于有了将言语行为进一步三分的言语行为三分说：以言指事、以言行事和以言成事。但这些在伊泽尔看来恰恰都不是文学语言的功能或特质。之所以如此，伊氏认为是由于缺乏语境。不过，伊泽尔没有把这一问题推向极致，他同时又看到了“缺乏语境并不意味着虚构性表述必然失败；它只不过预示了文学包含了对语言的不同运用这个事实，正是在这种语言运用中，我们可以确定文学语言的独特性”[1](P80)。

以“语言运用”凸显“文学语言的独特性”，正是伊泽尔的过人之处。不妨认为，它恰好体现了一种基于审美的语用学思想。滥觞于

20 世纪 30 年代的语用学恰恰在 20 世纪的 70 年代作为一门新兴学科出现，以 1977 年荷兰正式出版的《语用学杂志》(*Journal of Pragmatics*) 的问世为标志。接受美学的兴起与语用学作为一门学科的正式确立几乎是同时发生的。这似不是一种巧合。伊泽尔《阅读活动》关于文学语言的认识即在某种意义上较为雄辩地证明了这点。语用学关注的是符号及其使用者之间的关系，而这里的符号使用者包括作者（表达者）与读者（接受者）。语用学还十分关注语境因素。这如上所述，在《阅读活动》中已有体现，只是伊泽尔更强调审美。这样，其《阅读活动》中体现的语用学思想就是一种基于审美的语用学思想。

伊泽尔联系语境探索文学语言的本质不是偶然的，除了有正当其时的语用学作为一门学科得以确立外，还有其认识前提。一方面，他认识到："文学语言的语词结构，尤其是散文虚构作品的语词结构与日常语言的语词结构非常相似，因此要区分这两者时常很困难。"[1](P84) 也就是说，伊泽尔认识到了仅从语言内部结构来考察文学语言的本质几乎是不可能的。另一方面，伊泽尔认识到了英伽登、奥斯汀以及瑟尔对文学语言本质的理解的一个共同局限：他们都认为文学语言这种方式是对日常语言的模仿，而不是对后者的背离。[1](P85) 而在伊泽尔看来，"模仿"和"准判断句"不适用于描述文学语言，原因是其中任何一个概念都不能完成包含另一个概念。[1](P85)

这样，伊泽尔联系语境凸显了文学语言的"独特性"，揭示了日常语言与文学语言的某些区别，这在当时确属难能可贵，但在另一方面却有以偏概全之嫌。他在某种意义上夸大了文学语言与日常语言之间的区别，对文学语言与日常语言的联系缺乏辩证的分析，过分强调文学语言与语境的不相容性，反过来又不利于我们更好地理解文学语言。这在某种程度上有违审美响应理论的初衷。

二、文学语言与读者

作为接受美学的重要代表人物，伊泽尔十分强调读者的“活参”[2](P117)。伊氏注重文学语言与读者的联系，读者对文学语言的理解引起了伊泽尔的格外重视。他谈道：“从实际情况来看，在虚拟作品中每一个可识别的结构都具有这两个方面：文字方面和情感方面。”[1](P28)不难发现“情感方面”包含了读者的情感，而虚拟作品的文字方面与文学语言的关系自不待言。似可以这样理解，伊泽尔意义上的文学语言就是读者对本文的作用，这从伊泽尔对读者与本文的关系的看法方面似可看出。伊氏认为：“作为一个关于具有各种各样不同能力的读者的集合术语，它把本文启示中包含的语义学内涵和语用学内涵的根据考察在内，这种根据可以在经验上得到证实。”[1](P40)伊泽尔着眼于“语用学”，为的是强调本文与读者之间的关系的可证实性，即读者对本文的理解不是任意的，“因为确定性和不确定性的结合制约着本文和读者之间的相互作用，不能把这种双向过程称为主观任意的”[1](P32)。伊氏强调本文与读者的互动，这种互动体现文学语言的价值。

如果说上文提及的本文与读者之间的相互作用（“互动”）还很抽象的话，那么，不妨看看两者的“相遇点”：剧目的确定性在本文和读者之间提供了一个相遇点。[1](P94)剧目（repertoire）：“由经过选择的规范和引喻组成。”[1](P95)显然，相对确定易于把握的“相遇点”仍然昭示文学语言与读者的密切联系：“规范”是经过“选择”的。毋庸置疑，没有读者的“活参”“选择”是不能够完成的。“引喻”亦然。

三、文学语言与空白

伊泽尔还联系“空白（blank）”考察文学语言的特质。伊泽尔是通过对“空白”与“空位”（vacancy）的对照来界定空白的。“空白指的是存在于本文之中的受到本文悬置的可联结性，空位则是指存在于读者游移视点的参照性视域之中的、非主题本文视野部分。”[1](P271)

明确了伊氏对“空白”的界定，不难理解伊泽尔对空白与文学语言的看法。在文学本文中，联结的中断引起了空白可以实施的一些功能。它们强调文学语言的用法与日常语言的用法之间的区别。因为，在日常语言中总是被给定的东西，在虚构作品中却必须首先被读者展现出来。对于本文的连贯性来说，遵守可联结性是一个主要的先决条件，而在实际运用的语言中，这样一种连贯性受到各种各样附加条件（这些附加条件在文学语言的运用过程中并没有被给定）的调节。[1](P250) 着眼于“空白”考察日常语言与文学语言的差异，伊泽尔还有更为明确的阐述：“在说明性本文中的语言用法和虚构性本文中的语言用法看来完全不同。”[1](P250) 不论说明性本文什么时候揭示一种辩论，或者传达一种信息，它都预先假定了对一个给定客体的参照。同样，这要求不断展开的言语活动具有连续不断的具体化，这样，表述就可以获得所预期的精确性。因此，意义可能存在的多重复杂性就必须通过读者观察本文部分的可联结性而持续不断地被减少；与此相反，在虚构性本文中，正是这种可联结性被空白粉碎了，所以它容易变成五花八门的东西。[1](P251) 其中“说明性本文的语言用法”即可视为日常语言，“虚构性本文中的语言用法”即可看作文学语言。由此看来，伊泽尔的“空白”至少包含两层含义：第一，文学作品中存在着意义空白和不确定性，各语义单位之间存在着连续的“空缺”，[3](P112) 这里的“文学作品”在某种意义上可理解为文学语言；第二，对读者习惯视界的否定所引起的读者心理上的“空白”。[3](P112)

不难看出，伊泽尔以上关于文学语言与空白的讨论已涉及语用推理。语用推理是一种或然式的缺省推理。其前提常缺省，往往诉诸读者的“意合”，留下了大量的“空白”。就“说明性本文的语言用法”而言，这一“空白”需着眼于认知的角度去填充。就“虚拟性本文的语言用法”而言，是基于审美的。“空白”于此增强了文学语言的语义张力。

这里应该指出，伊泽尔对“空白的理解似乎较为偏狭，他总的说来，只把不确定与空白限于作品的‘意义’范围，而对‘意义’的理解也较为模糊，并未提及作品意象的空白与不确定”[3](P112)。毕竟，“文学语言的审美功能，主要不在它自身，而在指向它之外的审美意象、意境、意义，即言外之象，言外之境，言外之意”[3](P148)。

以上表明，伊泽尔的文学语言观是一种大文学语言观，它着眼于语境、读者、空白考察文学语言，注重对文学语言的动态分析，较为深刻地体现或蕴涵了几乎是与接受美学同时盛行的语用学思想，这在某种意义上说不是偶然的，如上分析，有其必然性。

参考文献：

[1][德]W·伊泽尔.审美过程研究——阅读活动：审美响应理论[M].霍桂桓，李宝彦译.北京：中国人民大学出版社，1988.

[2]宗廷虎.钱锺书的理解修辞理论[J].人大复印资料(语言文字学)，2000(6).

[3]朱立元.接受美学[M].上海：上海人民出版社，1989.

原载《理论与创作》，2004年第3期

略谈文学语言的变异理解

作为一种修辞现象，文学语言的表达很重要，“而听读者如何通过修辞现象、修辞方式，正确理解写说者所要表达的意思，这也是修辞学应该研究的又一个重要的方面”[1](P61)。着眼于理解修辞，对文学语言的有效接受在某种意义上得诉诸听读者的变异理解。

所谓变异理解指的是听读者对文学语言的超常越格的理解。“文学语言的阐释，应该建立在变异这一基点上。”[2](P1)“文学语言的变异就是在主观和客观、言语和语言的对立统一中寻找一条言语表达者和言语接受者都满意的途径，如果一方不满意，‘变异’就不是成功的。”[2](P4)这里，我们主要探讨文学语言中常见的词法、句式及辞格的变异理解情况。

一、词法的变异理解

这里所说的词法指的是词的搭配、构词法、词性等方面的情形。对文学语言的词法的变异理解有助于人们进一步揭示其特质。略述如下。

（一）词的搭配的变异理解

因为着眼于“理解”，我们的关注点主要还是“词”，所以这里所说的“词的搭配的变异理解”不作句法现象看待，而视为词法。例如：

(1)那曲调的颜色，由于忧郁的冲洗，已经变得斑斑驳驳了。（刘毅然《孤独萨克斯》）

(2)今夜，靠墙睡着的哥哥的蠢大鼾声在她幻想中成了黄旗后面的那只胖大洋鼓。他妈间歇的咳嗽代替了清脆的小铃铛。（萧乾《皈依》）

(3)一任那些充满刺激的声音磨砺着我的心，蹂躏着我的灵魂，抚摸着我的情感。（刘毅然《孤独萨克斯》）

(4)我们沉默，彼此又能听到对方赤裸裸的心跳，我心中酸甜苦辣的记忆和无法抑制的激动猛地爆发。（刘毅然《摇滚青年》）

显然，听读者对以上四例的接受得诉诸变异理解。例（1）“曲调”本没有“颜色”，“忧郁”不能“冲洗”曲调，这就要求读者打破常规去理解之，将“曲调”与“忧郁”想象成有色有体的物体，使之形象化。例（2）“蠢大”“胖大”分别与“鼾声”“洋鼓”搭配，若按常规理解是不妥帖的，但如果我们分别把“鼾声”“洋鼓”变异理解为有知觉的生命体，则这样搭配可给人以忍俊不禁的喜剧效果。例（3）中的“心”“灵魂”“情感”等本是不可为外物所“轻举妄动”的，一旦分别将之与“磨砺”“蹂躏”“抚摸”搭配，诉诸变异理解就易于为人所接受了，并显示出良好的接受效果——“灵魂”“情感”等不再抽象，不再“虚无缥缈”了。同理，例（4）使“心跳”“记忆”分别与“赤裸裸”“酸甜苦辣”搭配，刺激并调动听读者的各种感官变异理解，增强了修辞效果。

（二）词性的变异理解

例如：

(5)如果那家伙再“喂”,就先用拳头喂他妈一下。(萧乾《栗子》)

(6)又隔了不久,我在路上走,有人“嗨”我了:“嗨!给你妈捎个信儿去!”“嗨!你卖不卖呀?小嫩的!”(老舍《月牙儿》)

(7)我对于我自己有几分之几的权力的“轿子”(我不知道应该叫什么),没感到多大的兴趣。(聂绀弩《邂逅》)

(8)荆棘鸟的出现使她的思绪又回到飘忽不定的往事中。没错,一定是这样。她脸上黏稠的潮湿向我提供了这种判断。(刘毅然《平静的日子》)

以上四例的接受也得诉诸变异理解。例(5)中的“喂”应理解为动词而不是叹词(或曰呼语词),前一个“喂”为不及物,后一“喂”为及物动词,这显然与常规(作感叹词)或曰呼语词大相径庭。例(6)中的“嗨”与例(5)中的后一个“喂”相似。例(7)中的“权力”本为不可数名词,但在例(7)中应变异理解为可数名词,受“几分之几”限制。例(8)“潮湿”本为形容词,于该例中应理解为名词。不难发现,以上各例的词性(这里把名词的“可数”与“不可数”亦视为广义的词性)在理解时均不同于常规,我们也就是在这个意义上称其为变异理解。

(三)构词法的变异理解

例如:

(9)“喂,孙同学,她是纠察员。她办的是公。请放手!”(萧乾《栗子》)

就汉语的构词法而言,一般有两类:派生、复合。上例“办公”属复合构词法。一般说来,词是最小的能够独立运用的语言单位,因而构词词素之间不能再插入其他成分。通常情况下“办公”作为一个词中间不能插入“的是”,一旦如例(9)将其置于文学语言中就得一改常规构词法去理解它，在理解时不妨将之变异理解为“插语词”。本例使用“插语词”富于调侃意味。

二、句式的变异理解

文学语言中除了使用一般主谓句以外还大量使用跳脱句、插语句等，对这些较为特殊的句式往往得相应地做变异理解。

（一）跳脱句的变异理解

例如：

(10)一个弟兄那又……一个弟兄，我说……受苦，拼命，挨打，挨骂，看脸嘴，要借钱，没有！（聂绀弩《邂逅》）

(11)那光焰简直是一只红手，捏住他的脖颈。他有点要——他狠狠啐了一口吐沫，对着黑空咒骂着：“狗男女，一个个，捏死你们！”（萧乾《栗子》）

以上跳脱句均饶有兴味，跳脱句尤能体现文学语言的超常性与反常性。“文学语言的超常性与反常性，实质上是能指与所指、语符与意义在具体使用中的分离与偏转。”[3](P117) 文学语言中跳脱句的这种“分离”与“偏转”实质上预设了听读者阅读的“前结构”的存在，“分离”与“偏转”在某种意义上形成文学语言的空白与不确定性，从而“成为激发、诱导读者进行创造性填补和想象性连接的基本驱动力”[3](P112)。一言以蔽之，对跳脱句的变异理解既有可能性又有必要性。

（二）插语句的变异理解

例如：

(12)在正面挂着的一幅山水画，被灰罩着，暗黄的。（荒煤《毕业》）

(13)这样,那些文明人已不多照顾我,因为我丢了那点“小鸟依人”——他们唯一的诗句——的身段与气味。(老舍《月牙儿》)

以上两例均不宜理解为一般主谓句,应看作插语句,它们与一般插语句的理解又不尽相同。例(12)若不在句尾缀以“暗黄的”做一般理解似亦未尝不可,“暗黄的”修饰“山水画”可看作是因句中插入“被”字句“被灰罩着”而后置。例(13)与例(12)略同,它们的插入成分均不可删除(不同于一般插语句中间的插入成分可有可无),否则,得不到其应有的接受效果。

(三)独词句的变异理解

例如:

(14)他悟出了一个道理,那片破枫叶(女儿语)就干脆别找了。它值钱吗?否。它是文物吗?否。它有纪念意义吗?否。不找到它就不行吗?否,否否,否否否。(《枫叶》,www.docin.com,2017-10-05)

上例的几个“否”字很耐人寻味,不妨变异理解为独词句。它是对通常以呼喊应答或表惊叹的词构成独词句的变异。

(四)“把”字句的变异理解

例如:

(15)黑暗与寒冷把冬夜凝成块不透明的固体。(萧乾《栗子》)

上例为一含有介词“把”的“把”字句。按照常规,“把”字句的主语为施事或省略。一般而言,施事常为具有主体意识的人,并常伴有祈使语气,而例(15)中的“黑暗与寒冷”却不是。这里,宜把“黑暗与寒冷”做变异理解,即形成所谓的拟人格。显然,只有这样理解才能加强其表达效果。

三、辞格的变异理解

修辞格作为积极修辞方式，虽是具体的，体验的，但仍在某种意义上有其规范，从而形成特定的范式。比如“比喻”这一辞格通常是以具体的、常见的事物作为喻体，以抽象的、不常见的事物作为本体，否则，只有做变异理解，文学语言才能取得预期的修辞效果。对文学语言中使用的辞格的变异理解常有如下几类情形。

（一）比喻与拟人的变异理解

例如：

(16)我这样想着，置身于笼罩在灰蒙蒙月光下的铁路路基上。铁轨像一行遥远的承诺。(刘毅然《孤独萨克斯》)

(17)它唤醒了我的记忆，像一阵晚风吹破一朵欲睡的花。(老舍《月牙儿》)

(18)春风像醉了，吹破了春云，露出月牙与一两对儿春星。河岸上的柳枝轻摆，春蛙唱着恋歌，嫩薄的香味散在春晚的暖气里。(老舍《月牙儿》)

以上三例均不是我们常见的比喻格，听读者须变异理解之，将之变异理解为比喻与拟人格或其他格的复合。就例（16）而言，“铁轨像一行遥远的承诺”不能简单地理解为比喻，毕竟，在字面上作为喻体的“承诺”比作为本体的“铁轨”更抽象，更具有不可捉摸性。

（二）其他辞格的变异理解

例如：

(19)我倚着那间小屋的门垛，看着月牙儿。屋里是药味，烟味，妈妈的眼泪，爸爸的病。(老舍《月牙儿》)

(20)妞妞低了头不作声。几颗亮晶晶的泪珠像架在弱枝上的小鸟,再一追可就真的飞下来了。(萧乾《皈依》)

(21)那个月牙儿清亮而温柔,把一些软光儿轻轻送到柳枝上。(老舍《月牙儿》)

以上数例均具有较强的不确定性，不好说其必属某一辞格，这同样为变异理解提供了可能性与必要性。譬如例（19）可理解为夸张与借代格，例（20）可理解为比喻与夸张格，例（21）可理解为拟人与示现格。显然，以上修辞格均“不拘一格”。

文学语言的变异理解与超常表达很难截然分开，二者以生成的话语符号为媒介，形成表达与接受（理解）的互动，在互动过程中修辞价值得以实现。

参考文献:

[1]宗廷虎,李金苓.汉语修辞学史纲[M].长春:吉林教育出版社,1989.
[2]冯广艺,冯学锋.文学语言学[M].北京:中国三峡出版社,1994.
[3]朱立元.接受美学[M].上海:上海人民出版社,1989.

原载《湖北师范学院学报》(哲学社会科学版),2002年第1期

空：作为元语言和对象语言

——以王维诗为例

王维诗中大量使用“空”字，据我们初步统计，《王右丞集笺注》所收王维诗中共见“空”80余例。考察表明，“空”在王维诗中的“角色”较为独特，文学语言“空”兼具对象语言和元语言两重性质。这里，我们将结合语境探讨作为元语言和对象语言的“空”。

所谓元语言，简单地说是指用以解释被说明、描写对象的语言；与之相对，对象语言则往往是指被描写和解释的语言。正是“空”于王维诗中既可作为元语言，又可作为对象语言，一方面，作为对象语言，王维诗中大量使用“空”这一词语；另一方面，作为元语言，王维诗中“空”(以“空”写“空”)、“清”等单音词以及“惆怅”“寂寞”等双音词对“空”做了文学语言上的阐释，它们共同经营臆造了一种空语境。所以其“空”才显得更“空”，更饶有意味，更有助于特定语境的生成，较为典型地体现了文学语言和语境的动态共生。

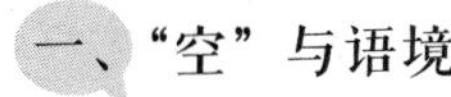

一、“空”与语境

文学语言和语境之间的关系是动态共生的，即文学语言对语境并不仅仅是简单的被动适应，文学语言对特定语境的营造起着举足轻重的作用。

文学语言对语境的营造主要包括对社会情景语境的“经营”和对上下文语境的“打造”。具体体现为对特定言语风格的形成的影响，即对言语民族风格、时代风格、个人风格等方面的影响。“言语风格是语言由于使用中受不同交际环境的影响或制约而形成的一系列言语特点的综合表现。言语是人的活动，言语风格当然同人，同人的行为联系在一起。”[1](P1) 具体到王维诗中尤其值得关注的是其个人言语风格。“同人的行为联系在一起”的王维之言语风格形成特定的王维文学语言世界。在王维文学语言世界里，有“空山”“空林”“空谷”“惆怅”“寂寞”等意境和意象。

“空”可以形成诸如“空山”“空林”等意象和“虚空”等意境，我们管此类意象、意境等情景语境统称为“空”语境。兹分述如下：

（一）“空山”意境

这种意境可以见之于以下语例：

(1)空山不见人，但闻人语响。（王维《鹿柴》）

(2)空山新雨后，天气晚来秋。（王维《山居秋暝》）

(3)作暮雨兮愁空山。悲急管（王维《送神曲》）

(4)空山五柳春。（王维《过沈居士山居哭之》）

以上是“空山”这一意象的描绘。

（二）空林意象

例如：

(5)积雨空林烟火迟（王维《积雨辋川庄作》）

(6)行踏空林落叶声。（王维《过乘如禅师萧居士嵩邱兰若》）

(7)法向空林说（王维《与苏卢二员外期游方丈寺而苏不至因有是作》）

以上是“空林”意象的描绘。

（三）空虚意境

例如：

(8)虚空陈伎乐，衣服制虹霓。（王维《和宋中丞夏日游福贤观天长寺之作》）

(9)空虚花聚散，烦恼树稀稠。（王维《与胡居士皆病寄此诗兼示学人二首》）

以上是“空虚”意境的摹写。

不难看出，王维文学语言世界的“意境”与“意象”的区别已经很模糊了。二者实际很难端倪毕现，而且，二者均有些“虚无缥缈”，在表达和接受时，需要诉诸表达者和接受者的联想和想象。有鉴于此，我们对二者在语境意义上不再加以严格区分，统一名之为“空”语境。毕竟，二者均与“空”密切相关，或者可以说王维文学语言世界中的“意境”和“意象”契合于“空”，默契于禅性心境。“禅宗主张要通过坐禅而达到心冥空无的禅寂。这一思想在诗中就会形成一种静态的美。”[2](P4) 这种静态美，其实不妨说是一种意境美或意象美。以上王维文学语言世界中的“空山”“空林”等还是其主观情绪情感、禅化心性等认知语境与秀美山川的一种融合，在这种融合过程中实现了“空”作为文学语言对语境的营造，或曰实现了“艺术意境的创构”。“艺术意境的创构，是使客观景物作我主观情思的象征。我人心中情思起伏，波澜变化，仪态万千，不是一个固定的物象轮廓能够如量表出，只有大自然的全幅生动的山川草木，云烟明晦，才足以表象我们胸襟里蓬勃无尽的灵感气韵。”[3](P5)

为了表象诗人“胸襟里蓬勃无尽的灵感气韵”，诗人文学语言世界里的“空”其实并不空洞，它常常成为营造特定禅性心境等语境的一种重要手段。比如，诗人可以通过同一首诗中“空”的复现，可以通过复音词、连绵词（或曰“联绵词”）以及单音词“清”“无”等较为典型的文学语言经营臆造。

“空”与语境的关系问题的探讨已表明，以“空”塑造语境时是以元语言的“身份”出现的，而当描绘“空”语境时，“空”则是作为一种对象语言出现的，此时，以空写“空”。

二、“空”：作为元语言

毋庸置疑，“空”是文学语言，“文学语言是作家用来描绘人生图画的特殊工具，是集中传达人们审美意识的物质手段”[4](P7)。“空”即于王维诗中营造了幽美的意境，据我们初步统计，“空”于王维诗中共现 84 例。（资料来源：北京大学全唐诗电子检索系统专业检索版，李铎主持开发，见 http://chinese. pku. edu. cn/cgi — bin/tanglibrary. exe. ）它是诗人王维用来描绘其诗性人生图画的特殊工具，是集中传达审美意识的物质手段之一。

“空”作为元语言的典型形式是王维诗中的以“空”写“空”手法。“空”的复现，具体表现为“空”在同一首诗中的复现，即在同一首诗中出现两个“空”字。例如：

(10)欲问义心义，遥知空病空。（王维《夏日过青龙寺谒操禅师》）

这里的“空病”，据《维摩诘经》“空病亦空”，意谓无我无法空寂明净即是空，但执着于空，仍然是累，故曰“空病”。空病与一切法相同，都是虚妄不实的。再如：

(11)空余尚父溪。……虚空陈伎乐。（王维《和宋中丞夏日游福贤观天长寺之作》）

(12)虚空讵有倪。……心空安可迷。（王维《青龙寺昙壁上

人兄院集并序》)

(13)趋空定狂走。……定应空漱口。(王维《胡居士卧病遗米因赠》)

(14)浮空徒漫漫,……空虚花聚散(王维《与胡居士皆病寄此诗兼示学人二首》)

以上同一首诗中重复使用“空”。其中，主要用具体的“空”来比照抽象的“空”。如例（11），显然，尚父溪的“空”是相对具体的“空”，而“虚空”的“空”则是相对抽象的。再如例（12）试图用“空”的有“倪”（边）无“倪”这一相对具体的“形而下”的方式来诉说相对抽象的，带有形而上色彩的“可迷”的“心空”。例（13）用“空漱口”来状“趋空”的情形。

显然，以上的“空”其实并不“空”，它们互相诠释，在语义上互相补充完足。除了用元语言“空”来诠释对象语言“空”之外，王维诗中还常常使用与“空”意义相同或相近、相反的词来解释“空”。此时，“空”是用以解释“清”“寂寞”等语词并借以塑造相应语境的。例如：

(15)清川兴悠悠,空林对偃蹇。(王维《戏赠张五弟諲三首》)

(16)夜坐空林寂(王维《过感化寺昙兴上山人院》)

(17)寂寞柴门人不到,空林独与白云期。(王维《早秋山中作》)

(18)行客响空林。(王维《送李太守赴上洛》)

(19)空谷归人少,青山背日寒。(王维《酬比部杨员外暮宿琴台朝跻书阁率尔见赠之作》)

(20)群龙兮满朝,君何为兮空谷?文寡和兮思深,道难知兮行独。(王维《送友人归山歌二首》)

以上的“空”是用以直接写“空”语境的。我们在这个意义上称之为元语言。

三、“空”：作为一种对象语言

与“空”对应，王维诗还多次使用“寂寞”“惆怅”“徘徊”“萧条”等复音词、联绵词以解释什么是“空”，同时经营臆造“空”语境。例如：

(21)寂寞与谁邻。(王维《与胡居士皆病寄此诗兼示学人二首》)

(22)寂寞掩柴扉。(王维《山居即事》)

(23)寂寞於陵子(王维《辋川闲居》)

(24)山川何寂寞(王维《送孙二》)

(25)寂寞柴门人不到,空林独与白云期。(王维《早秋山中作》)

以上使用了“寂寞”这一双音节复音词，“寂寞”含有“空寂”“凄清”“虚空”之意蕴。

(26)惆怅掩柴扉。(王维《归辋川作》)

(27)惆怅情何极。(王维《华子冈》)

(28)惆怅出松萝。(《别辋川别业》)

(29)惆怅远行客。(《春中田园作》)

(30)惆怅睢阳路。(《送魏郡李太守赴任》)

(31)惆怅心自咎。(《晦日游大理韦卿城南别业四首》)

以上诸诗均使用了联绵词“惆怅”。据统计，王维诗中共使用“惆怅”12例。（资料来源：北京大学全唐诗电子检索系统专业检索版，李铎主持开发，见 http://chinese. pku. edu. cn/cgi－bin/tanglibrary. exe. ）因为空寂而惆怅。

(32)淡荡动云天，玲珑映墟曲。鹊巢结空林，雉雊响幽谷。应接无闲暇，徘徊应踯躅。(王维《晦日游大理韦卿城南别业四首》)

(33)俯仰天地间，能为几时客。怅惆故山云，徘徊空日夕。(王维《叹白发》)

以上两例均使用了“徘徊”等联绵词，而且还连用了“澹荡”“玲珑”“踯躅”等，值得玩味。

(34)萧条天一方。(王维《淮阴夜宿二首》)

(35)萧条胡地空。(王维《送陆员外》)

以上使用了联绵词“萧条”。不妨说“萧条”是“空”的又一表征。此外，还可见其他联绵词的使用，例如：

(36)吾师不养空。谢君徒雀跃，无可问鸿蒙。(王维《赠焦道士》)

以上使用了联绵词“雀跃”“鸿蒙”。值得注意的是，此时的“雀跃”和“鸿蒙”与“空”在语义上没有直接联系，但它们直接与“空”共现于同一上下文语境。

除了大量使用联绵词，王维诗中还使用“清”“无”等单音节词诠释对象语言“空”。例如：

(37)清泉石上流。(王维《山居秋暝》)

(38)清川带长薄(王维《归嵩山作》)

(39)清镜览衰颜。(王维《冬晚对雪忆胡居士家》)

(40)清月皓方闲。(王维《泛前陂》

以上均使用了“清”这一几乎与“空”同样模糊的词。类似地,“无”于王维诗中亦大量使用。例如:

(41)烽戍断无烟。(王维《陇西行》)

(42)西出阳关无故人。(王维《渭城曲》)

(43)希世无高节(王维《座上走笔赠薛璩慕容损》)

(44)苦无出人智。(王维《赠从弟司库员外絿》)

(45)有无断常见,生灭幻梦受。即病即实相,趋空定狂走。无有一法真,无有一法垢。(王维《胡居士卧病遗米因赠》)

“清”“无”同样在王维诗禅性心境的营造过程中具有举足轻重的作用。据我们粗略统计,王维诗中共见“清”字54例,“无”字88例。(资料来源:北京大学全唐诗电子检索系统专业检索版,李铎主持开发,见 http://chinese. pku. edu. cn/cgi－bin/tanglibrary. exe.)“清”含有“清空”“清净”“清心寡欲”“清淡”等意味,而这正是我们所说的“空”语境的重要内涵。此外,王维诗中还可见以单音节词“寂”等来诠释“空”的,例如:

(46)一悟寂为乐,此生闲有余。思归何必深,身世犹空虚。(王维《饭覆釜山僧》)

值得注意的是,以上所说的元语言与对象语言的区分只是相对的。从形式上看,当“空”直接在诗行中出现时,就可说其主要是作为元语言的;而“空”不直接出现时,则可将之视为对象语言。因为如前所述,王维诗从整体上看是十分注意“空”语境的营造的。当“空”复现时,则可以较为肯定地断定其中至少应该有一为元语言,通常在语义上较为具体的作为元语言。

看来，一方面作为一种信仰的禅宗是可以以语境的方式制约文学语言表达的，毕竟，“社会是一个大语境，人们的不同信仰作为社会意识形态的一种表现形式，是构成社会大语境的一个因素，所以每一种宗教信仰就是一个特定的环境，它制约着人们的言语表达，要求人们适应它”[5](P135)；另一方面，人们在言语表达过程中所生成的文学语言反过来亦有助于特定语境的经营臆造。

一言以蔽之，复音词及联绵词“寂寞”“惆怅”“徘徊”“寥落”“萧条”及单音节词“清”等均与“空”密切相关，均在某种意义上是禅性心境的体现，均反过来有利于“空”语境的营造。似乎可以说因为“空”，所以寂寞，所以若有所失，所以惆怅，所以徘徊，所以寥落，所以萧条，所以虚空。这些说到底还是心灵的一种澄澈，一种虚空。

以上表明，“空”于王维诗中同时兼有元语言和对象语言性质，这种双重身份有益于王维诗独特的禅性心境的营造。推开来说，文学语言可以“经营”或“打造”特定语境。文学语言在生成语境的过程中，不断丰富其表现力，从而使语境与文学语言的动态相应相生关系得到更具体的体现。

参考文献：

[1]郑远汉.言语风格学(修订本)[M].武汉：湖北教育出版社,1998.

[2] 姚南强.禅与唐宋作家[M].南昌：江西人民出版社,1998.

[3]宗白华.艺境[M].合肥：安徽教育出版社,2000.

[4]李润新.文学语言概论[M].北京：北京语言学院出版社,1994.

[5]冯广艺.语境适应论[M].武汉：湖北教育出版社,1999.

原载《江汉大学学报》,2005年第5期

因为诗，所以诗

人们常说，时间是记录生命的符号，而人的心路历程则应该是一种在时间中的奔跑。在时间中而不是在特定空间中奔跑，可以随心随性，简单，无羁。简单得就像抬头看月亮那样，因为无羁而不役于物，可以“心斋坐忘”。是的，我们手头上的诗人邹旭的诗集《抬头看见月亮》就是诗人用心写的。其实，与其说《抬头看见月亮》是“写”出来的，不如说是其自然“流露”出来的心路历程。

因为，你会发现，诗人因为诗，所以诗，如果你也用心读完了全诗的话，和我一样。

我是一口气读完《抬头看见月亮》的。

这不仅仅是因为诗人邹旭君是我的大学同学、同屋，主要还是因为诗人因为诗，所以诗。

因为有了诗情，所以才有篇什。是的，根情，苗言，花声，实意。这情是亲情、友情、爱情，比如《走进村口想起奶奶》中所蕴含的浓浓亲情，这些在诗人那里至醇至味，形成诗情。诗情是“根”。由“情”而生“趣”，是为“情趣”，君不见：“儿子吮着妻子的乳头进入了梦乡，/我吮着笔。/梦中是源源不断的诗行。（《梦中》）”这梦，是“儿子”的，还是“我”的，相信用心的读者肯定能感悟到。

抬头看见月亮，却是有了陶渊明“采菊东篱下，悠然见南山”式的怡然，和李白“举头望明月”式的神思，是神思，是莫可名状的情思。“悄焉动容，视通万里。吟咏之间，吐纳珠玉之声。”（刘勰《文心雕龙·神思》）是对“想起故乡的残雪/她曾许诺的春天/转柳絮一样飞走”的一种诠释吧。没有无爱的情思，而爱又是那么的微妙，有时或许像草尖，“使我一次次感动的小/多小，是隆冬的草尖/多尖，比眼还尖/使我一次次感动的又小又尖/隆冬，草尖，是在积雪下/多绿，向上的草尖，使我/一次次炫目的，多绿，是向上的/隆冬的草尖/那不是草/那是土地刚刚说出的/爱（《爱》）”。爱，是生命的律动，是对生命的礼赞，是积雪下的向上的草尖，是草尖下的土地。诗人抚摩生命的律动，感受生命的气息。“雷声隐去，到处一遍清凉/我发现天空越来越远，越来越蓝/我嗅着创世的气息，惊讶于轮回初生的色彩（《雷电之液》）”诗人孜孜追寻生命的意义，看来，生命的意义是离不开爱的，就像草尖下的土地之于草的那种。原来，生命的意义是奔跑在时间中实现的。

因为诗，所以诗，所以才能在时间中奔跑，才能和“月亮”一起奔跑，才“愿逐月华流照君”（张若虚《春江花月夜》），而不是在有形的“形而下”中奔走。在诗人这里，那种有形的空间似乎已并不重要了。这从诗集中篇什的玲珑剔透、清逸俊朗可以看出。比如，“蓝蓝的村庄，蓝蓝的记忆/水一样/蓝蓝地流淌（《蓝》）”。这里，村庄不再是“绿”的了，因之记忆也不是“绿”的了。显然，这里的玲珑剔透、清逸俊朗又是那么深邃。

这种深邃其实是诗人的当下关怀，当下弥足珍贵的人文关怀。诗人在《德令哈·雪》中是这样言说的：“我甘愿远远地落在马蹄的后边/骆驼刺一样，把根扎向/大唐的一块碎瓷。”殷殷之人文关怀于此可窥其一斑。

因为诗，所以诗，是缘了诗人濯足修身的品位。“看不见时光走动，千年一瞬/我用整个心灵仰视/飞鸟擦肩而过/我的文字陷落于更深的静寂之中/岩石一样，缄默/洗濯自身的尘埃（《无手之抚》）”“我倾向于这样的祝福/你走你的阳关道，我行我的独木桥/谁要我选择了诗歌。（《再次送友人到新加坡》）”诗人如是说。这就是说，诗人是因为爱诗，所以为诗。为诗不为别的，只因为爱诗，只因为无怨无悔于在时间中奔跑，哪怕这里的路途只剩下独木桥。

邹旭君与我过往相知已整整十年，虽不敢说我与之是伯牙、钟子期式的知音，但我深知其为人，该君品位极高。这大概就是你即使是就诗论诗也能体味到《抬头看见月亮》的高品位的缘故吧。事实上，诗人请我，一介无名小辈为其第一本诗集作“序”，即可为明证。诗人直接或间接联系的名流自然不在少数，但他并无意于踵名流之肩而“名”己，却嘱余在诗集前写上几句话。于我，则是和更多的读者交流“读后感”的好机会。

诗无达诂，相信读者诸君肯定会有更灵动之感悟，更智慧之诠释，亦会有更多的启迪。

因为率真之诗情，所以诗。因为诗，所以诗，所以在时间中奔跑，并且唯有此种情形下的“奔跑”才能“抬头看见月亮”，和月亮一起奔跑。祝愿并相信诗人邹旭一路跑好，跑得更轻快，更稳健，更潇洒！ 我和更多的读者诸君就做“啦啦队”了。

原载邹旭《抬头看见月亮》，当代中国出版社，2003 年

第三篇

信息传播、科学教育和社会文化理据

试析信息传播视域下的公民语用能力

当今社会在某种意义上是信息社会，信息传播几乎无时无处不在。一般而言，信息传播可以分为人际传播、组织传播和大众传播三类。信息传播的基本工具和载体是语言文字（含副语言特征和体态语），信息传播的效果在一定程度上取决于公民语用能力。无论哪一种形式的信息传播都与公民语用能力密切相关，公民语用能力包括表达与理解能力，适应、生成（创设）语境的能力，还包括对语言及记录语言的文字本体的认知能力，语言文字的应用能力，语法、修辞、逻辑“三艺”的综合运用能力等。公民语用能力在信息社会中尤显其重要作用，它直接影响信息传播效果；同时，信息传播的途径、方式等方面的完善又有助于提升公民语用能力。

公民语用能力的重要性亟待学界重视，如何提升公民语用能力也是值得学界关注的课题。这里，我们着眼于信息传播，以辩论、会议文件文本建构、报纸及杂志等的某些语用情况为例，在充分认识公民语用能力重要性的同时，探究如何在实际层面有效提升公民语用能力等问题。

一、人际传播视阈下的公民语用能力：以 1993 首届国际华语大专辩论会为例

人际传播，“是指两个或两个以上的人之间借助语言和非语言符号互通信息、交流思想感情的活动”[1](P106)。人际传播以面对面的传播形式为主，信息反馈直接、快速、及时、集中，口头语言及态势语是人际传播的重要信息载体。以语言为媒介的人际传播，传播形式自然直接，古已有之，具体可体现于“外交、讽谏、论辩、训导、品谈、戏谑”等活动。[2]语言及其逗率、语调、语用主体的动作表情和仪表仪态会直接影响人际传播效果。人际传播视域下的公民语用能力，主要是对口头语言、副语言特征、体态语等的表达和理解的能力，对特定语用主体及其接受心理的认知能力。

不妨说，辩论是人际传播视阈下尤能体现语用能力的一种言语行为，是一种较为典型的言语艺术。辩论按照场合和功用可以分为工作辩论、日常生活辩论、游戏表演辩论等。工作辩论，包括法庭辩论等，例如高秀峰《雄辩：法庭上的中国律师》一书即收录了 23 则法庭律师辩词。[3]日常生活辩论，包括我们平常所说的“拌嘴”等，其主体不限，例如《列子·汤问》所载“两小儿辩日”。游戏表演辩论的形式之一即辩论会或辩论赛。

或者可以说，国际大专辩论会是辩论中的典型形式，这种言语艺术作为一种言语博弈，有助于辩论双方（辩手）提升自己的语用能力。此外，辩论会作为一种普通观众（受众）喜闻乐见的表演形式，是提高公民（广大观众）语用能力的“活教材”，有助于公民语用能力的提高。这里即以 1993 年首届国际华语大专辩论会为个案，分析公民语用能力的重要性及其提升途径。

首先，从辩论会的举办目的及其性质来看，它有助于普遍全面提

高公民语用能力。“新加坡广播局自 1986 年起连续举办了三届‘亚洲大专辩论会’，今年我国中央电视台与之联手把辩论赛由亚洲扩大到国际范围，发展为‘国际大专辩论会’，其主要目的之一就是‘在世界范围内推广华语’。”[4](P133) 这里所说的“推广华语”的要义之一即扩大华语（汉语）的应用范围，提升语用主体应用汉语的能力。

事实上，亲身参与第一届国际华语大专辩论会的辩手及其指导老师的经验之谈也雄辩地说明了语用能力之于辩论会的重要性。“辩论赛是借助辩论员娴熟的语言技巧将自身立场、观点充分展示的比赛，它更多的是要在现场来激发评委、观众对某个论点与事实的直觉与联想，以求他们对某个立场的了解。”[4](P278) 当届最佳辩手蒋昌建在《以学心听 以公心辩》的文章中如是说，“语言技巧”是语用能力的表现形式，“现场”是现实场合语境，“评委、观众”是受众，是信息的直接接受者。教练俞吾金在《辩论中的十大关系》一文中亦有言：“在我队的辩论经验中，对语言优美的刻意追求，乃是一个重要的方面。”[4](P165) “对语言优美的刻意追求”是辩论的重要方面，又是公民语用能力的外在表现与重要形成动因。

辩论又是一种十分普遍的言语行为。从理论上说，“对事物的认知尽管因地理环境、思维方式、生活形式不同而有所不同，一旦人类能够通过各种符号系统进行信息互换，那就预示着不同类型文化之间的对话成为可能。对话的存在意味着辩论的必然”[4](P280)。这里所说的“信息互换”即为一定意义上的信息传播。这表明，辩论与“信息”及语用能力相伴相生。在实践上，“大到老美参众两院铿锵有力的辩论，小到菜市场一分一厘争议，哪一年、哪一月、哪一天又离得开辩论这出戏呢”[4](P268)？第一届国际华语大专辩论会的最佳辩手从理论和实践上阐述了辩论的普遍性及辩论与公民语用能力的直接相关性。简言之，有言语就有辩论。“既然有语言就有辩论，世上的每一个人都是生活的辩论员。”[4](P270) 既然“世上的每一个人都是生活的辩论员”，语用能力的重要性自不待言，这样，辩论技巧的运用必然会普遍提高公民语用能力。

其次，“国际大专辩论会”的评分标准可供检测公民语用能力时参考。据《一九九三年国际大专辩论会比赛章程》，1993 年国际大专辩论会的评分标准分“个人分数”和“整体合作”两类。其中个人分数 100 分，整体合作 40 分。个人分数的第一条便是：辩论技巧（辩论员语言的流畅，分析、反驳和应变能力以及论点的说明力和逻辑性），满分 40 分；第二条，内容、资料（论据内容是否充实，引述资料是否恰当），满分 30 分；风度及幽默感（辩论员的表情动作是否恰当，是否有风度及幽默感），满分 15 分；自由辩论（个人在自由辩论的表现），满分 15 分。[4](P359～360) 不难看出，以上评分标准有量化和细化的指标，可操作性强，其各条均可作为公民语用能力检测的参考标准。概括起来说，该标准包括语法、修辞和逻辑的综合运用能力，“表情动作”等副语言特征和态势语的得体运用能力等。

公民语用能力还包括对接受心理的认知能力。在辩论会上，“从评委和听众的接受心理来分析，他们常常有一种惰性心理，即希望辩手把问题的层次阐述得非常清楚，不用自己再花力气去整理、归类。所以，辩手们的表达愈是井井有条，就愈是容易为评委和听众所接受”[4](P163)。这种接受心理是基于对信息传播的反馈效果的认识。不难理解，有效认知接受心理是提高公民语用能力的重要途径之一。

最后，从辩论过程看，大专辩论会的方式方法有助于公民语用能力训练。就辩论会的准备阶段而言，“我们会在一切可能的地方寻找并搜集‘妙语’，《魔鬼辞典》《读者文摘》，直至报纸上的广告词”[4](P116)。辩手张谦所说的“寻找并搜集”的过程是积累的过程，伴随着这一过程，公民语用能力得到了提高。就有组织的集中训练而言，“第一场专家讲座‘有声语言表达艺术’，开始漫长的‘讲座长征’”[4](P363)。由“第一场”的安排，可看出语用能力的重要性。

辩论时的字斟句酌，辩论过程中的言语修养，也有助于提高公民的语用能力。诚如辩论会教练俞吾金所言：“在训练中，当有的队员使用一些品位不高的实例和语句时，我们就马上进行纠正，我们甚至不允许队员指责对方‘篡改辩题’，觉得‘篡改’这个词用得太重，有损对方的人格，我们主张用‘改变’这个中性词，在最极端的情况下，也只能用‘偷换命题’的说法……”[4](P149)以上字斟句酌实际上是充分考虑到了接受者的接受心理，是交往理性和言语文明的体现，也是对词语感情色彩语义的得体考量，符合会话过程中的礼貌原则，对各类语用原则的恰当运用也是语用能力的重要表现，长期自觉遵守一定有助于语用能力的提高。

临境应境设境语用能力是公民语用能力的重要方面，修辞手法的娴熟使用即为显例。例如：“在与悉尼队辩论‘艾滋病是社会问题，不是医学问题’的题目时，我方必然要指责对方把艾滋病这么大的问题局限在医学问题的小范围内，如何形象地表达我方的见解呢？我们采用了夸张地加以类比的表达手法。比如，‘请对方辩友不要让大象在杯子里洗澡’‘花盆里是种不下参天大树的’等等，使听众和评委形象地感受到对方的理论错误。”[4](P164)再如，辩论会上有这样的辩词：“在医院里发现的就都是医学问题吗？在医院捡到别人丢的一把钥匙，这把钥匙就成了医学问题喽？”(掌声、笑声，复旦二辩第二场自由辩论)[4](P205)显然，设置理想的场景语境，适度归谬有助于取得理想的表达效果，这也是修辞与逻辑的恰当结合。

以上表明，辩论是人际传播视阈下公民语用能力的某种集中体现，辩论时的出色表现在一定程度上取决于语用能力，同时，辩论也是提高公民语用能力的重要训练方法，辩论会的评分标准可为公民语用能力检测提供量化和细化的参考标准。

二、组织传播视阈下的公民语用能力：以国务院政府工作报告（2010）文本附注为例

组织传播，“也称团体传播，是指组织成员之间或组织与组织之间的信息交流行为”[1](P106)，例如我国的全国人大会议。“组织传播的特点是：（1）传播者是以组织或团体的名义讲话的；（2）信息大多是指令性、教导性和劝服性的内容；（3）具体活动是在有组织有领导的情况下进行的；（4）传播活动有一定的规模，参加者少者十几人，多者上百人，甚至成千上万人。”[1](P106)

如果说此前我们所讨论的人际传播主要以口头语为主，则组织传播的信息载体以书面语为主，组织传播视域下的公民语用能力主要包括对书面语的表达和理解能力，对场合情景语境的认知能力。组织传播的语境、途径、方式、方法有助于公民语用能力的提高，公民语用能力有助于“组织”的协调互动。

组织传播的一个典型形式是政府工作报告。通常情况下，政府工作报告文本的受众为社会各个阶层的代表，为了使受众更好地理解报告文本，2010 年国务院政府工作报告文本建构时附加了“注释”（名词解释）。在一定意义上可以说，政府工作报告文本附注是表达和理解互动的某种结果：表达建构文本的同时即考虑兼顾到了受众的理解能力。政府工作报告文本中的“名词解释”一方面体现了提高公民语用能力的必要性，另一方面为提高公民语用能力提供了一种重要方法——名词解释。这种语境下的“名词解释”比字词典等工具书更具有针对性、临境性和便利性。政府工作报告中的“名词解释”还体现了科学语体、新闻语体与政论语体等语体的交叉渗透，显然，表达时语体的得体交叉渗透，也是公民语用能力的重要体现。

2010 年 3 月 5 日，十一届全国人大三次会议在人民大会堂开幕，国务院总理做政府工作报告。政府工作报告文字稿的最后附有相关注

释。注释共有7条，被解释的语词可大体分为两类。第一类为专业行业用语，例如：森林碳汇、应对国际金融危机的一揽子计划、物联网。第二类为缩略语，例如："三网"融合、"五缓四减三补贴"就业扶持政策、医药卫生体制改革的五项重点工作、中非务实合作八项新举措。用来作注的语言文字有如下共同点：第一，简明，在形式上每一条总体篇幅不大，且大都使用比较简短的句子；第二，清晰，大都条分缕析；第三，正式，这些注释使用的场合和文本语境都很正式，既可作为正文的补充，又不失其权威性。

在会议现场，政府工作报告的直接受众是人大代表，其中的"名词解释"充分体现了报告起草者对公民语用能力的高度重视，同时，通过会场阅读和会后传达该"名词解释"，在一定程度上使受众有效认知了被释语词的语义，从而在此意义上提高了受众的语用能力。此外，政府工作报告中的名词解释受到媒体广泛关注，得到舆论褒奖，进入到大众传播领域，又在更大范围内提高了公民语用能力。

不难看出，组织传播视阈下表达与理解的互动一般没有人际传播便捷自然。组织传播是人际传播和大众传播的"中间"形式。

三、大众传播视阈下的公民语用能力：以《咬文嚼字》为例

大众传播："是指职业传播者和传播机构通过大众传播媒介（如报纸、书刊、广播、电视、电影等）向大众提供信息、知识、观念、娱乐等的过程。"[1](P107) 大众传播的信息载体包括口头语言和书面语言。大众传播视阈下的公民语用能力包括对口头语和书面语的表达和理解能力，对社会文化语境和上下文语境的认知能力，语法、修辞、逻辑"三艺"综合运用的能力。

大众传播的媒介包括广播电视和报纸杂志等。[5](P132) 如前所述，1993年国际大专辩论会的主办机构为"新加坡广播局和中国中央电视

台”。[4](P355) 这体现了人际传播和大众传播的有机结合，这种结合尤其有助于在更大范围内更便捷地提高公民语用能力。相对于人际传播和组织传播，大众传播对公民语用能力的影响面更广；另一方面，由于传统的大众传播往往缺乏严格意义上的互动机制，语言文字表达能力就尤为重要了。

当今有些媒体对语言表达不甚重视，这既不利于媒体自身树立在公众中的良好社会形象，又可能因其“大众化”而误导公众的语言表达和理解，不利于公民语用能力的提高。上海的大众传播媒介——《咬文嚼字》杂志——密切关注着媒体的语言文字表达失误。《咬文嚼字》在某种程度上体现的是公民的理解能力（受众反馈大众传播信息的某种机制和能力）。《咬文嚼字》等大众传播媒体有助于提高公民语用能力，可为公民语用能力提升增加正能量，这从该刊的当前栏目设置及相关情况即可看出。《咬文嚼字》（上海世纪出版集团主管，上海咬文嚼字文化传播有限公司主办，《咬文嚼字》杂志社编辑出版）2013 年第 1 期设置有如下栏目：名家语画、年度盘点、特稿、语林漫步、众矢之的、百家会诊、一针见血、文章病院、时尚词苑、微型讲坛、有此一说、编读往来、向你挑战。该刊 2013 年第 2 期的栏目设置，相对于同年第 1 期增加了词语春秋、碰碰车、探名小札、追踪荧屏、国标漫谈、借题发挥等栏目；特稿、语林漫步、百家会诊、有此一说、编读往来等栏目在该期暂没设置；保留了名家语画、年度盘点、众矢之的、一针见血、文章病院、时尚词苑、微型讲坛、向你挑战等栏目。该刊 2013 年第 3 期还新增了锁定名人、热线电话栏目。应该说，该刊影响较大，该刊迄今还出版发行了 18 个合订本，发行面较广，以“咬文嚼字”的方式反馈社会语言文字应用的某些接受情况，以多种形式指出社会上语言运用的种种失误，并普及语言文字相关知识，无疑有助于公民语用能力的提高。

除了传统的大众传播媒介积极“纠偏”，《咬文嚼字》还在正面上推动了公民语用能力建设。一些权威的新兴媒体也“给力”公民语用能力建设，例如：“日前，《人民日报》官方微博公开征集‘你最反感的官话套话’，引发社会强烈共鸣。”[6](P4)“引发社会强烈共鸣”在这个意义上正是提高公民语用能力的重要前提条件。

语言文字是信息传播最便捷最基本的工具，语言的表达和理解（接受）通过信息传播建立有效互动。以上初步考察表明，着眼于信息传播视角可凸显公民语用能力的社会性、语言表达与理解的互动性与过程性。当今信息社会，在信息传播视阈下，如何有效提高公民语用能力，是一项复杂的系统工程，需要学校、媒体、社会等各方共同协作。同时，如下问题亦须学界做出进一步的探讨，比如在全社会如何建立成熟的公民语用能力发展和完善机制，在公民语用能力发展和完善机制中如何进一步发挥信息传播媒介的能动性，如何优化提升公民语用能力的社会环境等。

参考文献：

[1]邵培仁.传播学导论[M].杭州：浙江大学出版社，1997.

[2]孙雍长，刘周堂.辩才与智慧——古代辞令艺术评析[M].北京：新华出版社，1992.

[3]高秀峰.雄辩：法庭上的中国律师[M].北京：中国城市出版社，1997.

[4]王沪宁，俞吾金.狮城舌战——首届国际大专辩论会纪实与评析[M].上海：复旦大学出版社，1993.

[5]张国良.传播学原理[M].上海：复旦大学出版社，1995.

[6]刘林塘.小议“话风”[J].咬文嚼字，2013(3).

原载《北华大学学报》，2014 年第 5 期

修辞与科学知识传播论纲

科学知识传播最为便捷的途径、最为基本的方式是诉诸语言（含记录语言的文字）的言语传播。而这种诉诸语言文字的言语传播之有效，须臾离不开修辞。

“修辞原是达意传情的手段，主要为着意和情。修辞不过是调整语辞使达意传情能够适切的一种努力。”[1](P3)而科学知识主要是语义内容，这里所说的“达意”的“意”自然包括“科学知识”。陈光磊先生对什么是修辞又做了进一步的阐发：“修辞，就是一个根据思想内容来调整语辞以确定语文表达方式的过程，也就是说，达到思想内容和语文形式的统一需要一个过程。”[2](P4)张春泉在继承前人与时贤研究成果的基础上，提出修辞是一种以语言为媒介以生成或建构有效话语为目的的广义对话。这里所说的“以生成或建构有效话语为目的”指的是使自己即将建构或者已经建构的话语有效的一种努力。“话语”指的是能够为特定接受者所接受的语言。[3]修辞话语直接联系表达者和接受者。不妨说，修辞是有效沟通表达者和接受者的一种言语活动。

另据报道，中国科普研究所外国室主任李大光 2003 年 7 月 12 日在“灾难与科普”高层论坛上指出，在专业知识和公众之间，缺乏能将科学知识转化为公众消费品的“第三者”。会场上，没有人能提出异议。[4]在我们看来，修辞有可能、有必要成为这样的“第三者”。

我们的研究将主要着眼于科学知识的传播之于修辞的依赖性、修辞之于科学知识传播的有效性、科学知识传播之于修辞的共生性等角度，从修辞话语与科学知识传播的途径、修辞方式与科学知识传播的策略、修辞过程与科学知识传播的过程、修辞效果与科学知识传播的效果等方面展开。

一、修辞话语与科学知识传播的途径

有关科学知识传播的讨论，国内外已有不少成果，这些成果或者着眼于科学传播自身的理论探讨。比如刘华杰《整合两大传统：兼谈我们理解的科学传播》，该文发表后为《新华文摘》全文转载。《整合两大传统：兼谈我们理解的科学传播》为我们廓清了“科学传播”概念的内涵，提出了“一阶与二阶科学传播”的概念区分问题，厘清了“科学传播与科普的关系”，并务实地提出了面对科学传播事业我们能做些什么。我们这里主要探讨的即“我们怎么做”的问题，即我们怎么才能有效地传播科学知识。在我们看来，科学传播执业者的必要素质之一是熟练地掌握修辞的理论知识，并需要接受相应的修辞实践训练。这其实也是“参与社会上各种形式科学传播活动，包括为电视台、广播电台策划、录制节目，参与优秀科普图书推介活动等，平时多多撰写科学评论杂文，把理论与实际有机地结合起来”[5](P149)的要求与体现。电视台、广播电台策划、录制节目，参与优秀科普图书推介活动，平时多多撰写科学评论杂文等本身即在一方面需要协调和沟通，而且主要是以语言为媒介的协调和沟通；另一方面，撰写科学评论杂文本身也就是一种较为典型的修辞活动。

科学知识传播是科学传播的一种形式，科学传播的英文可写作 science communication，有时泛指科学与技术传播（science and technology communication）或者科学与工程传播（science and engineering communication）。“communication”有交往、双向交流、对话、协商、传播等含义。《语言与语言学词典》对“communication”的诠释是：把信息从一点传到另一点，这是人类语言的基本应用之一。[6](P64) 科学知识传播是科学传播在知识层面的表现形式，它是科学观念传播和科学文化传播的基础。科学知识传播的途径应该有很多，但我们以为科学知识传播的最基本、最直接的途径是语言文字。这从语言的功能可以看出。奥地利的哲学家、心理学家布朗在他的《语言理论》中建立了一个“语言模型”，认为任何语言的陈述都有三重关系：①与所说事物状态的关系；②与说话人的关系；③与听话人的关系。这三种关系代表了语言的三种功能，即阐述功能（阐述语言的内容）、表达功能（表达说话人的状态或特性）和信号功能（向听话人发出的信号）。[7](P10) 显然，以上三种功能都适用于科学知识的传播：阐述功能主要表现于对具体科学知识内容的解释与说明；表述功能可以加上传播者自己对相关科学知识的认识与理解；信号功能则直接指涉科学知识的接受者。毕竟，“communication”是人类语言的基本应用之一，而修辞则使人类语言的有效运用有了可能。

此外，着眼于实证，我们从浙江省公众对各种科技知识传播方式的评价亦可以看出语言文字在科学知识传播所有途径中的主导地位。黄华新等曾就公众对各种科技知识传播方式的评价问题在浙江省内做了一项社会调查，调查结果如下表（表1）所示：

表 1:浙江省公众对科技知识传播方式的评价(%)[8](P23)

	非常好	比较好	一般	比较差	非常差	不了解
声像(影视)	26.6	36.3	19.1	0.8	0.4	16.8
面授	24.5	25.7	15.5	1.8	1.0	31.4
书刊	17.0	31.4	23.6	2.3	0.8	24.9
广播	12.5	28.2	26.7	3.9	1.4	27.3
互联网	12.1	10.4	10.0	2.6	2.3	62.6
科技知识竞赛	12.1	21.8	17.3	2.3	1.4	45.0
没讲解的展览	3.7	11.4	25.7	9.7	2.8	46.7
有讲解的展览	12.9	26.4	14.9	2.2	1.3	42.3
能参与的科技活动和游戏	15.0	23.2	15	1.9	1.0	43.8
科技咨询	19.8	26.5	14.9	1.6	1.3	35.8

我们以为，由公众对以上诸传播途径的评价可以看出语言文字经调整适用后所形成的修辞话语仍然是科学知识传播的最直接、最便利的传播途径。其一，影视声像是离不开语言以及记录语言的工具文字的。很难想象，没有语言文字的影视声像却有相对更多的接受者，况且“声像”中的“声”的相当一部分应该就是语音。而且尤其重要的是，影视声像中的语言文字不是像“科技咨询”那样“单纯”，同样的话语，在影视声像中可以不像科技咨询那样枯燥，而影视声像中的那种有意味的语言则更接近我们所说的“修辞话语”。其二，面授和书刊则常常是直接诉诸语言文字而有意义的。一般说来，面授以口语为媒介传播，而书刊则诉诸文字传播科学知识。其三，广播、互联网和科学知识竞赛也是离不开语言文字的。广播往往以语言的形式解说或播发相关的科学常识或科学新闻，从而达到传播科学知识的目的；互联网则可以以语言文字配合具体形象和声音等并行传播。其四，饶有兴味的是，我们注意到公众对有讲解的展览比没有讲解的展览的评价

高出了 9.2 个百分点，而人们对没有讲解的展览的评价才 3.7%。显然，人们对有讲解的展览比没有讲解的展览的评价要相对高出很多。有没有讲解其实就是有没有语言文字的直接参与，即语言文字是否直接作为传播途径出现，由此可见语言文字之于科学传播途径的重要性乃至主导性。之所以说作为传播途径的语言文字在科学知识传播诸途径中具有主导性，主要是因为：第一，语言文字在上述所列举的途径中均发挥作用，例如在科学咨询中语言文字亦是显然以媒介的方式出现的；第二，语言文字相对于图像等其他科学知识传播的途径而言，更具有语义张力，更具概括性。

难怪古人早在两千多年前就极富前瞻性地指出，“言之无文，行而不远”（《左传·襄公二十五年》）。这里所说的“言”当然可以用以传播科学知识，如果没有“文采”，科学知识就不大可能为广大民众喜闻乐见，不大可能为相对更广泛的公众所接受，而不能为相对广泛的公众所接受的科学知识传播则不能说是有效的。

修辞是利用语言文字的一切可能性调整适用语辞的。如前所述，经调整适用后的语辞常常形成特定修辞话语。我们这里所说的“修辞话语”包括一般所说的“修辞文本”。修辞话语必然在接受者那里具有心理现实性。具有心理现实性即相应的功能得到了发挥。陈望道先生早已充分认识到语辞（即我们所说的修辞话语）的功能：“对于夹在写说者和读听者中间尽着传达中介责任的语辞，自然不能不有相当的注意。看它的功能，能不能使人理解，能不能使人感受，乃至能不能使人共鸣？”[1](P6) 由此观之，尽着传达中介责任的修辞话语完全可以胜任作为科学知识传播的最便捷的途径的职责。

最后，就修辞本身而言，在利用语言文字的一切可能性调整适用过程中往往还形成特定的“语体”“言语风格”等，适当得体的言语风格与语体有助于科学知识传播。“言语风格是语言由于使用中受不同交际环境的影响或制约而形成的一系列言语特点的综合表现。言语是人的活动，言语风格当然地同人、同人的行为联系在一起。”[9](P4)而语体则是言语风格的功能体系，语体强调的是修辞话语的功能和体系。比如，科学知识在某相应专业领域传播时，使用学术科技语体就比较得体，但在相对广泛的公众中传播则可以使用文艺审美语体等相对而言更活泼、更具趣味性的语体。再比如高士其科普作品的脍炙人口、妇孺皆知，是与其独具特色的口语化传播密不可分的。

这表明：只有适用特定修辞话语，选择得体的语体及言语风格，公众才会更乐于接受特定科学知识；只有公众乐于接受，相应科学知识的传播才可能是有效的。

二、修辞方式与科学知识传播的策略

进一步考察，我们发现，特定修辞话语的适用方式可以在一定意义上作为科学知识传播的策略理据（理由依据）。这里我们可以以修辞方式中使用频率十分高的比喻（含隐喻）为例说明之。“以其所知谕人之所不知而使人知之”（刘向《说苑・善说》），就是古人对“比喻”的一种富于真知灼见的看法。刘向是借我国古代传说的著名修辞家惠子之口说的这段话，刘向在这里得出的结论是：“今王曰无譬，则不可矣。”显然，这是一个假言命题：“今”表假设，有“如果”之意；“则”表结果，有“就”之意；整个命题是较为典型的“如果……那么……”的形式。其相应的逆否命题：可，则譬。这里的“可”是“可知”的省略表达。由此观之，“譬”之于“知”的重要性就自不待言了。而“知”这里即指“使别人知”，是一种使动用法。“使别人知”也就是某种意义上的科学知识的传播。

至此不难看出，“譬”（比喻）同时也是一种科学知识传播策略。毕竟，科学传播说到底其实就是“知者”将科学知识传播给“不知者”。为了使接受者喜闻乐见，科学知识的传播常常需要采取一定的策略。所谓科学知识传播的策略是指为了有效地传播科学知识而采取的一些带有技巧性的方案、措施。相应的，修辞在一定意义上即调整适用语辞的策略，这些策略集中体现于特定修辞方式中。修辞方式的形成常常与修辞的“两大分野”密切相关。

修辞可以有“积极修辞”与“消极修辞”两大分野。“消极手法是抽象的，概念的，对于语辞常常以意义为主。唯恐意义的理解上有隔阂，对于因时代、因地域、因团体而生的差异，常常设法使它减除。又唯恐意义的理解上有困难，对于古怪新奇，及其他一切不寻常的说法，也常常设法求它减少。有时还怕各人的理解不能一致，预先加以界说，临时加以说明。总之力求意义明白，而且容易明白。”[1](P50)这表明，以消极修辞的方式可以做到“力求意义明白，而且容易明白”，既然意义（上文已述及，“意义”是科学知识传播的实质）容易使人明白，则相应的科学知识势必得到有效传播。

消极修辞对语言文字调整适用上的策略要求是：意义明确，伦次通顺，词句平匀，安排稳密。显然，这也是常规下有效的科学知识传播的要求。试想：如果传播的内容意义不明确，传播的载体伦次不通顺，传播的词句不平匀，传播的安排不稳密，接受者（通常指“广大公众”）能有效地理解吗？答案应该是否定的。此种情形下，接受者更多的可能是不知所云或似懂非懂，一知半解。

如果说消极修辞是抽象的概念的，那么与之相对，积极修辞则是具体的体验的。除了消极修辞的策略要求可以适用于科学知识传播，作为相应的科学知识传播策略，那些通常被认为属于“积极修辞”范畴的比喻、近喻、自喻等其实也可以作为科学知识传播策略。刘大为先生将比喻、转喻、自喻等正确地视为认知性辞格，[10]是不无道理的。在我们看来，“认知性辞格”中的“认知”终究是以科学传播的形式实现的。“认知”在这里也就是“以其所知谕其所不知而使人知之”。

事实上，一些借以传播科学知识的科普作品常常大量运用比喻、拟人、夸张等，比如科幻小说、童话、寓言等。此外，还有大量的科学术语本身就是运用的仿拟、比喻等辞格。例如，“电脑”（计算机）即仿拟“人脑”而为广大公众所接受的著例。此外，还有“鼠标”即一形象的比喻。再比如，“磁力线”将本来看不见、摸不着的物理量形象化为一种童叟皆知的“线”，使用的就是一种“比喻”套嵌“示现”的修辞方式。这里特定修辞方式的使用化抽象为具体，便于特定科学知识在更大的范围内为更多的接受者所接受，这些与其说是修辞方式的适用，不如说是一种科学知识传播策略。

三、修辞过程与科学知识传播的过程

如果说我们此前的有关修辞话语与科学知识传播途径、修辞方式与科学知识传播策略的讨论主要是着眼于静态的话，那么有关修辞过程与科学知识传播过程的讨论则主要着眼于动态。就动态的修辞过程而言，修辞过程说到底是一个言语传播过程，这个过程是表达与接受的互动的过程，是使接受者不断认知和审美的过程。

科学知识传播的过程在某种意义上就是使接受者不断认知的过程，在接受者的当然参与的前提下，表达者与接受者的角色是临时的，是可以互相转换的，再配置以相应的语境，这种临时性就表现为临境性。例如有媒体曾指出：“在 SARS 疫情中成为公众人物的曾光有自己的烦恼。倒不是害怕传媒和记者对他的‘纠缠’，而是发现报道传递信息不准确，几次令他陷入被动境地。但这些都是小事。最令他苦恼的是，作为公共卫生专家，他的研究和见解不能及时而且有效地被传播出去，到达公众、专业机构和政府决策人那里去。‘表面上看，采访专家是记者有求于专家，但实际上公共卫生专家更需要新闻记者。’曾光说，公共卫生专家需要记者作为桥梁，面对公众和决策者。专家一个人的声音很弱小。”[4]这里强调的是传播之于科学知识发挥效力的重要性。而另一方面，只有有效、正确的传播才是科学意义上的修辞传播，这恰恰是修辞过程所需要的和可能做到的。“修辞是恰切地传递和正确理解思想信息的活动（过程和结果）。”[11](P1)这里有关修辞的定义有这么几个关键词：恰切、传递、正确、理解、思想信息、活动。唯有恰切和正确，传递与理解才有意义，有关思想信息才能不冗余，传播过程（活动）才有效。

以上是就一般情形而言的，在我们看来，修辞过程互动的较为典型的形式是“辩论”和“课堂教学”。而这些典型形式恰恰是科学传播得以进行或展开的必要条件。譬如刘华杰《整合两大传统：兼谈我们理解的科学传播》所援引的联合国教科文组织 1999 年《科学和利用科学知识宣言》的一些要点中即有相当大的部分直接提及修辞过程与科学知识传播过程的问题，这里我们不妨转引如下：

> UNA4：今天有必要就科学知识的产生和应用开展一场热烈的和有见识的民主大讨论。UNA22：必须遵照在公众广泛辩论的基础上制定出来的合理的道德标准来从事科学研究和应用科学知识。UNA36：科学研究应当加强国际合作和信息交流，但必须注意确保这些技术的运用不会导致否定或限制各种文化和表达方式的丰富性。UNA40：应当做到有关新的发明和新开发的技术的一切潜在的用途和后果的信息都自由地传播，以便以适当方式就伦理问题展开讨论。UNB1G：最近几年来在讨论科学向何处去时，科学的伦理问题变得更加紧迫，需要在科学界和全社会进行公开辩论。UNB35：现代科学不是唯一的知识，应在这种知识与其他知识体系和途径之间建立更密切的联系，以使它们相得益彰。[5](P147～148)

科学知识需要传播，有且只有通过传播，才能为更多的公众所接受。而人们对科学知识的接受又常常是具有主观能动性的，这种能动接受又可以反过来给传播者以启示，促使传播者不断提高。这其实是普及与提高的辩证，同时也是诉诸传播的知识表达与知识接受的互动。在知识表达与接受的互动过程中，表达者与接受者常常以辩论的方式进行，如上举联合国教科文组织所正确指出的那样。之所以要辩论，其一，是因为人们接受科学知识时有其主观能动性，如上所述，既然是能动的，就势必不是机械被动地接收，就势必发生观点以至知识体系的碰撞，而这种互动说到底仍然是以语言作为最基本的媒介的；其二，真理是愈辩愈明的，对此，应该是不会有异议的，明确的真理即在某种意义上为我们所说的科学知识。

事实上，“从 20 年代开始以演讲和话语为研究主体的现代修辞学的复兴为现代传播学播下了种子，做了理论准备”[12](P1)。这表明修辞学与传播学有着“天然”的联系。既如此，在实践意义上，借助于修辞以修辞的方式来传播科学知识就是可能的和必要的了。

四、修辞效果与科学知识传播的效果

一般而言，有过程就势必有其相应的结果。修辞过程与科学知识传播过程的结果则分别在某种意义上体现为特定修辞效果与科学知识传播效果。联合国教科文组织 1999 年《科学和利用科学知识宣言》指出：“科学的进步不能再单纯地看作是科学本身对知识的追求，还应当——而且从预算有限的情况下考虑更加应当——加强在满足现代社会的需求和愿望方面的针对性和有效性。”这里就涉及科学知识传播的效果问题。

进一步考察，如何使科学知识的传播更为有效，势必需要做到传播的动机（比如上引联合国教科文组织所指出的“现代社会的需求和愿望”等）、过程和效果的统一，这正如有效的修辞一样。张春泉博士论文有专节讨论修辞的过程、动机与效果的统一问题。[3]

既然二者均注重动机、过程与效果的统一，再进一步，我们发现，修辞与科学知识传播均可以有其审美效果，二者结合于审美。修辞的审美效果不难理解。著名语言学家吕叔湘就曾说过，修辞管的是语言用得“好不好”。著名修辞学家陈望道先生也曾指出修辞的“美”就是“尽职”，所谓“尽职”也就是恰如其分地传递了特定的信息。类似地，已有论者指出，现代科学的新特点是趋向艺术化，“艺术化”在某种意义上即对审美效果的要求。科学的发展，对科学知识的传播提出了自身艺术化的概念及要求。对此趋势，著名科学家波尔早已洞察，他在《原子物理和人类知识》一书中，讲到科学和艺术作为精神和文化的一致性：“文艺表达方式中有‘即兴’，科学讲演中也要有‘即兴’，否则就会干巴巴，没有人爱听。”[13](P163)大科学家波尔的如上现身说法应该是不无说服力的。这表明，为了使科学讲演走出或不至于出现“干巴巴”“没有人爱听”的窘境，最为基本的是要考虑到“效果”问题。不仅科学讲演如此，整个科学传播亦然。譬如：“波尔谈到，艺术方式的趣味性和幽默性，是‘一切思想交流所不可缺少的’，普及科学知识的趣味性的要求，使文艺性科普读物不断涌现出来，这是科学走向艺术化的一个重要方面。”[13](P163)“趣味性和幽默性”是作为语言的艺术的修辞的题中应有之意。

事实上，“科学审美与科技传播息息相关”。“对于科学美的观照可以把人们真正带入科学的世界，它必然唤起人们的科学意象和审美体验，进而沟通感性和理性。这些必将反过来影响科技的良性传播。”[14](P91)而语言文字在作为“理性思考”的工具和作为“唤起人们的科学意象和审美体验，进而沟通感性和理性”的触媒方面具有得天独厚的条件，因为语言文字是人之所以为“人”的必要条件。人具有第二信号系统，可以对特定“语辞”产生“意象”，特定语辞的召唤或刺激可以给人以美感，可以激起人的审美想象和审美愉悦。

以上的讨论似已表明，以修辞为参照，同样以互动的运作方式在过程中体现出来的科学知识传播可以视为一种特殊的修辞。语言文字是传承科学知识的不可替代的重要载体，也是科学知识的最为基本的载体之一，以承载科学知识的修辞话语传播科学知识常常能为更为广泛的公众所喜闻乐见。修辞方式往往可以给特定科学知识传播以策略上的支持，以修辞话语作为科学知识传播的途径，以修辞的方式传播科学知识可以提高科学知识传播的效果。修辞过程与科学知识传播过程均为且均必为一互动的过程。修辞和科学知识传播的效果都可以通过审美的方式体现出来。借助于修辞，以修辞的方式传播科学知识是可能的和必要的。

参考文献：

[1]陈望道.修辞学发凡[M].上海：上海教育出版社，1997.

[2]陈光磊.修辞论稿[M].北京：北京语言文化大学出版社，2001.

[3]张春泉.论接受心理与修辞表达[D].上海：复旦大学研究生院，2003.

[4]张东操.SARS凸显媒体科学素养缺乏 科学传播遏止病毒传播[N].中国青年报，2003/7/23.

[5]刘华杰.整合两大传统：兼谈我们理解的科学传播[J].新华文摘，2003(1).

[6][英]R.R.K.哈特曼，F.C.斯托克.语言与语言学词典[Z].黄长著等译.上海：上海辞书出版社，1981.

[7]齐沪扬.传播语言学[M].郑州：河南人民出版社，2000.

[8]黄华新，吴高盛.2002年浙江省公众科学素养调查研究报告[M].北京：中国社会出版社，2003.

[9]郑远汉.言语风格学(修订本)[M].武汉：湖北教育出版社，1998.

[10]刘大为. 比喻、近喻与自喻：辞格的认知性研究[M]. 上海：上海教育出版社，2001.

[11]郑远汉. 漫谈修辞研究的兴衰与前景[J]. 修辞学习，1999(1).

[12][美]大卫·宁. 当代西方修辞学：批评模式与方法[M]. 常昌富，顾宝桐译. 北京：中国社会科学出版社，1998.

[13]张学礼. 现代科学的新特点：趋向艺术化[J]. 新华文摘，2003(8).

[14]彭水东. 科学审美与科技传播刍议[J]. 自然辩证法研究，2003(5).

原载《科学学研究》，2004 年第 2 期

做学术研究先学好语文

语文是什么？ 其外延可以十分宽泛，包括语言文字、语言文学、语言文化等，但无论哪一种语文观，语言文字必然是基础，是其题中应有之要义。 毕竟，文字是记录语言的符号系统，是以语言为基础的最重要的辅助性的交际工作；文学是以语言文字为工具形象化地反映客观现实的艺术；文化中最有代表性的组成部分是文学。 所以可以简单地说，语文是语言文字。

语文有什么用？ 倘若把语言文字放到人类社会发展的历史长河中来审视，其重要作用任何人都无法否认。 但是，恰恰是对这一人类最重要的交际工具和最便捷的认知工具，人们反而容易忽视。 当下，不仅普通群众对语文重视不够，就是专门从事学术研究、整天与语言文字打交道的专家学者有时也会忽视语文，这无疑是一个需要引起高度重视的问题。

语文不但是人们在日常生活中交流、认知的基本工具，而且是进行一切学术研究——无论是社会科学研究还是自然科学研究的基础。 对此，我国著名数学家华罗庚和苏步青的观点颇有说服力。 华罗庚认为：“要打好基础，不管学文学理，都要学好语文。 因为语文天生重要。不会说话，不会写文章，行之不远，存之不久。”苏步青曾说：“如果允许复旦大学单独招生，我的意见是先考语文，考完就判卷子。不合格的，以下的功课就不要考了。语文你都不行，别的是学不通的。”类似的观点，古今中外许多大家、名家都有过深刻阐述。

那么，为什么语文如此重要，能成为一切学术研究的基础？其一，语文是学习知识的基本手段。人非生而知之，每个人要想获得知识就必须通过后天的学习来认识世界，积累知识，学术研究更是如此。语言文字正是认知的基础，是学习知识的基本手段。没有很好的语文功底，就无法从浩如烟海的文化典籍中汲取精华，从不断爆炸的信息资源中获得新知，学术研究就会成为无源之水。其次，语文是培养人的逻辑思维的基本手段。逻辑思维是人类认知的一种高级形式，也是进行学术研究的基础。一个人没有逻辑思维，学习而来的知识就无法激活、发展直至创新，学术研究中的提出问题、收集整理、分析归纳、论证阐述等工作就无法开展。一些人认为逻辑思维的培养与语文的关系不大，其实不然。语文中词的构成变化规律、短语和句子的组织规律等，都是对逻辑思维的训练。叶圣陶说过：“语言说得好，在于思维的正确，思维的锻炼很重要。”可见，语文与逻辑思维之间有着相辅相成的紧密联系。其三，语文还是提高人的表达能力的基本手段。学术研究的成果最终必须要表达出来为大众所了解，才能发挥效用。要表达就要借助语言文字，需要讲究修辞，毕竟世界上没有赤裸裸的不需要载体的思想观点。可以说，通过修辞来吸引广大的读者听众，不仅仅是文学大师们需要关心的问题，而应该是所有学术研究者在传播科学研究成果时必须关注的问题。即使是自然科学家们，也需要通过美文，既向读者听众进行准确严谨的科学说明，又对他们生动形象地描述。我国的桥梁专家茅以升的《中国石拱桥》、气象学家竺可桢的《向沙漠进军》、数学家华罗庚的《统筹方法》等，既严谨又生动，堪称说明文的典范，在这方面树立了很好的榜样。

当然，语文的重要性决不仅止于此。事实上，语文从来都是工具性与人文性的有机统一。通过语文，我们可以接受审美、伦理、文化等各个方面熏陶和教育，其潜移默化的作用对于学术研究无疑是大有裨益的。不妨打这么一个比方：语文对于学术研究，就像赛跑对于整个体育运动一样。表面上看，赛跑往往给人以含金量不高的印象，似乎并不需要多大技巧，不像其他体育运动如足球、篮球等精彩，也不如体操、跳水等专业。但实际上，赛跑对体能和技巧具有很高的要求，并且是其他体育运动得以进行和出色表现的关键，也是整个体育运动的基础。

我们以为，学好语文，掌握语言文字学是必要条件。事实上，语言文字学的功用至少可简单地概括为如下数端。其一，追溯汉语言文字的历史、描写汉语言文字的现状、揭示汉语言文字本体和运用的规律。其二，为宏观的语文制度、语文规划、语文政策等的制定提供咨询参考；引领、规范、丰富公众语文生活，提高民族语文素养；传承民族文化，传播科学文化知识，比如指导编撰各类辞书。其三，教童蒙发蒙，识文断字，咬文嚼字，说文解字。现代汉语言文字学建立之前（较少涉及汉语国际教育和不曾涉及中文信息处理的时代）为传统“小学”（文字、音韵、训诂之学），用尽量少的时间学好语文，然后有时间去学习其他科学文化知识。其四，教非母语为汉语的人学习汉语言文字。其五，教机器（计算机等）学习（含理解和表达等）汉语言文字，语言文字是机器（尤指计算机）最重要的运行工具之一，但也是计算机最难处理的“东西”。语言文字学（尤指语用学、修辞学）却又是最难被计算机“取代”的学问之一。语言文字学的学习和研究需要语感，需要时间，需要积累，某些方面尤甚。比如语料，我们不能由《诗经》的语料推理出《红楼梦》的语料，一般也不太可能由曹操的言语风格推导出贾宝玉的言语风格。另一方面，汉语言文字学的学习和研究有助于提高语文实践的效率，因有其特定规律、规则、方法等。

其六，说不定哪一天，成熟的语言文字学还可以教一般意义的动物学习语言文字呢。语言文字学，做的是关于语言文字的学术研究，基于其上述功用，语言文字学似是所有学术研究的基础。综上，做学术研究先学好语文。

原载《人民日报》,2009 年 12 月 25 日学术版

从科技工作者的语文观析“三艺”之功用

一般说来，人文社会科学工作者重视语文，人们往往会认为是理所当然的事，而从事自然科学和工程技术研究的科技工作者对语文的重视则在某种意义上更具信度，更为“可信”了。一般认为，院士是科技工作者的杰出代表，院士关注语文并提出自己的语文观，作为科技工作者的权威代表，并因其多少带有“他山之石”性质，就格外值得研究了。

《语文月刊》自2009年第2期起，“卷首名家”专栏辟有笔谈“我的语文观”，十分有意义，其中的名家包括两院院士。截至2009年第6期共有4位院士发表了他们的语文观，这4位院士分别是杨叔子、刘颂豪、刘人怀、钟南山，其语文观分别刊于《语文月刊》2009年第2期、第3期、第4期、第6期。院士们在“我的语文观”中都指出了语文学习的重要性，都提出了培养语文兴趣的必要性。如上所列，4位院士对语文的看法在很多方面均所见略同，其所持语文观在某种程度上可作为当代科技工作者的语文观之代表。4位院士都持大语文观：注重逻辑、语法、修辞的综合，注重从宏观视角看语文；注重语文的基础功用。比如钟南山院士指出：“脑子清晰、逻辑分析能力和表

达能力强，这些都建立在扎实的语文基础之上。所以说，语文是人生事业成功的基础之基础。”[1](P1)

我们以为，4 位院士的同名佳作《我的语文观》不乏真知灼见，都极富科学性和前瞻性，内涵十分丰富，其中对逻辑、语法、修辞这“三艺”的重视是院士们大语文观尤其重要的内容。“三艺”（trivium）是欧洲中世纪关于逻辑、语法、修辞的并称。无论如何界定“语文”，语法、修辞、逻辑这传统“三艺”都是其题中应有之义。以两院院士为代表的当代科技工作者的语文观值得我们关注。从科技工作者的语文观不难梳理出“三艺”的重要功用：逻辑，是创新思维的基石；语法，是有效认知的初阶；修辞，是成功交际的捷径。本文即从院士的“大语文观”考察“三艺”之重要功用。

一、逻辑：创新思维的基石

语文教育的一个十分重要的方面是培养学生的逻辑思维能力。人们可能对“语文”的内涵见仁见智，但是至少有一点是毋庸置疑的：语文与语言文字符号密切相关，语言文字符号是语文最重要的不可置换的对象之一，这些符号有抽象的，亦有具体的。其中关于抽象符号的认知就是在语文中培养逻辑思维能力的过程。语文中的逻辑与具象思维相伴，与情绪、情感、审美等相伴相生，就这一点而言，它不同于数学中的较为纯粹的逻辑思维。不妨说，语文中的逻辑思维更适宜于纯粹逻辑思维尚不发达（处于发展中）的儿童和青少年，不甚枯燥的语文中的逻辑似乎更有助于激发儿童和青少年的创新思维。简单地说，逻辑是创新思维的基石。正如刘颂豪院士所指出的：“语文教育要大力倡导探究学习，创新学习。”[2](P1)“探究”和“创新”都与逻辑思维直接相关。语文学习具有方法论上的探究和创新。

如何发展逻辑思维能力？刘颂豪院士有更明确的说明："为学生提供足够的自主探究学习机会，让学生通过参与'提出问题''联想假设''观察体验''收集整理''分析归纳''表达交流'等过程，感受学习的乐趣，并在学习的过程中培养科学探究的能力，发展创新思维。"[2](P1)不难理解，"提出问题""联想假设""观察体验""收集整理""分析归纳""表达交流"都与语文有关：提出问题的最便捷工具是语言文字；相对较为抽象的语言文字更便于刺激和培养学生的联想、想象能力和体验、感悟能力；用语文文字更有利于清晰明确地收集整理和分析归纳；而表达交流的最重要的工具则非语言文字莫属。

显然，语文教育中的逻辑思维是创新的基石，钟南山院士谈到语文及逻辑的重要性时也指出："因为一个人无论从事什么职业，清晰的思维和思想是最基本的要求。科学家出色的创造源自出色的思维和思想，而思维和思想的载体就是语文。"[1](P1)世界上没有赤裸裸的思维和思想，语言以及记录语言的文字是思维的最重要的载体。可以说，没有语文就没有思维和思想的传达与传播，没有思维和思想的传达和传播就无所谓创新思维。

一言以蔽之，"思维的活跃，能力的提高，莫不同语文教育密切有关"[3](P1)。语文教育的质量直接关乎受教育者的思维的活跃程度和能力提高程度，活跃的思维蕴含创新思维，语文教育在这些意义上具有不可替代性。

二、语法：有效认知的初阶

思维是认知的基础。前文所列4位院士都没有直接讲语法的重要性，这更耐人寻味。在我们看来，院士们所讲的语法是一种认知语法，而不是纯粹的形式语法。认知语法重视语言的意义，重视语言的功能，而形式语法则主要关注语言的结构形式。院士们并不提倡纯粹形式语法的教育。“只重形式而轻内涵的语文教育是十分浅薄的。”杨叔子院士如是说。虽然这里讲的“形式”并不能与“语法形式”等量齐观，但是其精神所指包括语法形式。

语法是有效认知的初阶。这里所说的“认知”包括“感知”和“理解”等。刘人怀院士指出：“语文是一门基础学科，是工具学科，理解能力不好，不会分析问题，便极大地影响学习其他科目。”[4](P1)“理解能力”与认知语法的关系尤为密切，这里，“学习其他科目”无疑是更为充分和深入的认知，从这个意义上说，语法确实是人们（尤指受教育者）有效认知的初阶。

语法和逻辑之间没有泾渭分明的界限，这恐怕是院士们没有特意单独强调语法重要性的一个原因。因语法和逻辑的关系密切，所以以上名家在谈到逻辑时自然涉及语法问题。比如钟南山院士指出：“要通过学习语文，培养清晰的思维，善于概括问题，善于组织材料，能够抓住问题本质，逻辑清楚、条理分明地表达自己的思想。”不难理解，“逻辑清楚、条理分明地表达自己的思想”离不开语法，语法通顺是条理分明地表达自己的思想的必要条件，也是一个基本要求。与之相应，钟南山院士对语文学习有一个总的要求：“简言之，就是做到‘读得懂，说得清，写得通’。”以“读”“说”“写”为中心语的三个并列中补结构的补语“懂”“清”“通”，其意义内涵也都与语法的功用密切相关，它们都是有效认知的初阶。真的是英雄所见略同：借学生来信所反映的因语文不过关而“用词不妥，造句不通，行文不顺，甚至不知所云”的情形，杨叔子院士也间接表达了他对语法的认知功能的关注。

三、修辞：成功交际的捷径

语言是人类最重要的交际工具，文字是以语言为基础的最重要的辅助性交际工具，修辞则是对最重要的交际工具（语言文字）的调整适用。不妨说，修辞是成功交际的必要途径。在语文学习过程中加强了修辞修养，就更容易找到成功交际的捷径。交际有面对面的交际，也有非面对面的交际，后者可以利用记录语言的文字作为媒介。

刘颂豪等院士都注意到了修辞在语文生活中的重要地位。刘颂豪举例说："如在'光'这一单元中，就运用一段小诗来描述光的现象。'星星眨着俏皮的眼睛，太阳送来关心的光明。''这来自远方的光，走的是一条怎样的路径？雨过天晴为什么常见彩虹的身影？是否有了光才会有缤纷的美景？'"[2](P1) 该例用形象的艺术语言实现了教师与学生的对话互动，教师与学生通过形象语言实现了成功交际：教师想说的内容容易说明白，学生对教师的意思也容易领会清楚。

简单地说，修辞是对语言文字的恰当运用。正如刘人怀院士所指出的："学习语文的同时，要更好地应用语文。语文在人们的口语交际、知识获取、阅读写作、思想交流、科学研究等方面，起着非常重要的桥梁和工具作用。"[4](P1) 在某种意义上可以说，"应用语文"即修辞，是成功交际的一条必要途径，是人际沟通的桥梁。正因为如此，刘人怀院士不无感慨地说："在中学时代，我曾获学校演讲冠军。走上学校领导岗位后，语文在我的科研、工作、演讲、交流等方方面面发挥了重要作用。"[4](P1)

踏上逻辑基石，登上语法初阶，选择修辞捷径，就会在成功之路上更自由驰骋，更快抵达成功之目的地。

以上所列举的4位院士的语文观给我们以无尽的启示，我们所讨论的只是其很小的一部分。此外，需要说明的是，我们把"三艺"分析开来是为了讨论问题的方便。然而事实上，逻辑、语法、修辞三者之间常常是以一个整体发挥作用的，三者之间是可以交叉的，这正如思维、认知和交际三者之间往往有所交叉一样。

参考文献：

[1]钟南山.我的语文观[J].语文月刊,2009(6).

[2]刘颂豪.我的语文观[J].语文月刊,2009(3).

[3]杨叔子.我的语文观[J].语文月刊,2009(2).

[4]刘人怀.我的语文观[J].语文月刊,2009(4).

原载《语文学刊》,2014年第4期,署名李红莉,张春泉

语用能力与科学教育之和谐互动论

——从马建忠的“规矩说”到孙中山的“津梁说”

语用能力，是主体运用语言（含记录语言的文字）的能力，包括语言使用者语言表达、话语理解、适应和建构语境等方面的能力。语用能力不同于语言能力。一般认为，语言能力与人的先天因素的关联尤为密切，民族差异不太大，且与语境的联系不大，可看作是人类的一种先天禀赋。索绪尔在《普通语言学教程》中对“语言”和“言语”做了明确区分：“在我们看来，语言和言语活动不能混为一谈。”[1](P30)语言是静态的，言语是动态的。“整个来看，言语活动是多方面的，性质复杂的，同时跨着物理、生理和心理几个领域，它还属于个人的领域和社会的领域。”[1](P30)语用能力在一定意义上是言语能力，它的牵涉面很广。

牵涉面亦较广的科学教育，是使人全面接受自然科学、社会科学等方面的系统训练的活动。“科学教育，主要启迪灵性。”[2]“启迪灵性”在一定意义上说也是一种能力开发，“启迪”的过程离不开语言及其运用。杨叔子还指出：“思维的活跃，能力的提高，莫不同语文教育密切有关。”[3]语文教育的一个重要目标即语用能力的提高。

在我们看来，语用能力是科学教育的前提和基础，科学教育为语用（语言运用）提供语境（尤指社会语境、文化语境），同时科学教育为语用能力提出更高要求，为语用能力的提高提供必要的方法。语用能力和科学教育两者相伴相生，其和谐互动有助于民族复兴、国家富强。

19世纪末至20世纪一〇年代是中国近现代社会历史转型的重要时期，一些仁人志士分别提出了民族复兴的重要方案，其中发展科学教育是多数名家的共同愿望。尤其难能可贵的是，他们都从不同角度认识到了语用能力与科学教育的互动关系。

本文试述19世纪末（1898年）至20世纪一〇年代（1919年）中国近现代社会转型时期关于语用能力与科学教育和谐互动的代表性论说，以期当今学界、教育界镜鉴。这些论说依次分别是马建忠的“规矩说”，蔡元培的“媒介说”，孙中山的“津梁说”。这些学说的问世在时间上大致呈线性顺接。这些学说由于种种原因，可能并不系统，散见于各家论者的各类著作、演说等言语作品中，但吉光片羽，弥足珍贵。

在实践层面上，马建忠、蔡元培、孙中山都有很强的语用能力，都有经典言语作品存世；且在当时均有良好的科学教育经历，都曾留学海外，都曾力倡科学教育并身体力行。在理论层面上，马建忠、蔡元培、孙中山都有关于语言本体及其运用的真知灼见（虽然除马建忠外，其他论者不是语言文字研究专门家，即便是马建忠也兼治除了语言文字学之外的多个领域）。此外，马建忠等都有关于科学教育的远见卓识，他们都重视“理性”并认识到了“理性”的重要意义。

或者可以说，一方面马建忠、蔡元培、孙中山等名家自身的言说、社会活动和成就是典型个案，借此可以证明语用能力与科学教育之和谐互动；另一方面，他们关于语言及其运用的功能、性质、关系、结果、目标等方面的学说对于我们现时代的科学教育事业又具有一定的借鉴指导意义。简言之，马建忠等论者的学说在某种意义上同时具有

"对象语言"和"元语言"价值，既可作为我们直接研究的对象材料，又可作为解释和说明相关现象（语用能力与科学教育和谐互动）的理论指导。作为某种意义上的元语言和对象语言，马建忠的"规矩说"、蔡元培的"媒介说"、孙中山的"津梁说"，形成于1898年至1919年中国近现代社会历史转型的重要时期，在时间上大致顺接，在内容上互有牵连，分别着眼于语言及其运用的功能、目的、关系、结果、目标等方面，凸显了相关学说的科学精神、科学方法论和科学认知论意义，强化了语用过程的主体间性，表明并印证了语用能力与科学教育之和谐互动。语用能力与科学教育之和谐互动有助于民族复兴和国家富强。

需要说明的是，为了尽量避免替前修立言，尽量减少断章取义，一方面我们尽可能地多援引经典著作（言语作品）的原文；另一方面，又不敢太过掠人之美，我们尽量在注明出处的前提下，择其要者分析之。

一、"规矩"：科学精神的隐喻

"规矩"是马建忠《马氏文通》中一个十分重要的关键词。"规矩"这一关于语言及其运用规则规律的隐喻，凸显了《马氏文通》论说的科学精神和科学方法论的意义。马建忠（1845－1900），字眉叔，江苏丹徒（今镇江市）人。其兄马相伯是复旦公学的创始人。马建忠于其代表作《马氏文通》中提出了关于语用能力和科学教育互动发展的"规矩说"。《马氏文通》共10卷，分上下两册；上册共6卷，出版于1898年，下册共4卷，出版于1899年，由商务印书馆出版。

据《清史稿》，马建忠"尤精欧文，自英、法现行文字以至希腊、拉丁古文，无不兼通"。马建忠自身具有很强的语用能力。马建忠于其《马氏文通》中提出了关于语言文字的"规矩说"。其"规矩说"是主要针对语言文字的功用而言的。马建忠之所以能提出“规矩说”，因其“少好学，通经史。愤外患日深，乃专究西学，派赴西洋各国使馆学习洋务”（《清史稿》）。马建忠和当时的许多有识之士一样，痛感中国的积弱积贫，致力于发展民族的科学文化教育事业。马氏认为，要学习近代先进科学技术首先必须改变中国传统的教育制度和教育方法，其关键在于改革语文教学，提高国人，尤其是青少年的语用能力。

马建忠在《马氏文通·后序》中写道：“西文本难也而易学如彼，华文本易也而难学如此者，则以西文有一定之规矩，学者可循序渐进而知所止境，华文经籍虽亦有规矩隐喻其中，特无有为之比拟而揭示之。遂使结绳而后，积四千余载之智慧才力，无不一一消磨于所以载道所以明理之文，而道无由载，理不暇明，以与无达道明理之西人相角逐焉，其贤愚优劣有不待言矣。”[4](P13)马建忠通过中西比较，在比较中体会到中国童蒙在学业上要比西方人花费更多的时间和精力学习本国语文。因此，他认为有必要加深对汉语汉文的研究，以改变中国传统的语文教学，从而克服“循其当然而不求其所以然”的“神而明之”的语文教育。他从中西语文对比中进一步领悟到，“西文有一定之规矩，学者可循序渐进而知所止境”。然而“华文经籍虽亦有规矩隐喻其中，特无有为之比拟而揭示之”。因此，他以揭示“规矩”为己任，花了“十余年力索之功”，矢志于探究汉语语法系统及其规则，勤求探讨，以“揭示华文义例之所在”，终于在1898年以拉丁语文法为框架，结合汉语实际，写成《马氏文通》这部汉语语法学的奠基之作。这部著作虽然还有取例不分时代、所用语料文体不全等局限，但毕竟有助于提高国人的语言习得能力，并在此基础上提高语用能力，进而缩短学习母语语言文字的时间，用“节约”出来的时间去学习自然科学，接受科学教育。

“书出，学者皆称其精，推为古今特创之作。”（《清史稿》）马建忠在《马氏文通·后序》中不无自豪地说："童蒙入塾能循是篇学文焉，其成就之速必无逊于西人。"这里"循是篇"实际"循"的是《马氏文通》的文法规则，童蒙掌握了这些规则之后就可做到以少总多，"因西文已有之规矩"，通过有限的"规矩"，自如地、有效地使用汉语言文字。"所以在教育方面，有些有识之士认为把隐喻在汉语文献中的'规矩'揭示出来，就可以缩短文化的学习过程，以便有充裕的时间来学习其他科学理论，'其成就之速必无逊于西人'。"[5](P25)

不妨说，马建忠关于汉语言文字使用"规矩"的探赜索隐，既是对国民母语习得、语用能力的重视，同时也是对科学教育的重视，是语用能力与科学教育和谐互动论的滥觞。

二、"媒介"：主体间性的某种凸显

如果说马建忠的"规矩说"主要着眼于语言文字的内部规则规律的揭示，致力于提高童蒙乃至普通国人语用能力并进而提升国民科学教育整体水平，那么蔡元培的"媒介说"主要是着眼于语言的功能，着意于探讨语言及其运用与其他领域（这里尤指科学教育等）的关联。蔡元培认为语言是思想之媒介，这一观点突出了语言的主体性，尤其强化了语言运用的"主体间性"（intersubjectivity）。

蔡元培（1868—1940），近代民主革命家、教育家，字鹤卿，号孑民，浙江绍兴人。历任中华民国首任教育总长（1912 年 1 月），北京大学校长，中央研究院院长等职。"1917 年初，出任北京大学校长，锐意改革，整顿学校，使北大面貌焕然一新。"[6]1927 年起，在南京国民政府任大学院院长等职。1938 年，蔡元培创设中央研究院，专任中央研究院院长，辞去其他全部职务，前后 13 年，直至逝世，为中国近现代教育事业做出了杰出贡献。

值得特别注意的是，教育家蔡元培对马建忠的学说并不陌生：蔡元培1897年7月7日撰《马建忠〈适可斋记言〉〈记行〉阅后》，此文《蔡元培全集》(第一卷)录自蔡元培清光绪二十三年六月初八日《日记》。[6](P209)换言之，蔡元培对马建忠的学说可能会给予一定的关注，马建忠的学说(这里尤指其“规矩说”)和蔡元培的学说互有牵连有其可能性。

蔡元培关于语言文字及其运用的“媒介说”散见于其各类演说和专著中，大致形成于20世纪一〇年代。蔡元培1912年8月17日《在世界语学会欢迎会上演说词》明确提出：“语言者，思想之媒介，犹之钱币为货物之媒介。”[6](P80)蔡元培关于语言文字的这一看法对朱光潜的影响较大，朱光潜20世纪40年代提出：“各种艺术都有它的特殊的学问，其中最基本的是关于媒介的知识。”[7](P214)“做诗文所用的媒介或符号是语言文字，做诗文的人们很少有(也许绝对没有)离开语言文字而运思的。创造与传达所用的媒介物常相依为命。”[7](P169)“媒介”往往是静态的，而对于语言这一媒介的运用则是“传达”和“创造”，“传达”和“创造”正是科学教育的要义之一。

正因为语言是“思想之媒介”，所以语用能力在人类生活的各个方面都尤为重要。“言为心声，而人之处世，要不能称心而谈，无所顾忌，苟不问何地何时，与夫相对者之为何人，而辄以己意喋喋言之，则不免取厌于人。且或炫己之长，揭人之短，则于己既为失德，于人亦适以招怨。至乃污人阴私，私人旧恶，使听者无地自容，则言出而祸随者，比比见之。人亦何苦逞一时之快，而自取其咎乎？”[8](P140)蔡元培在1910年出版的《中国伦理学史》中如是说。蔡元培1918年8月14日《〈新字典〉序》进一步指出：“人类之所以轶出于他动物者，由其有应变无穷之语言。”[9](P78)不难看出，蔡氏这一看法与上述马建忠的看法在一定意义上一脉相承。

语言文字作为媒介，沟通的是表达者和接受者，关联的是内容与形式。蔡元培1901年4月19日《在杭州方言学社开学日演说词》指出："语言文字，不能无所附丽，有丽于酬应者，有丽于学理者。……而我国修辞之学，于百物之定名，文白之成法，篇章之熔截，有以达意叙事，使观听者无所眩，而后持以译西国之书，则无节书燕说之患。"[10](P48) 这里的"内容"既包括人际互动方面的"酬应"，又包括"学理"，这也正是科学教育的重要内容之一。"译西国之书"是中西融通，这里的"书"当然包括西方自然科学方面的书，"译西国之书"是当时科学教育的一个必要条件。"译西国之书，则无节书燕说之患"必定建立在主体一定的语用能力的基础之上。

蔡元培不仅注意到了语言文字的共时传播移译，还关注了语言文字运用的历时发展。蔡元培 1920 年 6 月 13 日《在国语传习所演说词》指出："文章的开始，必是语体；后来为要便于记诵，变作整齐的句读，抑扬的音韵，这就是文言了。古人没有印刷，抄写也苦繁重，不得不然。孔子说言之不文，行而不远，就是这个缘故。但是这种句读、音调，是与人类审美的性情相投的，所以愈演愈精，一直到六朝人骈文，算是登峰造极了。"[11](P187) 无疑，"文章"是语言文字运用后的具体言语作品。关注"人类审美的性情"，是蔡氏教育理念的一个要义。蔡元培 1912 年 2 月 11 日所撰《对于教育方针之意见》极富前瞻性地指出："故教育家欲由现象世界而引以到达实体世界之观念，不可以不用美感之教育。"[12](P75) 不妨说，这些都与语用能力密切相关。

事实上，在实践层面，"这里特别值得一提的是，蔡元培任北大校长之职虽十年有半，实际在校视事仅五年余，在这样短的时间内，取得如此巨大的成就，产生如此广大而深远的影响，以致至今仍为人们所怀念所乐道，这是中国近代教育史上所罕见的"[6]。而蔡氏对科学教育的重视也是有口皆碑的，这可以通过蔡元培 1923 年 1 月 3 日《跋爱因斯坦来信》看出："我们已有相对学说讲演会、研究会等组织，但愿一两年内，我国学者对于此种重要学说，竟有不少贡献，可以引起世界著名学者的注意。我们有一部分的人，能知道这种学者的光临，

比什么鼎鼎大名的政治家、军事家重要的几十百倍，也肯用一个月费二千镑以上的代价去欢迎他。”[13](P1)

以上表明，在蔡元培先生的语言观里，凸显的是语言的交际功用，关注的是语言运用过程的“主体间性”。其“媒介说”蕴含了科学教育思想，其科学教育思想和实践对语用能力提出了必然要求，语用能力与科学教育于蔡元培的学说和行状上有了和谐互动。

三、“津梁”：一种科学认知论

孙中山先生《孙文学说》的第三章“以作文为证”较为全面地阐述了其关于语言文字的性质和功用的看法。1919 年，《孙文学说》的出版问世标志着其“津梁说” 的形成。《孙文学说》的基本要义是“行易知难”，作者做此学说的目的是，破“知之非艰，行之唯艰”这一“心理之大敌，而出国人之思想于迷津”[14](P117)。《以作文为证》证明的就是作者之“行易知难”观。“迷津”和“津梁”之隐喻十分贴切地表明了作者的科学认知基点。

孙中山先生特别强调语言文字的运用，注重国民语用能力的全面提高。其所说的“作文”即一定意义上的言语作品（语言文字运用的结果）。孙中山先生在《孙文学说——行易知难（心理建设）》的第三章“以作文为证”里首先指出：“夫前章所述机器与钱币之用，在物质文明方面，所以使人类安适繁华，而文字之用，则以助人类心性文明之发达。”[14](P139) 孙中山先生接着明确指出，语言文字与思想传授之关联：“夫文字为思想传授之中介，与钱币为货物交换之中介，其用正相类。”[14](P140) 先生首先说明了文字“为思想传授之中介”这一重要功用，古今中外的文字皆然，这一看法表明了语言文字的认知功用，体现了其科学认知论意义。

其中“思想传授”的一个重要内涵即科学教育。然后，孙中山先生专就汉字的功能和特点做了一定的说明："抑自人类有史以来，能纪四五千年之事翔实无间断者，亦惟中国文字所独有；则在学者正当宝贵此资料，思所以利用之。如能用古人而不为古人所惑，能役古人而不为古人所奴，则载籍皆似为我调查，而使古人为我书记，多多益善矣。"[14](P140)另一方面，孙中山先生也充分认识到了汉字的某些局限。比如中国的口头语和用文字记录的书面语脱离的问题，即"中国言文殊非一致"。

与蔡元培先生所见略同，孙中山先生也正确地认识到了语言文字的历时功用。《孙文学说》指出，"文字之源本出于言语"[14](P140)，"故在三代以前，文字初成，文化限于黄河流域一区，其时言语与文字当然一致，可无疑也"[14](P140)。但随着社会发展，两者开始不一致了，"而言语每随时代以变迁。至于为文，虽体制亦有古今之殊，要不能随言语而俱化"。即在历时的动态发展过程中，"言"和"文"趋于分化。在20世纪初叶，能有这样的看法，实属难能可贵。

在马建忠《马氏文通》的基础上，《孙文学说》引进并界定了"文法学"："文法之学为何？即西人之'葛郎玛'也。教人分字类词，联词造句，以成言文而达意志者也。"[14](P141)这一界定中的一个很重要的关键词语是"教人"，它说明了文法学的目的和任务。概括地说，孙中山先生所倡导的文法学是与语言习得紧密相关的。孙中山力倡之文法学，尤其注重的是其对学龄儿童的语用能力的培养和发展的指导作用。"自《马氏文通》出后，中国学者乃始知有是学。马氏自称积十余年勤求探讨之功，而后成此书。然审其为用，不过证明中国古人之文章无不暗合于文法，而文法之学为中国学者求速成、图进步不可少者而已；虽足为通文者之参考印证，而不能为初学者之津梁也。继马氏之后所出之文法书，虽为初学而作，惜作者于此多犹未窥三昧，讹误不免，且全引古人文章为证，而不及今时通用语言，仍非通晓作文者不能领略也。"[14](P142)文法学一定要能够指导语言运用，成为

“初学者之津梁”，有助于初学者提高语用能力。

孙中山指出已出之文法书有较明显的局限：“然既通晓作文，又何所用乎文法？是犹已绕道而渡水矣，更何事乎津梁？所贵乎津梁者，在未渡之前也。”[14](P142)孙中山十分敏锐地洞察到了已有文法著作的不足，进而明确指出了文法书的学习对象：“故所需乎文法者，多在十龄以下之幼童及不能执笔为文之人耳。”[14](P142)结合具体的认知对象，先生极富前瞻性地倡言：“所望吾国好学深思之士，广搜各国最近文法之书，择取精义，为一中国文法，以演明今日通用之言语，而改良之也。夫有文法以规正言语，使全国习为普通知识，则由言语以知文法，由文法而进窥古人之文章，则升堂入室，有如反掌，而言文一致亦可由此而恢复也。”[14](P142)这与其说是文法学在中国的美好愿景，不如说是孙中山先生对文法学的内涵、功用等的精炼概括，也是对语文教育革新目标和结果的总体设计。“夫有文法以规正言语”思想对其后（1938年至1943年）的文法革新讨论等亦有一定的积极影响。作为一个舶来品，“文法学”今人多译为“语法学”，先生随即指出了文法学的功用：“泰西各国皆有文法之学，各以本国言语文字而成书，为初学必由之径。”这里的“初学”主要是指童蒙文化教育的开始。

孙中山先生结合中国自古以来的实际阐述了建立中国文法学之必要。先生指出：“然虽以中国文字势力之大，与历代能文之士之多，试一问此超越欧美之中国文学家中，果有能心知作文之法则而后含毫命简者乎？则将应之曰：否。”[14](P141)中国此前向无系统之文法学是不争的事实，虽然中国文学很“富丽”，但是牺牲了时间。“中国自古以来，无文法、文理之学。为文者穷年揣摩，久而忽通，暗合于文法则有之；能自解析文章，穷其字句之所当然，与用此字句之所以然者，未之见也。”[14](P141)这种局限不利于国民素养的全面提升。

孙中山先生还进一步通过中西学童语文习得方面的对比讨论了建立中国文法学之必要。“故西国学童至十岁左右者，多已通晓文法，而能运用其所识之字以为浅显之文矣。故学童之造就无论深浅，而执笔为文，则深者能深，浅者能浅，无不达意，鲜有不通之弊也。”[14](P142) 在西方，“通晓文法”成为“执笔”“达意”的必要充分条件，“通晓文法”使“执笔达意”事半功倍。而在中国，“中国向无文法之学，故学作文者非多用功于咿唔呫哔，熟读前人之文章，而尽得其格调，不能下笔为文也。故通者则全通，而不通者虽十年窗下，仍有不能联词造句以成文，殆无造就深浅之别也”[14](P142)。之所以如此，主要是因为没有系统之文法学指导，诚所谓“知难行易”。文法学对应于“知”，而学童识字则为“行”。“若只教学童日识十字，而悉解其训诂，年识三千余字，而欲其能运用之，而作成浅显之文章者，盖无有也。”[14](P142) 正因为这样，先生以“津梁”做比喻，从反面说明了建立中国文法学的必要性和重要意义：“以无文法之学，故不能率由捷径以达速成，此犹渡水之无津梁舟楫，必当绕百十倍之道路也。中国之文人，亦良苦矣！”[14](P142)

孙中山先生关于语文文字及其运用“津梁”的学说在一定意义上体现的是论者对语用能力与科学教育互动目标结果的关注。此外，孙中山先生关于科学技术、科学教育也是十分重视的。上述《孙文学说》的第四章“以七事为证”即关于“建屋、造船、筑城、开河、电学、化学、进化”等工程技术和自然科学诸方面的哲学阐述。事实上，在教育实践方面，孙中山先生于 1924 年创办了中国国民党陆军军官学校（黄埔军校）。孙中山《在陆军军官学校开学典礼的演说》一方面是其语用能力的某种完美体现；另一方面，其在该演说中正确指出科学教育的必要性：“立志做革命军，先要有什么根本呢？要有高深学问做根本！”[15](P923)“要造就高深学问，是用什么方法呢？造就高深学问的方法，不但是每日在讲堂之内，要学先生所教的学问，还要举一隅而三隅反，自己去推广。在讲堂之外，更须注重自修的工夫，把关于军事学和革命道理的各种书籍及一切杂志报章，都要参考研究。”[15](P923) 显然，这里所说的“造就高深学问”包括科学教育，高深学问的取得，在孙中山先生看来，需要“自修”，需要不断阅读，广泛阅读，需要一定的语用能力。

孙中山先生关于“造就高深学问”的方法无疑是科学的。这与他自己对语言和科学的关注和自觉贯通密不可分。据孙中山《上李鸿章书》开篇所言，中山先生“曾于香港考授英国医士。幼尝游学外洋，于泰西之语言文字，政治礼俗，与夫天算地舆之学，格物化学之理，皆略有所窥”[16](P1)。语言文字能力是孙中山先生开篇自我介绍其“幼尝游学外洋”的第一条，同时并置的还有自然科学和社会科学等方面的“皆略有所窥”，这些都体现了语用能力与科学教育之和谐互动。

从马建忠的“规矩说”到孙中山的“津梁说”，分别着眼于语言及其运用的功能目的、性质、结果目标等方面，凸显了科学精神、科学方法论和科学认知论的现实意义，强化了语用过程的主体间性，表明并印证了语用能力与科学教育之和谐互动。

诚如现代语言学家王力先生所言：“将来的教育，恐怕离不了修辞学。”[17] 修辞学是以语言运用及运用能力为重要研究对象的，王希杰先生在其《修辞学通论》的第一章“修辞学”题记里的第一条即援引之，意味深长。[18](P31)

新中国成立以后，执掌中国又一名校复旦大学长达 25 年（1952—1977）的修辞学家陈望道也是语用能力与科学教育和谐互动的典型。既为修辞学家也是教育家的陈望道为复旦大学的发展，为中国现代科学教育事业做出了不可磨灭的贡献。此外，亚里士多德（Aristotle）、阿尔克温拉斯（Alcainus，735－804，英国神学家、教育家，著有《方法论》《修辞学论》等），洪堡特（Humboldt，1767－1835，德国语言学家，教育家）、高田早苗（日本修辞学家，曾任早稻田大学校长，陈望道先生即受惠于其修辞学著作）等都在语用和教育方面不乏真知灼见。[5](P155～156) 他们在学术和教育史上的卓越贡献体现了语用能力与科学教育的和谐互动。由此可见语用能力之于科学教育的重要性，科学教育也为语用能力的发展提供了重要动因，语用能力与科学教育和谐互动，势必有助于科教兴国和民族复兴。

参考文献：

[1][瑞士]费尔迪南·德·索绪尔.普通语言学教程[M].高名凯译.北京：商务印书馆，1980.

[2]杨叔子.科学教育与人文教育交融是培养高级人才的必由之路[J].中国大学教育，2002(10).

[3]杨叔子.我的语文观[J].语文月刊，2009(2).

[4]马建忠.马氏文通[M].北京：商务印书馆，1983.

[5]袁晖.二十世纪的汉语修辞学[M].太原：书海出版社，2000.

[6]中国蔡元培研究会.蔡元培全集[M].杭州：浙江教育出版社，1996.

[7]朱光潜.朱光潜美学文集[M].上海：上海文艺出版社，1982.

[8]蔡元培.中国伦理学史.见：欧阳哲生.中国现代学术经典·蔡元培卷[M].石家庄：河北教育出版社，1996.

[9]蔡元培.《新字典》序.见：高平叔.蔡元培语言及文学论著[C].石家庄：河北人民出版社，1985.

[10]蔡元培.在杭州方言学社开学日演说词.见：高平叔.蔡元培语言及文学论著[C].石家庄：河北人民出版社，1985.

[11]蔡元培.在国语传习所演说词.见：高平叔.蔡元培语言及文学论著[C].石家庄：河北人民出版社，1985.

[12]蔡元培.对于教育方针之意见.见：高平叔.蔡元培语言及文学论著[C].石家庄：河北人民出版社，1985.

[13]蔡元培.跋爱因斯坦来信.见：中国蔡元培研究会.蔡元培全集(第五卷)[C].杭州：浙江教育出版社，1996.

[14]孙中山.孙文学说.见:孙中山.孙中山选集[C].北京:人民出版社,1981.

[15]孙中山.在陆军军官学校开学典礼的演说.见:孙中山.孙中山选集[C].北京:人民出版社,1981.

[16]孙中山.上李鸿章书.见:孙中山.孙中山选集[C].北京:人民出版社,1981.

[17]王力.中国语言学的现况及其存在的问题[J].中国语文,1957(3).

[18]王希杰.修辞学通论[M].南京:南京大学出版社,1996.

原载《浙江社会科学》,2012年第7期

胡适的“完全教育”思想

——兼析胡适教育观的跨世纪前瞻性

虽然胡适自己说“我对于教育还是一个门外汉，并没有专门的研究”[1](P132)，但是，由于胡适学贯中西且长期直接在引领时代潮流的北京大学从事教育实践活动，在胡适那里，“也往往我们可以看到的问题，而在教育专门家反会看不到的”[2](P132)。况且，正如胡适所尊崇的教育家杜威所言：“哲学就是广义的教育学说。”[2](P27)毕竟，“我们试问古往今来的哲学家哪一个不是教育家？哪一个没有一种教育学说？哪一种教育学说不是根据于哲学的”[2](P27)？由此看来，作为哲学家和思想家的胡适在教育上有其真知灼见就是“本色当行”的了。

胡适提倡并身体力行的是一种“完全教育”，“完全教育”这一语词可见于胡适的《学生与社会》。[3](P64)即：教育的“量”与“质”同样重要；教育的普及与提高同样重要；家庭教育与社会教育同样重要；文科与实科同样重要；课内与课外并重；教育的手段与目的协同；教育的“有用”与“有趣”并重；“精”与“博”不可偏废等。

当下教育界几乎所有的“热点”问题，比如高校“扩招”、终身教育、科教兴国等，似乎都可以在胡适那里找到相应的言论。从这个意义上不妨说，胡适的教育观极富跨世纪前瞻性，其“完全教育”思想可以给当前教育界不少启示。具体分述如下。

一、"质"与"量"并重：胡适的"扩招"观

胡适强调教育的"质"与"量"并重，反对盲目扩大教育规模，反对不合实际的"扩招"。胡适提倡基础教育普及前提下的纵向全面"扩招"。不妨说，胡适是"自下而上"的"扩招"，即自基础教育而向高等教育的扩招，是一种完全意义上的扩招。与之相反，"自上而下"的"扩招"则往往只注意在"上"的高等教育的"扩招"。

扩大教育规模不宜从高校起，高校也不宜都追求"大而全"。胡适在《非留学篇》中提出"大学"（university）与"学院"（college）的区别，并指出将二者区别开来的必要性。提出国立大学、省立大学、私立大学、专科学校（或官立或私立）分层设置，分级管理，合理设置。其中，国立大学之数"不必多也，而必完备精全"[4](P19)。紧接着的下一个层次是省立大学："省立大学隶于本省之教育司，由本省议会指定本省租税若干为经费。"[4](P19) 省立大学不宜与国立大学"攀比"，也不宜竞相"升格"，不宜"打肿脸充胖子"，"大学无毕业院，则不能造成高深之学者，然亦不必每校都有毕业院"。[4](P21) 这里的"毕业院"大概类似于现在的"研究生院"。

胡适反对高校盲目"扩招"，这从胡适针对当时的教育部部长王世杰的广播演说所发表的评论可以看出。王世杰在广播演说里谈到当时的教育进步："拿民国二十三年来比民国元年，小学生增多了四倍，中学生增加了十倍，大学及专科学校学生增加了差不多一百倍。"[5](P388) 对此，胡适并不以为然。胡适批评道："这三级的数量的太不相称，是很不应该的，是必须努力补救纠正的。"[5](P388) 不难理解，这里小学、中学、大学及专科三级是呈"倒金字塔"形的，"三级的数量的太不相称"，是不可取的。类似的看法还见于胡适 1935 年 1 月 6 日在香港华

侨教育会的演讲，胡适讲道：“听说香港教育很发达，单是教员已经有三千多，不能谓不发达。但我们要知道教育的基础是很重要的。前两月汪院长无线电报告二十三年度教育成绩，据说二十三年度小学教育比前增四倍，中学增十倍，大学增一百倍，在量看来很发达了，但试想这样的进步是没有基础的。因为大学、中学要学费，许多人没有资格升学，不该升学的，都凭借他的金钱或面子进去了，有天才的学生许多还没有入学的机会。照理大学教育增一百倍，小学该增至二万倍，这样才有教育的基础，有天才的人才有抬头的机会，所以非要做到义务教育、强迫教育不行。”[1](P133~134)这表明：第一，胡适并不极端地反对扩大教育规模，他反对的是牺牲“质”的盲目追求“量”的“扩招”，反对的是基础教育与高等教育的呈“倒金字塔”型的“数量的太不相称”的扩招；第二，胡适提倡自下而上的“质”与“量”并重的全面扩招。

由此胡适还在《教育破产的救济方法还是教育》中进一步指出：“从狂热的迷信教育，变到冷淡的怀疑教育，这里面当然有许多复杂的原因。”这原因，在胡适那里概括起来说，就是不适当的“扩招”，即教育牺牲“质”的“量”的增加。教育的“量”的增加主要体现在两个方面：教育机关的添设和教育对象的增加。“野鸡学校越多，教育的信用当然越低落了。”[6](P414)此外，“所谓高等教育的机关，添设太快了，国内人才实在不够分配，所以大学地位与程度都降低了，这也是教育招人轻视的一个原因”[6](P414)。与之相称，“粗制滥造的毕业生骤然增多了，而社会上的事业不能有同样速度的发展，政府机关又不肯充分采用考试任官的方法，于是‘粥少僧多’的现象就成为今日的严重问题。做父兄的，担负了十多年的教育费，眼见子弟拿着文凭寻不到饭碗，当然要埋怨教育本身的失败了”[6](P414)。描述和解释了当时（20世纪二三十年代）教育的“症状”后，胡适明确地指出：“根本的救济在于教育普及，使个个学龄儿童都得受义务的（不用父母花钱的）小学教育；使人人都感觉那一点点的小学教育并不是某种特殊阶级的表记，不过是个个‘人’必需的东西——和吃饭睡觉呼吸空气一样的必需的东西。人人都受了小学教育，小学毕业生自然不会做游民了。”[6](P415)这表明，胡适并不是一味地反对教育规模的扩大，他反对的是没有基础教育普及的“扩招”。胡适明确指出：“今日（胡适本文的写作时间1934年8月17日——引者注）中等教育与高等教育所以还办不好，基本的原因还不在于学生的来源太狭，在于下层的教育基础太狭太小。”[6](P416)有鉴于此，“欲要救济教育的失败，根本的方法只有用全力扩大那个下层的基础，就是要下决心在最短年限内做到初等义务教育的普及。国家与社会在今日必须拼命扩充初等义务教育，然后可以用助学金和免费的制度，从那绝大多数的青年学生里，选拔那些真正有求高等知识的天才的人去升学。受教育的人多了，单有文凭上的资格就不够用了，多数人自然会要求真正的知识和技能了”[6](P416)。显然，这里所说的“真正的知识和技能”即是“质”。这就是说，在胡适那里，“质”和“量”是不矛盾的，二者应该并重。扩大教育规模须是“量”与“质”的同时提高，是自下而上、从小学到中学而大学的完全意义上的“扩招”。

二、普及与提高并重：胡适的“终身教育”观

如上所述，胡适提倡教育的“质”与“量”并重，这直接关联到普及与提高问题。“提高”首先是“质”的提高。胡适明确指出：“教育有两种方法：一是普及，一是提高。把它普及了，又要把它提高，这样的教育才有稳固的基础。”[1](P134)此外，胡适还在《论六经不够作领袖人才的来源》中明确指出：“凡教育皆有两方面，一为提高，一为普及。”[7](P406)从这两处表述中“普及”与“提高”的顺序来看，这里无论胡适是有意还是无意的，都表明在胡适那里“普及”和“提高”是可

以且应该等量齐观的。

在胡适那里，“普及”与“提高”像是一张纸的两面，须臾不可割裂开来。这从胡适多次在不同场合、不同文本同时并列提及“普及”与“提高”即可看出。譬如除了上文已援引的胡适并列提到的“普及”与“提高”，胡适阐述其政治理想中“‘文明的’国家”中的“文明”的内涵时亦将“普及”与“提高”相提并论，即：“包括普遍的义务教育，健全的中等教育，高深的大学教育，以及文化各方面的提高与普及。”[8](P342) 毕竟，在胡适看来，“要创造文化、学术及思想，惟有真提高才能真普及”[9](P60)。

进一步说，胡适所提倡的“普及与提高并重”蕴涵了“教育的权利与义务的统一”。一般说来，“留学”可看作是一种“提高”，胡适明确反对留学。作为一个在海外留学 7 年（1910－1917）的资深“海归”，胡适反对的是失败的“留学政策”（含其“二因”：舛误的教育方针和卑下的留学生志趣）。胡适指出，“一国之派遣留学，当以输入新思想为己国造新文明为目的”[4](P6)，“留学之目的，在于为己国造新文明。又曰：留学当以不留学为目的”[4](P6～7)。虽然在学术思想上胡适可能恰如有些学者所评论的“自由主义者”，但是在教育的“权利”与“义务”上不妨说胡适是忧国忧民的“现实主义者”。

与这里所说的“普及”关系较为密切的是胡适对“家庭教育”的格外重视。胡适忧心忡忡地指出：“唉！可怜呵！可怜我中国几万万同胞懵懵懂懂无知无识地生在世界上，给人家瞧不起，给人家当奴才当牛马。这种种的苦趣，种种的耻辱，究竟祸根在哪里？病源在哪里？照我看来，总归是没有家庭教育的结果罢了。”[10](P1) 不妨说，家庭教育和义务教育都是“基本教育”“基础教育”，都是必要的教育。胡适还具体指出：“这家庭教育，最重要的，便是母亲。”[10](P2) 无疑，母亲是每个人的天然的第一任启蒙老师，是“普及教育”或“义务教育”的开始，此后便有了国家或社会、家庭共同承担的“提高教育”，并因此形成“终身教育”。胡适重视“终身教育”，重视自家庭教育始“普及”与“提高”不可偏废的终身教育。

三、目的与手段的协同：胡适的“科教兴国”观

教育终究是培养人的活动，是有目的的活动，并且为了达到一定的教育目的势必需要采用一定的工具，形成特定的教育手段。在胡适看来，教育的目的与手段应该协同，这于国家的兴盛不无意义。

胡适是把“教育”与‘科学”以及国家的繁荣昌盛紧密联系在一起的。胡适曾多次谈到教育与科学的关系。譬如胡适在北大工学院四十四周年纪念会讲话中慷慨陈词：“我并且发问，为什么科学的研究不起于非洲、亚洲，而起于欧洲呢？原因很多，可是我认为唯一正确的答案，是欧洲从中古以来，继续不断地有一千年历史的大学。”[11](P265~266) 为什么这么说呢？这主要是因为：“科学不是一个人的力量可以完成的。科学要继续不断地研究，从理论变成实验，从实验变成发现，这样继长增高，非以大学为中心不可。”[11](P266) 以上观点还见于胡适 1947 年 10 月 10 日在天津六科学团体联合会上的演讲《大学教育与科学研究》。[12](P261)

科学可以救国兴国，教育亦然。“我们要建立一个治安的，普遍繁荣的，文明的，现代的统一国家。”[8](P342) 如前所述，其中“文明的”是指“完全教育”和文化各方面的提高与普及。

教育的普及与提高均以教育对象的“求学”或“问学”为前提。“既要求学，必须要埋头先学那求学的工具，就是语言文字。必须要把语言文字学到十分纯熟的地步。”[13](P135)“我们若想求高等学问，非先求得一些求学必需的工具不可。外国语、国文、基本科学，这都是求学必不可少的工具。”[9] 这里求学问即教育的目的之一。也就是说，要达到“求学”这一目的，人们需要“提倡白话，拿白话作文，作

教育工具"[14](P188)。此外，"不论就业升学，以我个人的经验和观察所得，语言文字是最需要的工具"[14](P182)。以上不妨说是胡适关于语言文字的工具论认识。再往深层次说，"多学得一种语言，等于辟开一个新的花园、新的世界"[14](P182)。此时，语言在胡适那里又具有了本体论意义。除了工具论、本体论，语言在胡适看来还具有教育方法论（集中体现为"教授法"）意义。"综观胡适一生的学术活动，他用力最深影响最大的还是所谓的'科学方法'。"[15](P21)作为一种"科学方法"，胡适对于"教授法"亦十分重视。譬如胡适 1947 年 10 月 10 日在天津六科学团体联合会上的演讲《大学教育与科学研究》中即十分推崇美国的教育家吉尔曼的"教授法"："第一二年是背书，后二年是讲演，自然科学也是讲演。"[12](P263)无论是"背书"，还是"演讲"都直接与语言文字相关——"书"是用文字写成的，"演讲"则是用"白话"为载体的。

语言文字作为教育手段如此之重要，以至于胡适不惜花毕生精力倡导"文学革命"。"我们讲文学革命，提倡语体文，这些问题，时常与教育问题发生了关系。"[1](P132)胡适关于"文学革命"的良苦用心于此可见一斑。

以白话作为教育工具或手段是与教育目的相协调的。在胡适那里，教育的目的主要是这样两个方面：一方面是"为祖国造新文明"；另一方面则是"发展人身所固有之材性"，即如胡适所明确指出的："教育之宗旨在发展人身所固有之材性。"[16](P25)二者均与"书籍"和"语言"直接相关。"夫书籍者，传播文明之利器也。吾人苟欲输入新智识为祖国造一新文明，非多著书多译书多出报不可。若学者不能以本国文字求之高深之学问，则舍留学外，则无他途，而国内文明永无增进之望矣。"[4](P6)因此，从这个意义上讲，得革新语言文字。除了革新语言文字，提倡白话文，还要善于使用祖国的母语及其文字。胡适指出："大学中无论何科，宜以国语国文教授讲演，而以西文辅之。”[4](P22)之所以要以国语国文作为教学语言，是因为国语国文本身是文化。“依我的愚见，我们的固有文化有三点是可以在世界上占数一数二的地位的：第一是我们的语言的‘文法’是全世界最容易最合理的。”[17](P384)作为文化的国语国文同时又是传播文化、传承文明的最重要的工具，而国语的文法又“是全世界最容易最合理的”。胡适同时指出：“文法是最合理的简易的，可是文字的形体太繁难，太不合理了。”[17](P385)因此，“白话文运动”又是必要的。在此，教育手段与教育目的在国语国文的使用上协同了起来。

最后需要指出的是，除了前文所述，胡适还主张“精”与“博”两者亦不可偏废，“有用”与“有趣”须等量齐观。胡适把“精”而不“博”的人形象地比喻为“一根旗杆”，把“博”而不“精”的人比喻为“一张很大的薄纸”，并且正确地指出：“这两种人都是没有什么大影响，为个人计，也很少有乐趣。”[18](P88)胡适还从正面指出：“理想中的学者，既能博大，又能精深。”[18](P88)同时兼顾“精”与“博”的人，自然“有用”且“有趣”，即“这样的人，对社会是极有用的人才，对自己也能充分享受人生的趣味”[18](P89)。此外，胡适还主张文科与“实科”并重，胡适指出：“吾国苟深思其故，当有憬然于实业之不当偏重，而文科之不可轻视者矣。”[4](P11)

以上表明，胡适于20世纪上半叶形成的天才的“完全教育”思想，极具跨世纪前瞻性，实属难能可贵，其“完全教育”思想确实值得当下教育界镜鉴。

参考文献：

[1]胡适.新文化运动与教育问题.见：姜义华.胡适学术文集·教育[C].北京：中华书局，1998.

[2]胡适.杜威的教育哲学.见：姜义华.胡适学术文集·教育[C].北京：中华书局，1998.

[3]胡适.学生与社会.见:姜义华.胡适学术文集·教育[C].北京:中华书局,1998.

[4]胡适.非留学篇.见:姜义华.胡适学术文集·教育[C].北京:中华书局,1998.

[5]胡适.悲观声浪里的乐观.见:胡适.胡适论学近著[M].济南:山东人民出版社,1998.

[6]胡适.教育破产的救济方法还是教育.见:胡适.胡适论学近著[M].济南:山东人民出版社,1998.

[7]胡适.论六经不够作领袖人才的来源(答孟心史先生).见:胡适.胡适论学近著[M].济南:山东人民出版社,1998.

[8]胡适.我们走哪条路.见:胡适.胡适论学近著[M].济南:山东人民出版社,1998.

[9]胡适.提高和普及.见:姜义华.胡适学术文集·教育[C].北京:中华书局,1998.

[10]胡适.论家庭教育.见:姜义华.胡适学术文集·教育[C].北京:中华书局,1998.

[11]胡适.在北大工学院四十四周年纪念会讲话.见:姜义华.胡适学术文集·教育[C].北京:中华书局,1998.

[12]胡适.大学教育与科学研究.见:姜义华.胡适学术文集·教育[C].北京:中华书局,1998.

[13]胡适.致陈英斌.见:姜义华.胡适学术文集·教育[C].北京:中华书局,1998.

[14]胡适.中学生的修养与择业.见:姜义华.胡适学术文集·教育[C].北京:中华书局,1998.

[15]姜义华.胡适学术文集·教育·总序.见:姜义华.胡适学术文集·教育 [C].北京:中华书局,1998.

[16]胡适.伊丽鹦论教育宜注重官能之训练.见:姜义华.胡适学术

文集·教育[C].北京:中华书局,1998.

[17]胡适.三论信心与反省.见:胡适.胡适论学近著[M].济南:山东人民出版社,1998.

[18]胡适.读书.见:姜义华.胡适学术文集·教育[C].北京:中华书局,1998.

原载《湖南社会科学》,2007 年第 4 期

素质教育的超功利性

——来自胡适素质教育思想的启示

“超功利性”，并不完全摒弃功利，在这个意义上它区别于“非功利”。“超功利”在功利之上，又不囿于功利。这里所说的“功利”的一个基本内涵即“实用”。

一般认为胡适在哲学上坚持“实用主义”，如影响较广的《中国大百科全书·哲学 I》即认为：“胡适是美国实用主义在中国的主要传播者，他在哲学上坚持实用主义。”[1](P305) 然而饶有意味的是，胡适却恰恰主张教育要“超功利”。胡适所谈的“教育”主要是指国民学校教育，他提倡的教育是一种素质教育。（故本文对“教育”与“素质教育”不做严格区分。）作为“美国实用主义在中国的主要传播者”，胡适的“超功利”教育思想雄辩地说明了素质教育的超功利性，这对当下教育界尤具启示意义。

似乎可以简单地说，连胡适这样著名的实用主义思想家都深刻地认识到了教育的超功利性，都主张教育不能显性和隐性“物化”；学生“选科择业”，不能重“实科”而轻文科；宜重视教育对象个性心理结构的全面完善；应重视“个人兴之所近，力之所能”，而不必刚性适应社会需要。

一、易被误解的胡适素质教育思想

人们现在所说的“素质教育”往往与“尊孔读经”联系起来，而胡适容易给人的印象是“尊孔读经”的坚决反对者，这往往导致人们误解了或者说“遮蔽”了胡适的素质教育思想。姑且不说“尊孔读经”是否就是素质教育的合理内核，这里需要特别“澄清”的是，胡适反对的是不适时的“尊孔读经”，反对独尊儒术，即如胡适后来所言：“人家说我打倒孔家店，是的，打倒孔家店并不是打倒孔子。孔子的学说，经过两千年，至少有一部分失去了时代性，同时经过了许多误解。三十年前，我们的确领导批评孔子。我们批评孔子，是要去掉孔子一尊，使与诸子百家平等。”[2](P190) 胡适还补充说明：“但是我六十二年来，还是继续对于孔子佩服，我觉得他这个人，是很了不起的。中外古今像他做到学而不厌、诲人不倦的境地的，不容易看到。”[2](P190) 这比较清楚地表明：第一，胡适并不是极端地孔子批评者；第二，胡适一直十分敬佩作为教育家的孔子。

如前所述，胡适在哲学上注重“实用”，这就往往容易给人以这样一种“错觉”：胡适不会有以超功利为内核的教育思想。但事实上，胡适在教育理念上是反对“急功近利”的。胡适所提倡和重视的教育无疑是一种素质教育。胡适反对“速成”教育，例如胡适在批判急功近利的留学时，曾明确指出：“而不知留学乃一时缓急之计，而振兴国内高等教育，乃万世久远之图。留学收效速而影响微，国内教育收效迟而影响大。”[3](P8) 胡适把“苟且速成”作为留学界之三大缺点之一。“夫留学生既无心为祖国造文明，则其志所在，但欲得一纸文凭，因为噉饭之具。”[3](P9) 胡适还一针见血地指出：“国内学生，心目中惟以留学为最高目的，故其所学，恒用外国文为课本。其既已留学而归，或国学无根柢，不能著译书；或志在金钱仕禄，无暇为著书之计。”[3](P6)由此还不难看出，胡适并不是简单地否定“国学”。这从其开具的《一个最低限度的国学书目》[4](P70)即可看出。该书目虽为最低，可已然涉及经、史、子、集的各个领域。

或许正是由于胡适素质教育思想易被误解，所以胡适的素质教育一直以来亟待人们“去蔽”。

二、教育不能“物化”

胡适明确反对教育的“物化”。这里所说的“教育的‘物化’”是把教育当作“身外之物”，而不是将其视为一种培养人的活动。胡适反对“以官费留学为赏功之举”[3](P8)，反对“其视教育之为物，都如旧日之红顶花翎，今日之嘉禾文凭，可以作人情赠品相授受也”[3](P8)。显然，胡适所反对的“物化”的教育是教育的“异化”，是我们所不取的。

如果说将教育“作人情赠品相授受”是一种显性的教育“物化”，则重实科而轻文科的教育则是一种隐性的教育“物化”。胡适除了如上所述之反对教育显性的“物化”，还明确反对隐性的教育“物化”。

胡适明确反对“重实业而轻文科”[3](P9)。胡适认为文科与实科不可偏废。如果“重实业而轻文科”则势必民智不开，文明不继。胡适这里所说的“实业”与“实科”无实质性区别，主要是指工程、农学、化学、医学等学科；胡适所谓文科，“不专指文字语言之学，盖包哲学、文学、历史、政治、法律、美术、教育、宗教诸科而言”[3](P9)。胡适指出：“吾国苟深思其故，当有憬然于实业之不当偏重，而文科之不可轻视者矣。”[3](P11)之所以如此，主要是因为：“一国之中，政恶而官贪，法敝而民偷，教化衰而民愚，则虽有铁道密如蛛网，煤铁富于全球，又安能免于蛮野黑暗之讥，而自臻于文明之域也哉？且夫无工程之师，犹可聘诸外人，其所损失，金钱而已耳。”[3](P10)这表明，在胡适看来，教育比金钱重要得多，教育是超越功利的培养人的活动。胡适反对教育“物化”，在当时无疑具有针砭时弊之功。胡适是在充分洞察当时“袓实科者”（重实科轻文科者）的留学旨趣而提出“实业之不当偏重，而文科之不可轻视”这一看法的。当时的“袓实科者”认为：“习文科者，最上不过得一官，下之仅足以糊口，不如习工程实科者有作铁道大王百万巨富之希望也。”[3](P10) 胡适所提出的“实业之不当偏重，而文科之不可轻视”这一超功利教育观在我们今天仍然有一定的积极意义。

胡适旗帜鲜明地反对显性和隐性的教育“物化”，彰显了教育的超功利性。

三、宜重视教育对象个性心理结构的全面完善

既然教育不能“物化”，不能“异化”，那么理想的教育则是超功利的素质教育，这种素质教育典型地体现为对教育对象个性心理结构的全面完善的重视。这里所说的个性心理结构包括能力、兴趣、创造性等。

教育是形成、提高、认可教育对象能力的一种基本形式。教育对象不必只求拿到一张文凭，更不能以一纸文凭为唯一“敲门砖”。胡适认为：“今日许多青年做出假文凭的犯罪行为，政府的硬性制度应该负一大部分的责任，现在的制度若不改革，若不许‘同等学力’的人受考试，那就是政府引诱青年犯罪，假文凭是不会减少的。”[5](P261) 需要注意的是，胡适这里所说的是“学力”，而非“学历”，显然，胡适在此强调的是：衡量和选拔人才的标准不是作为形式的“文凭”，能力或素质才是衡量和选拔人才的真正标准。

胡适所说的“学力”并不仅仅是死读书的能力，它还包括能力赖以形成的环境（含人格等）以及在相应环境中所形成的非智力因素。胡适指出：“既来求学，须知学不完全靠课本，一切家庭、习惯、社

会、风俗、政治、组织、人情、人物，都是实实在在可以供我们学的。若在庆应，就应该研究庆应六十年的历史，并应该研究创办人的人格。若在早稻田，就应该研究大隈的传记。”[6](P135)这些看法至少在理论上有助于教育对象个性心理结构的全面完善，是一种超功利的素质教育观。

除了能力，胡适还十分重视教育对象学习兴趣的激发和个性的发展，这从胡适针对教育对象选科和择业的动因所发表的言论可以看出。在胡适看来，“选科与将来的职业有两个标准：一个是社会的需要，一个是我配干什么？这两个标准中，第二个标准比第一个更重要”[7](P176)。胡适接着从一反一正两个方面做了进一步的阐述：“如果为了迎合社会需要，放弃个人兴之所近，成功的往往很少，故‘社会需要’的标准应在其次，个人兴之所近，力之所能最重要。青年学生在选择学科时，切不要太迁就社会需要。”[7](P176)请注意，胡适在此用了一个贬义词“迎合”，这实际说的是教育不可急功近利，即教育具有超功利性。

教育的超功利性有助于培养学生的创新精神，提升学生的创造性。胡适指出：“要注重训练学生本能天才的发展，使他的知识能力有创造性，能应付新的问题，新的环境，我认为一切教育都应该如此，决不能为某种环境、某种家庭去设想。”[8](P180)显然，胡适注意到了教育对象的主观能动性和创造性，在胡适看来，“本能天才的发展”是教育的题中应有之要义，是教育对象“知识能力”具有“创造性”的必要条件，而有了创造性，教育对象就能够“以不变应万变”，化被动为主动，从而真正成才。

教育（这里尤指学校教育）不可简单地“适应”社会的需要，学校教育终究是或者说最重要的是素质教育。一方面，完全适应“社会需要”是很难做到的，甚至几乎是不可能做到的，因为社会形形色色、纷纭复杂，同时社会也是瞬息万变的，“教育”显然不能与社会的形形色色同构，教育亦不能与社会的“瞬息万变”同步。另一方面，简单地提“教育应适应社会需要”实际上不利于教育对象创造能力和创新精神的培养，“适应”在一定程度上其实是一种“束缚”，假如教育真适应了社会需要，那也是一种“亦步亦趋”的教育，几乎毫无自主性和创新性可言。事实上，教育对象只要具备了一定的素质，则其创新就有了可靠的前提，在“未然”的社会中就势必会“左右逢源”。

教育的动因和旨归既已明确，下一步则是如何使学生的个性心理结构全面完善这个方法论层面上的问题了。对此，胡适也给出了切实可行的极具前瞻性的方案。胡适明确指出：“关于大学的功课，三十年前（1922 年——引者注）我们在北京，就提倡选课制。大学选课制度是让学生减少必修课，增加选修课，让他多暗中摸索一点，扩大其研究兴趣。”[8](P178) 如果说“选课制”是制度设计层面的宏观方法，则如何读书就是具体而微观的方法了。胡适提出：“多读书，然后可以专读一书。”[9](P87) 对此，胡适打了一个形象的比方：“无论读什么书总要多配几副好眼镜。”[9](P88) 即“博”是“精”的前提。胡适进而把“精”而不“博”的人形象地比喻为“一根旗杆”，把“博”而不“精”的人比喻为“一张很大的薄纸”，并且正确地指出：“这两种人都是没有什么大影响，为个人计，也很少有乐趣。”[9](P88) 可见教育确实不能唯功利是图，教育应该超功利。

以上分析表明，胡适教育思想的基本要义是：教育是超功利的。

胡适这些弥足珍贵的教育思想仍然是我们今天不可多得的教育资源和精神财富，值得我们在批判的基础上大胆地吸收，小心地实践。

参考文献：

[1]中国大百科全书·哲学 I[Z].北京：中国大百科全书出版社，1985.

[2]胡适.关于教育问题——台东县文化座谈会上答问.见：姜义华.

胡适学术文集·教育[C]. 北京:中华书局,1998.

[3]胡适. 非留学篇. 见:姜义华. 胡适学术文集·教育[C]. 北京:中华书局,1998.

[4]胡适. 一个最低限度的国学书目. 见:姜义华. 胡适学术文集·教育[C]. 北京:中华书局,1998.

[5]胡适. 谁教青年学生造假文凭的?. 见:姜义华. 胡适学术文集·教育[C]. 北京:中华书局,1998.

[6]胡适. 致陈英斌. 见:姜义华. 胡适学术文集·教育[C]. 北京:中华书局,1998.

[7]胡适. 选科与择业——台中农学院座谈会上答问. 见:姜义华. 胡适学术文集·教育[C]. 北京:中华书局,1998.

[8]胡适. 教育学生培养兴趣——台北市中等以上学校校长座谈会上答问. 见:姜义华. 胡适学术文集·教育[C]. 北京:中华书局,1998.

[9]胡适. 读书. 见:姜义华. 胡适学术文集·教育[C]. 北京:中华书局,1998.

原载《学术论坛》,2006 年第 11 期

修辞与教育的互动

——以教育家蔡元培的修辞思想为个案

著名教育家蔡元培先生“一生立德、立功、立言，可谓人世楷模”[1]。其在修辞学上亦有较深的造诣，蔡氏对修辞的真知灼见引人深思。这里，我们拟在首先大致理清蔡氏修辞思想的基础上，粗略探讨修辞学与教育家之关系，即修辞与教育的互动（interaction）、相互为用。

一、蔡元培的修辞思想

蔡元培虽然未及系统阐述其修辞思想，但其哲学、美学、民族学、教育学等方面的论著中有关修辞的看法可谓字字珠玑。事实上，蔡氏已涉及修辞学的诸多方面。

（一）一般语言交际

蔡元培十分关注语言之价值。“语言者，思想之媒介，犹之钱币为货物之媒介。”[2](P80)换言之，即言为心声，既然“言为心声”，则言语交际者不可不慎言了。

“言为心声，而人之处世，要不能称心而谈，无所顾忌，苟不问何地何时，与夫相对者之为何人，而辄以己意喋喋言之，则不免取厌于人。且或炫己之长，揭人之短，则于己既为失德，于人亦适以招怨。至乃污人阴私，私人旧恶，使听者无地自容，则言出而祸随者，比比见之。人亦何苦逞一时之快，而自取其咎乎？”[1](P140)

蔡氏以上论述首先表明其对广义语境的格外重视，这与陈望道对“何故”“何人”“何地”“何时”等所谓“六何”之探讨[3](P8)有异曲同工之妙。这又可看作是对孔子注意说话的环境、对象和说话时的态度的继承和发展。“子曰：‘邦有道，危言危行；邦无道，危行言孙。’”(《论语·宪问》)“孔子于乡党，恂恂如也，似不能言者。其在宗庙朝廷，便便言，唯谨尔。朝，与下大夫言，侃侃如也；与上大夫言，訚訚如也。”(《论语·乡党》)只是，蔡氏的论述比孔子的说法更为抽象，因而也就更具普适性。

不难发现，蔡氏在某种意义上将“修辞”与“修身”等量齐观。修辞是对语言的调整或适用，而“人类所以轶出于他动物者，由其有应变无穷之语言”[2](P78)。与之相对应，“温、良、恭、俭、让”亦被认为是人之所以为人的必要条件，“交际之道亦然，苟容貌辞令，不失恭俭之旨，则其他虽简，而人不以为忤，否则即铺张扬厉，亦无效耳”[1](P140)。显然，蔡氏的这一交际、修辞观又是对“修辞立其诚”(《易·乾·文言》)的继承与进一步阐发。

看来，蔡氏对于一般语言交际的看法在一定意义上蕴含了真、善、美的内涵，渗透出一定的人文气息，显示了一定的伦理色彩。

（二）理解修辞

蔡氏十分注重言语接受者在整个修辞过程中的作用。蔡元培首先着眼于语言的历时层面，将言语接受者、理解修辞与修辞的缘起结合起来。“又为感动读者起见，不能不修饰文词。”蔡氏明确地提出“修饰文词”的直接目的之一是“感动读者”。这一思想是极具前瞻性的。

此外，蔡氏还注意到了耳熟能详的歌谣之于儿童的领会的“极大的助力”[2](P294)。这实际上已注意到了修辞的可接受性问题，或曰理解程度的问题。这正是理解修辞理论的理论雏形之一。

蔡氏又着眼于内容与形式的关系，进一步阐明其理解的修辞观。“语言文字，不能无所附丽，有丽于酬应者，有丽于学理者。……而我国修辞之学，于百物之定名，文白之成法，篇章之熔截，有以达意叙事，使观听者无所眩，而后持以译西国之书，则无节书燕说之患。”[2](P48)这里强调“修辞之学”“达意叙事”必须“使观听者无所眩。”

“使观听者无所眩”这一看法表明蔡氏已注意到了“观听者”的理解、接受情况在整个修辞过程中不可置若罔闻，“观听者无所眩”（理解）是“达意叙事”（表达）取得预期效果的必要条件。蔡氏的探讨并不止于此，他还着眼于听读者，谈到了应怎样听读的问题。“而听言之时，则虽受切直之言，或非人所能堪，而亦当温容倾听，审思其理之所在，盖不问其言之得当与否，而其情要可感也。”[1](P143)“我们读书，有两法：一是取材的读法……一是尚友的读法。”[2](P234)“温容倾听，审思其理之所在”以及“取材”“尚友”的读书法均凸显出人的能动作用，尤指听读者在修辞过程中的能动作用。这与钱锺书之“活参”说[4](P117)似如出一辙。

蔡氏还从修辞效果的角度谈到了听读者的反应。“君所为诗文，均以浅显词句达复杂思想，于精锐之中富诙谐之趣，使读者不能释手。”[2](P323)

（三）语体

蔡氏所处的时代正值西学东渐，其时批判文言文、废除“八股”文、提倡白话文的斗争逐渐兴起。“五四运动”前后，在“八股”文被否定的情况下，人们不知道白话文应该怎样写，以后又有“只有文言文才能修辞，白话文不能修辞”的思潮。[5](P5)蔡氏对语体的重视及其语体观的形成始终是与当时的这种文化学术背景分不开的。其关于文言、白话这两种言语的功能变体的功能的讨论即直接体现了这点。蔡氏区分了“白话”与“文言”：“白话是用今人的话来传达今人的意思，是直接的。文言是用古人的话来传达今人的意思，是间接的。间接的传达，写的人与读的人都要费一番翻译的工夫，这是何苦来？”[2](P176)显然，蔡氏力倡白话修辞，但是蔡氏又不一般地反对文言，这关键是看使用的对象、场所、范围等。“照我的观察，将来应用文，一定全用白话。但美术文，或者有一部分仍用文言。”[2](P177)“我却相信，为应用起见，白话文必要盛行，我也常常做白话文，替白话文鼓吹；然而，我曾声明，作美术文，用文言未尝不好。例如我们写字，为应用起见，自然要写行楷，若如江艮庭的篆隶章草，有何妨害。可是文言、白话的分别运用，到如今依然没有各得其当。”[6](P22)文言、白话分别运用，各得其当，这一观点较为公允，富于辩证色彩。

蔡氏还从历时层面，着眼于修辞史谈语体的演变问题，并对其演变做出了解释。“文章的开始，必是语体；后来为要便于记诵，变作整齐的句读，抑扬的音韵，这就是文言了。古人没有印刷，抄写也苦繁重，不得不然。孔子说言之不文，行而不远，就是这个缘故。但是这种句读、音调，是与人类审美的性情相投的，所以愈演愈精，一直到六朝人骈文，算是登峰造极了。”[2](P187)蔡氏这里所说的“语体”即今天所说的口头语体，他们将文体与语体的发展结合起来，并综合考察当时的物质、文化背景（比如“古人没有印刷”）和人的心理特质（比如“人类审美的性情”），较为辩证、公允，自可备一说。

（四）修辞史及修辞学史

蔡氏给出了“约自西历纪元前二十四世纪”至宋元的修辞简史，尤其是语体流变史。这方面，除了上文有关语体的讨论中已提到的外，其关于修辞史及修辞学史的看法中体现出的人本修辞观尤其值得重视。

蔡元培没有明确提出“人本修辞”这一概念，当然他也没有对这个问题进行系统探究，但这并不妨碍蔡元培对修辞与“人类的心情”之间的关系的重视。蔡氏多次提及“心”，比如前文已引的“这种句读、音调，是与人类审美的性情相投的”，又如“这种文体（指韩柳的传志——引者注），传到宋元时代，又觉得与人类的心情不能适应。”[2](P187) 之所以有这种认识，恐怕一方面是与蔡氏的一般语言交际观——“言为心声”——有关；另一方面，是与蔡氏对人的关注，对人的价值的终极关怀密切相关。这对一个真正的教育家来说应是“本色”“当行”的事了。

我们也就是在这些意义上称蔡氏有关修辞史的论述体现出一定的人本修辞思想。事实上，“人本修辞”这个概念是笔者杜撰的，或者说，是笔者目前正在着手系统深入研究的课题。笔者之所以要提出，之所以能提出这个在我们看来十分重要的概念，实受蔡元培等前贤的学术思想的启发。就此看来，蔡元培修辞思想亦善莫大焉。

另需要说明的是，由于时代的局限，蔡氏未曾明确区分“修辞史”“修辞学史”，就像他未能明确区分“语体”与“文体”一样，时代的学术背景等因素使然，我们似不可求全责备。

（五）辞格论

据我们的初步考察，蔡元培对“绩麻”格这一辞格的探讨在修辞学史上尤其值得注意。“以成语首字与其他末字相同者联句，如甲说‘大学之道’，乙接说‘道不远人’，丙接说‘人之初’等，谓之绩麻。”[2](P290)

显然，蔡氏这里所说之“绩麻”与陈望道所说之“顶真”看起来十分接近。“顶真是用前一句的结尾来做后一句的起头，使邻接的句子蝉联，而有上递下接趣味的一种措辞法。”[3](P216) 比较发现，蔡氏之“绩麻”与陈氏之“顶真”在适用范围上不同，前者适用于“成语”（与我们今天所谓“成语”不尽相同，盖指古文献中较为固定的熟语），后者适用于句子等。唯其不同，显示出其修辞学史意义。

这里得指出，相对于以上所举的修辞学研究领域，蔡元培对辞格的研讨稍显薄弱，我们以为这是不奇怪的。首先，当时学界对修辞格的研究相对而言比较充分，比如陈望道《修辞学发凡》即对辞格做了十分翔实、细致的描写与解释。另有唐钺《修辞格》等几乎在同一时代问世。我们以上所举的一般言语交际、理解修辞、语体、修辞史及修辞学史等则在当时关注的人不甚多。这样，有关辞格的论述于蔡氏著作中并不多见这一情况似已首先从学科发展及学术分工上找到了理据。

再者，相对于人的教育活动而言，或者说就与人的密切程度而言，带有几分文字游戏意味的辞格不如言语交际、言语理解等与人那么直接，尽管从最终意义上讲，辞格仍然是人（修辞者）调整、适用语辞的结果。既然如此，主要从事人的教育活动的教育家蔡元培相对较少论及辞格就可从辞格与其他修辞学分支同人的关系的疏密程度上做出解释了。

二、教育家与修辞学

毋庸置疑，蔡元培先生主要是以教育家名世的，然而，如前所述，其对修辞的看法却不乏独到之处。我们认为这不是偶然的。它表明修辞与教育在一定意义上是互动的，即教育家在某种程度上致力于修辞学，修辞学作用于教育家有其必然性。这从以下几个方面可以看出：教育目的与修辞（尤指某些修辞方式）之功能、效果的某种契合，教育手段与修辞功能的某种契合，某些修辞方式在教育陈述中的适用，认知规律、学习过程与修辞学的功用的契合，以及教育史与修辞学史的发展等。

（一）教育目的与修辞功能

首先，教育目的与修辞（尤指某些修辞方式）的功能（含效果）之契合使然。教育是培养人的活动，教育的目的说到底是使受教育者得到关于真、善、美的知识和训练。“认知、道德、审美是人类的巨大天赋，是广义的人类知识的三大部类。”[7](P662)“‘尚博雅’的人文教育决不仅仅意味着让学生多修几门课程，多知道一些知识……而是要培养真、善、美的人格。”[7](P663)类似地，日本教育家岸根卓郎亦力倡真、善、美三位一体化教育：“今后，人类的未来教育，必须是以人类对宇宙（自然）的贡献度高低作为新的价值基准，能够自我实现宇宙寻求的真、善、美三位一体化，真正高文化度的教育。”[8]

另一方面，修辞方式的功能说到底是便于言语使用者（含表达者与接受者）对真、善、美的探求。比如惠施认为“譬”的功能就是“夫说者固以其所知，谕其所不知，而使人知之”。此外，从人们对“修辞”的界定也可看出其与真、善、美之关系，“修辞不过是调整语辞使达意传情能够适切的一种努力”[3](P3)。修辞学不可不研究“修辞活动”，“修辞活动的核心问题，是修辞信息编码双向交流的关系”[9](P7)，而“修辞信息＝语义信息＋审美信息”[9](P7)。不妨认为，这里的“语义信息”的编码、解码是求真的过程，“审美信息”的编、解码是“求美”的过程。事实上，当下修辞学界已有论者明确将真、善、美作为最佳效果之标准。比如秦旭卿《论用词》认为一个能够全面适应各种语体、各种题旨、各种情境的用词最佳效果的标准就是王力曾经提过的“真”“善”“美”。[10](P105)

再者，修辞学之作用于教育家之必然性还可以通过分别与二者密切相关的美学与教育学之关系体现出来。诚如蔡元培先生所言：“教育学与美学，也渐用实验法，有同一趋势。”[2](P280)“故教育家欲由现象世界而引以到达实体世界之观念，不可以不用美感之教育”[2](P75)，更是切中肯綮。

或者可以说，修辞学之要旨在于指导如何“修”好“辞”，教育家之要务在于如何“修”好“人”。而人是语言的动物，人须臾离不开语言。蔡元培有言：“人类所以轶出于他动物者，由其有应变无穷之语言。”[2](P78)这样即可在某种意义上说调整、适用好“应变无穷之语言”也就“修”好了人。一言以蔽之，“修人”（教育人）的目的与“修辞”的功用、效果在某种程度上别无二致。

（二）教育手段与修辞学的功用

教育手段与修辞学的功用的契合使然。教育手段形形色色，但最基本的应该是“言传”。“言语”在教育方面既可以是对象语言，又可以是元语言，这就使教育家不得不格外关注语言，尤其是关注对语言的使用。而修辞学则是研究如何有效地使用语言的。教育手段与修辞学的功用在这里找到了契合点。这样看来，教育家致力于修辞学无疑有助于对教育手段的有效使用。

（三）修辞方式与教育陈述

修辞方式在教育陈述中的运用使然。教育家在日常教育活动中必然要涉及教育陈述，教育陈述似可视为一类特殊的日常语言。作为特殊日常语言的教育陈述常常使用多种修辞方式。“隐喻这种修辞方式在教育陈述中适用较为普遍，它通过捕捉教育中的某一方面或某些方面与其他事物之间的类同与共同因素，采用其他事物比照被思考的教育对象。陈述中的隐喻类型是多种多样的。”[11](P29)比如“塑造”“雕琢”“白纸”“填鸭式教学”等等。这样，很难想象，一个教育家完全不懂修辞学，对修辞方式的性质、特点、适用等不甚了解能有效地组织、践履教育活动。

（四）认知规律与修辞功用

认知规律、学习过程与修辞学的功用的契合使然。修辞学有着提高言语的表达效果、理解效果的功能。“修辞是恰切地传递和正确理解思想感情信息的活动（过程和结果）。”[2](P1) 修辞学即指导修辞实践的一门学问，即修辞学能指导如何恰切传递和正确理解信息。另一方面，认知规律告诉我们人类的认知往往是由具体到抽象，由感性到理性逐步深化的，之所以能够深化，一个不可或缺的环节是对认知对象的理解。既然如前所述修辞学有助于人们正确传递和理解，尤其是后者，那么教育家在施教时要使受教育者正确、有效地理解教育内容就有可能、有必要运用修辞学知识、理论了。

此外，就个人的文化学习过程而言。学习语言是学习其他文化科学知识的基础，这已是不争的事实。这样，如果缩短语言学习时间无疑有利于个人的文化习得。而语言的学习不仅仅是结构系统的习得，“人们只知道一种语言的结构系统，而不知道应如何恰切地表达，绝不能说掌握了这种语言”[12](P1)。就此而言，教育家亦有必要重视修辞学。事实上，20 世纪初，西学东渐的有关史实也证实了这点。其时，“多色多彩的思潮，由于中国先进的知识分子中介涌进了古老的中国大地，其中也包括了国外语文教育等方面的先进理论和经验，特别是语言学方面的先进理论和经验，所以在教育方面，有些有识之士认为把隐喻在汉语文献中的‘规矩’揭示出来，就可以缩短文化的学习过程，以便有充裕的时间来学习其他科学理论，‘其成就之速必无逊于西人’”[13](P25)。

再者，当下亦有不少论者业已揭示出某些修辞方式的认知意义。“隐喻就是一种重要的认知模式。”[14](P99)“隐喻利用一种概念表达另一种概念，需要这两种概念之间的相互关联。这种关联是客观事物在人的认知领域里的联想。”[14](P99)“隐喻认知作为认知发展的高级阶段，越来越成为人们思维、经历、表达的主要和基本的认知方式。”[14](P102)

（五）教育史与修辞学史

教育史与修辞学史已表明教育家致力于修辞学有可能性与必要性。力倡“思想自由，兼容并包”、执掌北京大学多年的蔡元培之于修辞学史上的贡献已如前文所述。新中国成立以后掌中国又一名校复旦大学长达25年（1952—1977）的陈望道不仅在教育史上有口皆碑，更是一位卓越的修辞学家，在汉语修辞学史上奠定了现代修辞学的基础。类似的情形，古今中外大有人在，比如亚里士多德（Aristotle）、阿尔克温拉斯（Alcainus，735—804，英国神学家、教育家，著有《方法论》《修辞学论》等），洪堡特（Humboldt，1767—1835，德国语言学家、教育家）、高田早苗（日本修辞学家，曾任早稻田大学校长，陈望道先生即受惠于其修辞学著作）等。中国古代的大教育家孔子更是为学生开设“言语”科，其许多修辞学观点至今仍有生命力。再比如中国现代教育家马叙伦（新中国成立后历任教育部、高教部部长，成就卓著）于1933年刻印了《天马山房丛著》一书，《修辞九论》是其中的一部分。[13]（P155~156）

需要说明的是，修辞学并不一定仅仅是修辞学家所专攻的“术业”，非修辞学家也可以十分重视它，尽管他们可能不会以修辞学家名世。是所谓修辞学可以作用于教育家，教育家可以致力于修辞学。

还须说明的是，“教育家”应该有广义与狭义之分。这与“教育”有广狭两义之分密切相关。“从广义上说，凡是以教与学为活动形式，有意识地促进人身心发展的活动，都是教育。从狭义上说，是教育者有目的、有计划、有组织地对受教育者施加影响，促使其身心得到发展的活动。”[11]（P8~9）我们这里对“教育”持广义的理解，教育家则是这种广义教育的执行者，尤指得到社会普遍认可的有杰出成就的出类拔萃者，比如蔡元培。

考察表明，教育家致力于修辞学的方式不尽相同，可大别为二：主攻型、涉猎型。前者可以陈望道为代表，后者可以蔡元培为代表。但“主攻”与“涉猎”只是相对的，是相对于其本人的知识结构、文化素养而言的。二者的共同点都是致力于修辞学，只是程度不同而已。此外，亦可根据修辞学作用于教育家之方式，将其分为自觉型、非自觉型，前者较为显著，后者则可能是潜移默化的。

以上我们初步考察了修辞与教育的互动，由教育家蔡元培的修辞观兼及修辞学与教育家，并以之为典型个案（case）。似已表明，修辞学之作用于教育家，教育家致力于修辞学在某种意义上是可能的，也是必要的。诚如王力先生所言：“将来的教育，恐怕离不了修辞学。”[15]（P31）

参考文献：

[1]欧阳哲生.中国现代学术经典·蔡元培卷[M].石家庄：河北教育出版社，1996.

[2]高平叔.蔡元培语言及文学论著[M].石家庄：河北人民出版社，1985.

[3]陈望道.修辞学发凡[M].上海：上海教育出版社，1997.

[4]宗廷虎.钱锺书的理解修辞理论[J].人大复印资料（语言文字学），2000(6).

[5]宗廷虎.中国现代修辞学史[M].杭州：浙江教育出版社，1997.

[6]高平叔.蔡元培全集（第七卷）[M].北京：中华书局，1989.

[7]许苏民.人文精神论[M].武汉：湖北人民出版社，2000.

[8][日]岸根卓郎.我的教育论——真、美、美的三位一体化教育·中文版序[M].何鉴译.南京：南京大学出版社，1999.

[9]谭学纯.接受修辞学（增订本）[M].合肥：安徽大学出版社，2000.

[10]李运富，林定川.二十世纪汉语修辞学综观[M].香港：香港新世纪出版社，1992.

[11]郑金洲.教育通论[M].上海：华东师范大学出版社，2000.

[12]郑远汉.漫谈修辞研究的兴衰与前景[J].修辞学习，1999(1).

[13]袁晖.二十世纪的汉语修辞学[M].太原：书海出版社，2000.

[14]赵艳芳.认知语言学概论[M].上海：上海外语教育出版社，2001.

[15]王希杰.修辞学通论[M].南京：南京大学出版社，1996.

原载《广西大学学报》，2003年第1期

试析禅宗对文学语言的影响

——以王维诗中“空”的使用为例

禅宗作为一种认知语境，其对文学语言的影响是可能的。禅宗对文学语言的使用有着潜移默化的“柔性”影响，常常使文学语言的句法结构更具灵活性、句法功能更趋多样性、语义内容更显模糊性，以此实现文学语言对特定语境的适应。文学语言又有助于禅宗义理的传播，有助于禅宗“空”语境的营造。

禅宗影响文学语言的较为典型的个例是王维诗中“空”的使用。有关王维诗中“空”的使用情况，已有不少论者从思辨的角度对作家的价值观、世界观、自然观等做了一些卓有成效的考察。这里，我们拟从相对实证的角度以语境关联的方法探讨之。

一、禅宗影响文学语言何以可能

据我们初步统计，《王右丞集笺注》[1]所收庐陵刘氏须谿本所载371首王维诗中，“空”字共见84例。平均每5首诗中即有1例。此外，段晓华《禅诗二百首》[2]所收的王维6首“禅诗”中即有5首使用了“空”字，几乎每一首“禅诗”中使用1“空”字。特别值得注意的是，王维之前（唐代之前）的诗歌语言中“空”的使用频率远低于王维诗中“空”的使用频率。比如，此前比较有代表性的“《陶渊明集》收诗122首，其中出现‘空’字15次，大约每8首有一个，大多含义比较偏于实”[3](P114)。另据我们对电子版语料库的检索统计，唐以前诗及乐府诗集中“诗行内字词”所含的“空”共计1520例，而《全唐诗》和《全唐诗补编》则共见“空”8041例（其中《全唐诗》7187例），足见唐代诗歌中所使用的“空”字比此前诗歌中所使用的总和还多得多，唐诗歌中所使用的“空”字竟是唐前诗歌及乐府诗集中所使用的“空”字的5.2倍！进一步考察，《全唐诗》共收诗48900余首，其中卷125至128共收王维诗380首，语料库统计王维诗共见“空”84例，这表明，王维诗中“空”的出现频率平均为每4.53首出现1“空”字，而所有唐诗则是平均每6.80首才使用1例“空”字，显然，王维诗中的“空”的使用频率比唐代诗歌总体上对“空”的使用频率高了许多。（资料来源：北京大学全唐诗电子检索系统专业检索版，李铎主持开发，见 http://chinese. pku. edu. cn/cgi－bin/tanglibrary. exe. 统计时间，2004年3月11日）几乎与之对应，“禅宗兴于唐而盛于宋，与唐诗宋词的繁荣同步”[4](P1)。“隋唐二代是中国佛教的鼎盛期，也是中国佛教的成熟期。这时期佛教学说，从某种意义上说，都是一种佛性理论，但其思想内容出现了一种倾向，即注重心性。可以说，隋唐时期佛教学说的最大特点，是把佛性心性化。”[5](P316)禅宗在某种意义上即佛性心性化的佛教宗派的典型。

这表明，“空”的使用是盛唐王维诗的一个特点。之所以如此，在一定意义上是禅宗影响的结果。禅宗影响“空”等文学语言是可能的，甚至是必然的。首先，如上所述，二者在中国（中土）的繁荣在时间上几乎是同步的；第二，二者均“直探心海”，均十分注重心性。如果说禅宗和唐诗在繁荣的时间上是同步的是禅宗影响文学语言成为可能的相对外在的动因，那么二者均十分关注人的心性则应该是其较为深层次的、内在的基本动因。一方面，禅宗在某种意义上是以心为宗本的一种佛教宗派。“作为中土佛教之代表的禅宗，更是全抛印度佛教之源头而直探心海，由超佛之祖师禅而越祖之分灯禅，完全改变了传统佛教之面貌。”[5](P316)另一方面，“在心为志，发言为诗”(《毛诗序》)的诗也是与人的心性密切相关的。“根情，苗言，华声，实义”(白居易《与元九书》)的诗歌是“直探心海”的一种艺术样式，诗是“最精妙的观感表现于最精妙的语言”[6](P308)，而“观感”终究是一种“感”，是人的主观感受。

事实上，诗人王维受禅宗的影响是较深的，对此有文献书证：“王员外兄以予尝学天竺书，有戏题见赠。然王兄当代诗匠，又精禅理，枉采知音，形于雅作，辄走笔以酬焉。且久未迁，因而嘲及。”(苑咸《答诗并序》)这是苑咸对王维诗《苑舍人能书梵字兼达梵音，皆曲尽其妙，戏为之赠》的“答诗”的诗序，其中的“王员外兄”即指王维。如果说禅宗与唐诗宋词的同时繁荣是其时的宏观背景，那么王维通过“空”等文学语言折射出的以禅入诗则是其具体而微的微观体现。这又表明，禅宗影响文学语言是可能的。

既然禅宗影响文学语言是可能的，这里，我们即以王维诗中“空”的使用为例探讨之。禅宗对文学语言的影响首先是，最终仍然是以语境的形式生发开来的。

二、禅宗作为一种认知语境

禅宗以“世尊拈花，迦叶微笑”为其发端，主张“明心见性”“即心是佛”，它的宗旨在于阐扬经典以外，释尊以来“以心传心”之法门。禅宗是“禅”传入中国后所形成的一宗佛教门派。“禅”是梵语“dhyaˆna”，巴利语“jhaˆna”音译“禅那”的略称，又作“驮衍那”“持阿那”，也意译为“静虑”(系念专注一境，正审思虑)、“思维修习”、“弃恶”（舍欲界五盖等一切诸恶）、“功德丛林”（以禅为因，能生智慧、神通、四无量等功德）、寂静审虑的意思。[7]可见，禅宗是以信仰的方式陶冶修习者的心性、心境。

以信仰的方式陶冶修习者的心性、心境的禅宗可视为一种认知语境。“认知语境包括语言使用涉及的情景知识（具体场合）、语言上下文知识（工作记忆）和背景知识（知识结构）三个语用范畴，也包含社会团体所共有的集体意识，即社会文化团体‘办事、思维或信仰的方法’，集体意识以‘社会表征’（social representation）的方式，储存在个人的知识结构里，使个人的语言行为方式适合社会、文化和政治环境。”[8](P115)储存于个人知识结构里的禅宗即“社会文化团体‘办事、思维或信仰的方法’”的一种整合，它可以促使特定精神境界的形成与保养。一言以蔽之，禅宗与人的心境密切相关。而心境即某种意义上的认知语境，它直接或间接地影响到人对自身和外物的观照。

禅宗强调：“认运自然，要达到一种空灵的境界。禅宗公案中有所谓‘见山是山，见水是水’到‘见山不是山，见水不是水’再复归到‘见山仍是山，见水仍是水’的修道三阶段，只是到了第三阶段才是摆脱了主、客体区别，达到无我、无物的最高境界，而王维的一些山水诗也正是达到了这种境界。”[4](P4)这种境界与其说是一种自然境界，不如说是人的一种心境，即一种认知语境。

作为认知语境的禅宗对文学语言的影响是“柔性”的，不是刚性的。因为禅宗影响作家的信仰、价值观、宇宙观等，通过这些再去影响作家的创作需要和动机、兴趣、情绪情感等。据《王右丞集笺注》，有明确的作者王维年龄记载的《题友人云母障子》（原注时年十五）、《洛阳女儿行》（时年十六，一作十八）、《九月九日忆山东兄弟》（原注时年十七）、《哭祖六自虚》（原注时年十八）、《李陵咏》（时年十九）、《桃源行》（时年十九）、《赋得清如玉壶冰》（时年十九）、《息夫人》（时年二十）、《燕支行》（时年二十一）九首诗中，仅仅1“空”

字，见于“世中遥望空云山”（《桃源行》），而就这一“空”字与其另一首诗中的诗句“郡中遥望空云山”（《寄崇梵僧》）有雷同之憾。这九首诗（含歌行体）共计1125字（含诗题），此种情形下，“空”的使用频率远低于王维诗总体上对“空”的使用频率。从整体上看，如我们前面所粗略统计的，王维诗中平均不到5首就使用1“空”字，而这里有明确“时年”（写作该诗歌时的年龄）记载的9首中才使用1个“空”。这正好契合、印证了作为认知语境的禅宗对文学语言“空”的影响。一方面，禅宗对文学语言的影响是潜移默化的，而不是立竿见影的；另一方面，禅宗对文学语言表达主体的“熏陶”也是有一个过程的，王维早年受禅宗的影响相对于晚年并不是很深，有诗为证：“晚年唯好静，万事不关心。自顾无长策，空知返旧林。”（王维《酬张少府》）可见，禅宗作为认知语境的作用的发挥是柔性的，这其实也是“认知”作用于“审美”的一种具体形式。

最后，禅宗作为一种认知语境有其心理现实性。诗人王维曾“为禅宗创始人慧能写过碑铭，为写《楞伽师资记》以维护北宗正统地位的净觉和尚以及其他禅师写过碑铭，他和许多与他同时的禅师有过来往，如著名的马祖道一等。他为自己取字摩诘，而摩诘正是《维摩诘经》中的主人公”[3](P114)。此外，我们上文所援引的苑咸《答诗并序》明确指明王维“精禅理”。这说明诗人王维精通禅理使得其诗中“空”的使用受禅宗的影响有了可能，同时也表明，禅宗作为一种认知语境，在王维那里有其心理现实性，即作为一种认知语境的禅宗在王维的认知心理结构中“有一席之地”。

三、文学语言“空”之于语境的适应

“空”对语境的适应主要表现为其句法结构的灵活性、句法功能的多样性、语义内容的模糊性等方面。在此，“空”兼具对象语言和元语言双重性质，即“空”一方面是诗人描写的对象，另一方面，用以描写“空”这种境界的文学语言本身也是空灵的。这与禅宗的语言文字观有一定联系。禅家认为，语言文字只是用来给初学者指示禅法的。语言文字本身并非禅法。这就好比用手指指点月亮，手指并非月亮一样。切不可拘泥于语言，“寻言逐句”。一旦领会禅法，就必须摆脱语言文字的一切束缚。[9](P11)可见，受制于禅宗这一认知语境的“空”本身即应该是空灵而不空洞的。“空”的这一特性可以从其能指与所指上有所体现。

（一）句法结构的灵活性

王维诗中“空”可见于诗行的线性序列的任何一个环节上。这一方面反映了“禅宗语言既有独特鲜明的原则性，又有切实可行的灵活性”[9](P11)。另一方面，体现了作为文学语言的“空”与作为认知语境的禅宗的“象似”。

这种句法结构的灵活性可以从以下诸例见出。为了说明问题的方便，我们试以王维五言诗各举一例管窥之。例如：

(1)山路元无雨，空翠湿人衣。(王维《山中》)

此例的“空”出现于诗行的首字位置。

(2)洒空深巷静，积素广庭闲。(王维《冬晚对雪忆胡居士家》)

以上“空”出现于第二字的位置。

(3)泉声咽危石，日色冷青松。薄暮空潭曲，安禅制毒龙。(王维《过香积寺》

空潭，指幽潭中的潜龙。

(4)菊花空满手。中心窃自思(王维《偶然作六首》)

以上“空”出现于第三字的位置。

(5)萧条人吏疏,鸟雀下空庭。鄙夫心所向,晚节异平生。(王维《赠房卢氏琯》)

以上“空”出现于诗行第四字位置。

(6)人闲桂花落,夜静春山空。(王维《鸟鸣涧》)

以上“空”见于诗行第五字位置。

（二）句法功能的多样性

以上我们仅仅从语言的线性序列的某一个环节上考察了“空”的相关句法结构的灵活性。此外，着眼于“空”在线性序列上与其他语辞的组合关系，亦不难看出其句法功能的多样性。王维诗中，“空”可以与名词性成分组合，亦可以与动词性成分组合，“空”可以具有名词、副词、动词、形容词等多种词类的功能。

1. “空”直接与名词性成分组合

例如：

(1)寒空法云地,秋色净居天。(王维《过卢员外宅看饭僧共题》)

这里的“法云地”乃佛教传说中菩萨、诸天所住之地，用纯宝铸成，范围无有穷尽。“法云地”与“净居天”相对，佛教将一切众生轮回的处所分成欲界、色界、无色界三种。三界又各有层次，净居天是色界的第四层次，生于此天者，不再欲界受生。这里的“空”与“色”相对，作名词，与形容词“寒”直接组合，形成一个定中结构。再如：

(2)常年只自守空帷(王维《赠远二首》)

(3)心怯空房不忍归。(王维《秋夜曲》)

(4)唧唧空仓复若何。(王维《青雀歌》)

(5)萧条胡地空。无为费中国(王维《送陆员外》)

以上与“空”组合的直接成分是“帷”“房”“仓”“胡地”等表名物的普通名词,有单音节和双音节名词。“空”此种情形下具有形容词的功能。 又如:

(6)人外遗世虑,空端结遐心。(王维《送韦大夫东京留守》)

(7)竦身空里语(王维《赠东岳焦炼师》)

以上与诸“空”直接组合的成分是表示空间方位的“端”“里”等名词。“空”具有名词的功能。

(8)寂寥文雅空。(王维《送熊九赴任安阳》)

(9)非须一处往,不那两心空。(王维《愚公谷三首》)

以上与“空”直接组合的是可以做形容词的名词性成分的“文雅”“两心”。 这里的“空”具有动词的功能,在句中可以充当谓语。

2. 与动词性成分直接组合

例如:

(10)树晻暧兮氤氲,猿不见兮空闻。(王维《送友人归山歌二首》)

(11)雕胡弟子炊。空劳酒食馔,持底解人颐。(王维《幕容承携素馔见过》)

(12)素鲔如游空。偃卧盘石上(王维《纳凉》)

以上“空”直接与“闻”“劳”等动词组合。“空”具有副词的功能。又如：

(13)莫惊宠辱空忧喜(王维《疑梦》)

(14)空悲昔人有。(王维《孟城坳》)

(15)空忆盛衣冠。(王维《故太子太师徐公挽歌四首》)

(16)空愧求羊踪。(《黎拾遗昕裴迪见过秋夜对雨之作》)

以上“空”后直接接表示人的心理过程或心理状态的动词“忧喜”“悲”“忆”“愧”。

(三)语义内容的模糊性

王维诗中的“空”往往在语义内容上颇具模糊性。这种模糊性与“空”本身的义项比较多有关。正因为“空”的义项比较多，所以“空”的能指和所指之间的语义张力更大。读者可以更为自由地对其产生联想和想象。

1. 有“不包含什么；里面没有东西或没有内容”之意

例如：

(1)薄暮空巢上(王维《黄雀痴》)

(2)唧唧空仓复若何。(王维《青雀歌》)

2. 有“天空”之意

例如：

(3)淡然望远空，如意方支颐。(王维《赠裴十迪》)

(4)波澜动远空。(王维《汉江临泛》)

(5)寥落云外山，迢遥舟中赏。铙吹发西江，秋空多清响。地迥古城芜，月明寒潮广。(王维《送宇文太守赴宣城》)

(6)秋空自明迥，况复远人间。(王维《泛前陂》)

(7)何事吹笙向碧空。(王维《敕借岐王九成宫避暑应教》)

(8)空天望不分。(王维《山行遇雨》)

这种意义上的“空”似乎并不是太玄，与今天的“天空”意义上的“空”相去不远。

3. 含有“空旷而寂寞”之意

例如：

(9)峡里谁知有人事,郡中遥望空云山。(王维《寄崇梵僧》)

(10)荒城自萧索,万里山河空。(王维《奉寄韦太守陟》)

(11)鸡鸣空馆。还复幽独(王维《酬诸公见过》)

(12)秋天万里净,日暮澄江空。(王维《送綦毋校弃官还江东》)

(13)芳草空隐处,白云余故岑。(王维《送权二》)

(14)故乡不可见,云水空如一。(王维《和使君五郎西楼望远思归》)

4. 含“没有结果的，白白地”之意

例如：

(15)誓令疏勒出飞泉,不似颍川空使酒。(王维《老将行》)

(16)徒闻竹使荣。空留左氏传(王维《故西河郡杜太守挽歌三首》)

5. 含“不切实际”“空泛”之意

例如：

(17)积雨晦空曲,平沙灭浮彩。(王维《辋口遇雨忆终南山因献绝句》)

(18)檀栾映空曲,青翠漾涟漪。(王维《斤竹岭》)

6.含“空性”“大乘佛教空观”之意

例如：

(19)缘合妄相有，性空无所亲。(王维《山中示弟》。据《王右丞集笺注》：性空，涅槃经。观一切法，本性皆空，华严经。法性本空寂，无取亦无见。性空即是佛，不可得思量。)

(20)吾师不养空。(王维《赠焦道士》。据《王右丞集笺注》：养空，言体道之人，但养空性，而心若浮舟也。)

(21)即病即实相，趋空定狂走。无有一法真，无有一法垢。(王维《胡居士卧病遗米因赠》)

(22)趣空宁舍宾。洗心讵悬解，悟道正迷津。因爱果生病，从贪始觉贫。色声非彼妄，浮幻即吾真。(王维《与胡居士皆病寄此诗兼示学人二首》)

(23)无心而无动。色空无碍。不物物也。默语无际。不言言也。故吾徒得神交焉。玄关大启。德海群泳。(王维《谒璿上人并序》)

(24)一生几许伤心事，不向空门何处销。(王维《叹白发》)

以上“空”的语义自身往往很难加以精确界定，所以我们一般用“含……之意”描述之。并且，以上所举的各类“空”渐趋抽象，逐步虚化，模糊程度呈递增之势。

以上所描写的王维诗的句法结构的灵活性、句法功能的多样性、语义内容的模糊性等是对禅宗这一特定题旨情境（认知语境）的适应的需要和结果。由此体现出禅宗对文学语言的深刻影响。

总之，禅宗作为一种禅性心境，作为一种认知语境，其对文学语言的影响是可能的。禅宗对文学语言的使用有着潜移默化的“柔性”影响，常常使文学语言的句法结构更具灵活性，句法功能更趋多样性，语义内容更显模糊性，以此实现文学语言对特定语境的适应。文学语言又有助于禅宗义理的传播，有助于禅宗“空”语境的营造。

参考文献：

[1][唐]王维撰.王右丞集笺注[M].[清]赵殿成笺注.上海:上海古籍出版社,1984.

[2]段晓华.禅诗二百首[M].南昌:江西人民出版社,1995.

[3]张节末.从陶潜的“化”到王维的“空”——晋至唐诗人自然观变迁的个案分析[J].浙江学刊,1999(2).

[4]姚南强.禅与唐宋作家[M].南昌:江西人民出版社,1998.

[5]张岱年,方克立.中国文化概论[M].北京:北京师范大学出版社,1994.

[6]朱光潜.诗论[M].北京:生活·读书·新知三联书店,1998.

[7]疏志强.禅宗修辞研究[D].上海:复旦大学研究生院,2001.

[8]熊学亮.认知语用学概论[M].上海:上海外语教育出版社,1999.

[9]于谷.禅宗语言和文献[M].南昌:江西人民出版社,1995.

原载《哈尔滨工业大学学报》,2004年第5期

“一带一路”语境下的宏观语言博弈

一带一路（The Belt and Road，简称“B&R”）是“丝绸之路经济带”和“21世纪海上丝绸之路”的简称。建设“丝绸之路经济带”和“21世纪海上丝绸之路”的倡议于2013年9月和10月由中国国家主席习近平分别提出。当今，“一带一路”成为置身于其中的各方主体对话的最重要的语境之一。“一带一路”也是当前政治、经济叙事的重要语境。“一带一路”语境下的对话在一定意义上是一种宏观语言博弈。

语言博弈是这样一种对话过程：受语境制约，同时受语用规则支配，由语用主体参加，以一定的策略最大限度说服对方为主要动机。语言博弈可以有宏观的，也可以有微观的，不妨说，宏观语言博弈是一种语言运用方略。这种语言运用方略具体体现为基于语境以语用能力为基础的话语策略。似也可简单地表述为，对话中说服，说服中对话；合作中共赢，共赢中合作。

“一带一路”语境下的宏观语言博弈有其基本格局和策略，我们可以从对象话语策略和元话语策略两个角度考察。

一、基本格局及策略

“一带一路”作为一个概念，其外延在地理上，贯穿欧亚大陆，东边连接亚太经济圈，西边沟通欧洲经济圈；在历史上，陆上丝绸之路和海上丝绸之路就是我国同中亚、东南亚、南亚、西亚、东非、欧洲经贸和文化交流的大通道。就其内涵而言，“一带一路”倡议是对古“丝绸之路”这一历史符号的传承和提升，一带一路上的国家和地区颇具认同感。“丝绸之路经济带”和“21 世纪海上丝绸之路”倡议具有深厚历史渊源和人文底蕴。

我们认为，“一带一路”是当前政治、经济叙事的重要语境。政治、经济叙事的重要方式之一即为建立在平等对话基础之上的宏观语言博弈。“一带一路”语境下的宏观语言博弈基本格局可以简单地概括描述如下：条块交错。“条”，这里指领域与领域之间的语言博弈；“块”，这里指地域与地域之间（含国与国之间）的语言博弈。“对话”是条块交错的关键连结点。对话，有助于合作与发展。这里所说的对话既包括狭义的人际口语直接面对面交际，又包括各类平等理性的广义的沟通交流。

明确了“一带一路”的基本格局，宏观语言博弈的基本策略不妨概括如下：适用历史符号，积极适应和生成语境；充分激活语义张力，综合平衡各方接受心理；有效开展对话沟通。前文已述及，对话作为一种语言博弈，有其话语策略，并受制于语境（含社会时代语境、历史文化语境等）和语用规则（包括合作原则等），语用主体平等参与。对话可以表现为在交往理性基础之上的对象语言与元语言的语层互文。

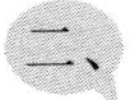历史符号的当代适用：作为一种对象话语策略

“一带一路”倡议作为一种对象话语策略，是指“一带一路”这一表述自身适应了历史文化语境并生成了当下现实语境，从而取得最优化的语用价值。

“一带一路”这一表述适应了历史文化语境。据葛剑雄新近演讲所言：“我们现在讲的‘丝绸之路’，不是一般的道路，也不是一般的交通线，而是有它特定的概念。”即：“在公元 2 世纪，存在着一条从洛阳、长安到中亚撒马尔罕（今为乌兹别克斯坦共和国第二大城市）的商道，这条商道上的主要物流是丝绸，这是一条从中国输出丝绸到中亚、西亚，最终到达欧洲的道路。”[1]历史上这条“路”在地理上究竟有多长，历史地理学界或有争议，但这条路的历史文化价值毋庸置疑，且怎么估价都不过分。历史上这条“路”主要运送的物资是丝绸，影响最大的独具特色的也是丝绸，所以称其为“丝绸之路”，但显然这条路运送的不仅仅是丝绸。“丝绸之路”是一个隐喻表达，其运送有一定量的当时的“中国创造”，承载的是历史文化。此外，就海上而言，唐朝时，阿拉伯人就航海到了广州、泉州、宁波、扬州这些地方。其时陆路和海上的经贸往来，业已超出了经贸范畴，影响十分深远，“丝绸之路”已经成为底蕴深厚的历史符号。无疑，这一底蕴深厚的历史符号的当代适用，适应了历史文化语境。

在某种意义上可以说“一带一路”倡议是基于文化自信的国际和区域合作。之所以文化自信，一个很重要的原因是有可供充分利用的历史文化话语资源。“横亘欧亚大陆的丝绸之路，稍有历史知识的人没有不知道的。它实际上是在极其漫长的历史时期内东西方文化交流的大动脉，对沿路各国，对我们中国，在政治、经济、文学、艺术、宗教、哲学等等方面的影响既广且深。倘若没有这样一条路，这些国家今天发展的情况究竟如何，我们简直无法想象。”[2](P1)季羡林先生将

“丝绸之路”比喻为“东西方文化交流的大动脉”，而且是“极其漫长的历史时期”的“大动脉”！ 尤其耐人寻味的是季羡林先生用了一个虚拟语气的表达：“倘若没有这样一条路，这些国家今天发展的情况究竟如何，我们简直无法想象。”季羡林先生这里所说的“这些国家”和“发展”的外延较为宽泛，以虚拟的双重否定的形式生动地、准确地阐述和强调了“丝绸之路”的重要性。 作为一个重要的历史性的存在，长期的存在，其现实意义和潜在的价值不可估量。 在当今政治叙事中，作为历史符号的“一带一路”确实是不可多得的历史文化话语资源。 其在供人们当下现实开发利用的同时，可勾起人们的历史联想和想象，可唤起人们的某种历史交往“崇拜”和历史文化自豪感，激发人们的当代责任感和使命感。

同时，“一带一路”这一表述适应并生成了当下现实语境。“随着综合国力上升，中国有能力、有意愿向亚太和全球提供更多公共产品，特别是为促进区域合作深入发展提出新倡议新设想。 中国愿意同各国一道推进‘一带一路’建设，更加深入参与区域合作进程，为亚太互联互通、发展繁荣做出新贡献。”[3]显然，“一带一路”倡议适应了综合国力上升，中国有能力、有意愿向亚太和全球提供更多公共产品的这一社会语境。 另一方面，“一带一路”倡议可积极建构深化开放的时代语境。“我们正在推行的全面深化改革，既是对社会生产力的解放，也是对社会活力的解放，必将成为推动中国经济社会发展的强大动力。”“中国经济同亚太和世界经济的相互联系、相互依存不断加深。 中国将集中精力做好自己的事情，也要努力使自身发展更好惠及亚太和世界。 中国将奉行与邻为善、以邻为伴的周边外交方针和睦邻、富邻、安邻的周边外交政策，贯彻亲、诚、惠、容的周边外交理念，愿意同所有邻国和睦相处。”[3] “一带一路”生成了新的社会语境，这一新的社会时代语境至少可用这样几个关键词概括：全面深化改革，解放社会生产力，解放社会活力，睦邻友好，平等对话。

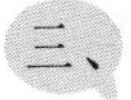

三、语义张力的综合平衡：以新闻传媒话语为代表的元话语策略

如果说对象话语层面的话语策略是语言博弈的核心，则新闻传媒话语的话语策略即语言博弈的外围。两者共同构成语言博弈的整体结构，共同形成语言博弈的“格局局面”。这里所说的新闻传媒话语，以“一带一路”为主要语境，包括两个方面：新闻事实话语；对新闻事实话语的解释、说明、评论及编辑处理等。因为有了后者，所以我们称新闻传媒话语为元话语（相对于对象话语而言）。

不妨说，“一带一路”已经是一“热语”了。截至2015年7月24日16时50分，在百度（www.baidu.com）上直接搜索“一带一路”可得到相关结果约8600000个。截至2015年7月24日17时，在中国知网（epub.cnki.net）上直接搜索篇名中含有“一带一路”的文献可得到相关结果约5130条。这表明，“一带一路”语境下的新闻传媒话语资源较为丰富，从话语策略的角度来看，语篇中关于“一带一路”的元话语策略主要包括选用综述的方式、选用特定人群为话语主体（比如领导人、智库、青少年等）、选用对话的话语运作模式等。一言以蔽之，即充分激活和利用“一带一路”的语义张力，综合平衡各方接受心理。我们所谓语义张力，是指以语用为基础的语义关联，是具有心理现实性的语义生成（涵括）及其组合配置（这种语义及其组合配置，因为有表面张力，而不致“溢出”）。

这里不妨以4篇有一定典型性的关于“一带一路”的媒体消息语篇为例，做一些篇章语用方面的个案分析。这4篇媒体消息语篇是：吴刚、张继业《综述：俄罗斯专家看好“一带一路”前景》（新华网，2015年6月24日），孙童飞《印度对“一带一路”保持谨慎 欲与中国夺话语权》（人民网，2015年1月16日），陈为民《韩国紧盯中国未来发展》（《中国青年报》，2015年6月3日07版），王楷《中美学生领袖展开“一带一路”对话》(中国广播网，2015 年 7 月 19 日)。 这 4 则新闻语篇，由标题即可看出其在内容上主要宏观描述俄罗斯、印度、韩国、美国关于“一带一路”的某些看法，这里所说的宏观描述在某种意义上即为宏观语言博弈。

语篇中有关表述充分激活和利用语义张力，综合平衡各方接受心理，这从核心关键词“一带一路”的多样语符组合形式及其语义涵括可以看出。

首先，所选典型新闻语篇标题中“一带一路”的语义涵括丰富。所选的 4 则新闻稿中有 3 则在标题中直接包含有“一带一路”。 这些含有“一带一路”的标题分别是:

(1)综述:俄罗斯专家看好“一带一路”前景(新华网,2015 年 6 月 24 日)

(2)印度对“一带一路”保持谨慎 欲与中国夺话语权(人民网,2015 年 1 月 16 日)

(3)中美学生领袖展开“一带一路”对话(中国广播网,2015 年 7 月 19 日)

不难看出，以上标题中的“一带一路”分别涵括“前景”“话语权”“对话”等义素。

其次，语篇正文中“一带一路”的语义配置与语义涵括亦可见出宏观性与博弈性。

1. 项目

“一带一路”可以涵括“项目”义。“项目”义较为具体，可操作性特征明显。 例如:

(4)“一带一路”加速实施无论对俄罗斯还是全世界都十分有益,将为欧亚间货物互通有无、往来物流提供更加牢固的保障。他认为,“一带一路”项目的实施,无疑将有助于欧亚经济联盟的发展，将促进沿线国家发展制造业、服务业，促进经济发展。（吴刚、张继业《综述：俄罗斯专家看好"一带一路"前景》，新华网，2015 年 6 月 24 日）

（5）2014 年 11 月 9 日，习近平出席亚太经合组织工商领导人峰会和加强互联互通伙伴关系对话会，宣布中国出资 400 亿美元成立丝路基金，为"一带一路"项目建设提供投融资支持。（孙童飞《印度对"一带一路"保持谨慎 欲与中国夺话语权》，人民网，2015 年 1 月 16 日）

2. 发展

"一带一路"还可以涵括"发展"义。其在能指形式上可以由"计划"和"规划"承担，因此更显动态发展特征。例如：

（6）共建"一带一路"的计划在 2014 年已经从提出倡议步入务实推进阶段。（孙童飞《印度对"一带一路"保持谨慎 欲与中国夺话语权》，人民网，2015 年 1 月 16 日）

（7）该评估这样总结道："印度关于'一带一路'规划内容的解读主要分为三方面，首先是谨慎欢迎，留意观察，拒绝表态；其次是保持沟通，密切往来，试探底线。（孙童飞《印度对"一带一路"保持谨慎 欲与中国夺话语权》，人民网，2015 年 1 月 16 日）

3. 建设

"一带一路"所涵括的"建设"彰显务实求真的特质。例如：

（8）北卡大学学生马理认为："美国的传媒只讨论中国的'一带一路'建设对美国有什么坏处。这是十分过分的。因为只会让美国人越来越害怕中国。"（王楷《中美学生领袖展开"一带一路"对话》，中国广播网，2015 年 7 月 19 日）

(9)随着我国“一带一路”建设的铺开,如今在学界,从全球化视野对“一带一路”的研究也越来越多。“一带一路”的顺利推进,既离不开中国与沿线国家的密切合作,也需要得到美国在内国际社会的广泛支持。(王楷《中美学生领袖展开“一带一路”对话》,中国广播网,2015年7月19日)

4.合作

“一带一路”所涵括的“合作”凸显了当今时代的重要主题，适应并生成了当今社会语境要素，表明了重要宗旨。例如:

(10)别尔格尔指出,“一带一路”沿线国家迫切需要发展基础设施,而中国在基础设施建设方面有自己独到的经验,拥有必要的工具和技术,“一带一路”的合作是十分务实且互惠互利的提议,对中国和参与国家都非常有利,相信俄罗斯也将因此受益。(吴刚、张继业《综述:俄罗斯专家看好“一带一路”前景》,新华网,2015年6月24日)

(11)因此,俄罗斯需要在“一带一路”框架下加强与中国的合作,中俄两国在远东地区基础设施建设领域也拥有广阔的发展前景。(吴刚、张继业《综述:俄罗斯专家看好“一带一路”前景》,新华网,2015年6月24日)

最后，汉语语用价值的整体提升，也是“一带一路”宏观语言博弈的某种要求与结果。我们还是看有关媒体的报道，陈为民《中国青年报》(2015年6月3日07版):

(12)记得14年前到韩国时,在首尔街头,满目韩文,街头会华语的人寥寥,让记者体验了一把当“文盲”的滋味。而如今,在仁川机场通往首尔市区的高速路上,不时能看到中文的标识和广告牌。在首尔商业街明洞,更是随处可见中文标识,如“本店可用支付宝”“大使馆换钱”“韩国人气商品”……更有会华语的店员在门口揽客,真的让来自中国的游客仿佛置身于北京的王府井、上海的南京路一般。

(13)中国人在韩国的“热络”,在济州岛更是扎眼。不论是在西归浦的滨海步道,还是在乐天购物中心的免税店,随处都可看到中国人的身影,听到中国各地的方言。

(14)韩国《中央日报》社为韩国第三大媒体,该社是第一个设立中国研究所的韩国媒体,并拥有韩国最大的对华研究智囊团“中央中国论坛”。《中央日报》在对华报道上,坚持客观性、公正性和增进友好合作的原则。该报还设立了中文网站,为中国企业提供韩国宏观经济、产业、金融、股市、IT、企业家、韩国投资等服务信息。

以上三例直接突出了“中文”“华语”的重要性,在某种程度上说这是“一带一路”倡议的重要显性成果之一,也是“一带一路”倡议进一步推进的必要条件之一。这也说明,汉语整体语用价值得以提升,这是“一带一路”语境下宏观语言博弈的某种积极成果。

或者可以说“一带一路”倡议的一个核心关键词即“对话”。对话是为了发展与合作。发展、合作、对话是现时代的主题元素。“一带一路”有机融合了发展、合作、对话的时代主题元素,这同时也是在建构新的时代语境。宏观语言博弈各方正是在,也应该在这样的时代语境下进行政治叙事,或曰政治、经济叙事的重要方式之一即为建立在平等对话基础之上的宏观语言博弈。

“一带一路”旨在借用古代“丝绸之路”的历史符号,是关于合作发展互利共赢的理念和倡议,是依靠中国与有关国家既有的双多边机制行之有效的区域合作平台。“一带一路”倡议,对于世界最大的魅力,将不仅仅在于有多少投资和利润,更重要的是它能够给世界带来一股新的潮流,即通过平等合作、和谐对话、真诚沟通,实现文化交流、经济繁荣、社会发展。

参考文献：

[1]葛剑雄，陈鹏．丝绸之路历史回眸[N]．光明日报，2015/7/9.

[2]季羡林．《丝绸之路贸易史研究》序[J]．兰州商学院学报，1990(4).

[3]习近平．谋求持久发展 共筑亚太梦想——在亚太经合组织工商领导人峰会开幕式上的演讲[N]．人民日报(海外版)，2014/11/10.

原载《社会科学家》，2016年第4期；另收入赵世举、黄南津主编论文集《语言服务与“一带一路”》，社会科学文献出版社，2016年

个人成才与社会需要

一般认为，所谓人才，必须具备两个基本条件：一是以认识改造自然和社会的实践活动为前提；二是以自己创造性的劳动对人类进步做出贡献。这两个方面是相互联系、密不可分的。因此，我们不难得出人才的两个基本特征：社会性和时代性。在某种意义上，诚所谓“江山代有才人出”。

既然人才具有以上特征，那么个人成才与社会需要就有着内在的密切的联系，或曰个人成才与社会需要是辩证统一的。

首先，人是社会的人。人的特有属性即为人的社会性。因此，任何人的行为是不能脱离开社会的，即人的行为要受到社会的历史阶段、社会制度与文明程度等的制约。这样，作为人的一种高级行为模式的成才当然就离不开社会了。

其次，社会是人的社会。社会的主体是由一定数量和质量的人按特定的方式组合起来的人群。简言之，人群是社会的主体。这样，人群的个体——个人，能够成才的话，无疑会对社会的进步产生影响并成为可能。

这样，个人成才与社会需要是辩证统一的这一观点就不难理解了。既然个人成才与社会需要是辩证统一的，那么个人成才就应该符合社会的需要。怎样才能做到个人成才符合社会需要呢?

首先，要培养自己的社会责任感，把自己置身于社会之中，坚决摒弃以“自我为中心”的想法和做法。应该培养自己的主人翁责任感。这种责任感是促使自己主动适应社会需要的“催化剂”。没有这种催化剂式的推动、促进作用而空喊个人成才应适应社会需要是不现实的，实为痴人说梦之举。譬如著名化学家齐仰之先生，他由对社会漠不关心而转变为愿意为上海为全国人民研制当时社会急需的西药，一个很重要的原因是他的社会责任感、主人翁态度从“无”发展到了“有”。足见，这种责任感的作用是的确不容低估的。

其次，要善于洞察社会发展趋势，审时度势，紧扣时代脉搏，这是做到个人成才符合社会需要的重要前提。只有在这一前提下，才能使自己明白社会究竟需要什么样的人才，才能形成正确的“成才欲”，确立符合主客观实际的成才目标。否则，是极有可能“搭错车”的，尽管自己主观上想使自己成为符合社会需要的人才。这种“搭错车”的情况一旦出现，不但违背了自己的初衷，而且于社会也不利，这当然是我们所不取的。

事实上，能使自己个人成才主动适应社会需要的仁人志士是不胜枚举的。譬如，东汉时期班超的投笔从戎；近代伟大的革命先行者孙中山先生的弃医从政；现代伟大的思想家、文学家鲁迅先生的弃医从文；杰出的科学家、世界著名的力学家钱伟长弃文从理。

认识个人成才与社会需要的辩证关系，对于我们广大师范生能健康地，迅速地走上成才之路是意义重大的。当代国际竞争的重点是以科技为基础的综合国力的竞争，而要发展科技，则必须优先发展教育事业。再者，在市场经济条件下，谁重视人才、尊重知识，谁就容易在市场竞争中居于有利地位，而这又必须以教育为基础。可见，从事教育事业是我们这一社会、时代所需要的，也即是说作为一名师范生对于师范这一专业的选择是明智的，是符合社会发展需要的。任何个人脱离、背弃社会需要去搞什么“个人奋斗”“自我设计”是不可取的。这样逆时代社会主流而行的人是不能成为真正意义上的人才的，终究是会被社会所淘汰的。

原载《人才》，1994 年第 6 期

语言能力与领导智慧

（摘要）

“一言可以兴邦，一言可以丧邦。”语言能力能够彰显领导（管理）智慧。语言的运用——或者通俗地说——讲话，是一门艺术，语言艺术既是领导者履行职能的重要工具，又是树立领导者形象和威信的重要途径，更是紧密联系群众和建立良好人际关系的纽带。

不管是哪一个行业或哪一个层级的领导，都是一个群体或团体行动的筹划者、指挥者、领路人和代言人。领导的语言能力，作为领导形象的一个重要方面，不仅关系到政府与管理职能部门形象，而且影响到群众对国家政策的理解与接受。导之于言而施之于行，语言综合表达能力强的领导，工作起来会更加顺利和富有成效，其领导形象也会更加完善。古今中外杰出的政治家和领导者一般都具有很强的语言能力。

说起以下这些充满智慧的政治家，大家一定不陌生：商初的政治家伊尹曾用烹调方法作比，以启发商汤治理国家；周代开国功臣吕望曾用钓鱼的道理向周文王比喻治理国家的方法；秦晋围郑之际，郑文公派烛之武成功说服秦穆公退兵；春秋时齐国田常出兵攻打鲁国，子贡前往说服田常转攻吴国，保全了鲁国。可以看到，伊尹、吕望、烛之武、子贡等人都具有卓越的语言能力和领导智慧，诚所谓“一人之辩，重于九鼎之宝，三寸之舌，强于百万之师”。

随着时代的发展，语言的信息传递功能和人际互动功能更为凸显，领导者在沟通协调、感召、说服、处置突发事件以及展示领导风范等方面更需要具备较高的语言能力。

提升领导者（管理人员）的语言能力有助于有效沟通协调。提高语言能力有助于感召说服。领导意图得以实现的一个重要途径是感召说服，也就是让对方乐于接受自己的看法、观点、意见、主张，而不是消极被动地接受，这需要领导者的领导智慧和语言能力的共同作用。针对不同的工作对象，有不同的工作方法和步骤，但无论何种情况，要达到感召说服的目的都需要语言表达的真诚中肯、心平气和，这对领导者的智慧和胸怀有着双重要求。

语言能力的提升有助于应对突发事件。突发事件在任何背景下都是对领导执政和管理能力的考验，高超的语言能力有助于领导者成功应对、处置各类突发事件。当代社会条件下，信息渠道日益多元化、公开化，如果领导者能够采取适当的语言有效化解某些突发事件，则会举一反三，化“危”为“机”。

领导者的语言能力不仅在社会性群体性的突发事件的处置中有举足轻重的作用，在对一些个体性的“小事件”“小状况”的妥善处理中也能显示领导者的应急反应智慧，这就需要领导者强化责任意识，并有意识地提高语言表达和处理问题的能力。

语言能力有助于领导风范的形成。领导者与特定工作对象两相互动，是工作中的常态，在互动过程中，很多时候是要借助于语言这个桥梁的。而在执政与管理的过程中，领导者个人领导智慧的个性外显即为其领导风范，它的一个十分重要的形式标记就是建立在高超的语言能力基础之上的话语。近几年来，语言表达能力作为一项考核指标在基层领导选拔及公务员考试中占有越来越重要的比重，这说明了语言能力对于政府管理工作的重要意义。

以上所述“语言能力”主要是指语言运用的能力。分析表明，领导者在运用语言的过程中充分利用语言文字的一切可能性采取各种言语策略适应题旨情境，体现了领导智慧。语言运用与领导行为相伴相生，基于特定语言能力的话语形式与领导智慧互为表里，相得益彰。

原载赵世举主编《语言与国家》，商务印书馆，2015年，全文约10000字

“大众狂欢”：一种必要而无奈的文化形态

——关于文化消费主义倾向的理解（笔谈）

从整个社会范围看，“春晚”（中央电视台春节联欢晚会）起着一种凝聚作用。

“春晚”实际上已经变成一个符号了。作为符号，它的形式功能大于它的内容，能指大于所指。“春晚”主要是我们怎么看待和理解的问题。它的内容问题再多，也不过就是四五个小时。那么大的观众群，事实上是众口难调的。而且，人们为什么总是诟病“春晚”？诟病本身就说明社会的进步，说明一切都能容纳。好莱坞那种大制作有些实际上是亏本的，也不断地遭到诟病，他们为什么还要去做呢？显然也不仅仅是为了“精英”，为了“纯艺术”。当然批评也有可能是对的，世上没有完美的东西。

我觉得马斯洛关于人的需要层次理论可以从另一个角度解释这个问题。因为经济功利方面的原因，对有些受众而言，精微的审美需要还没有放到重要位置上来。

完全的消费主义就是另外一回事了，它是以消费带来的功利为唯一目的，包含一种占有心理，追求的是快感，审美追求的则是美感。比如各种广告的少儿不宜内容、不实广告，就都是消费主义的产物，是打着文化的幌子而实际上没有文化内涵的现象。

精英文化的成果和元素可以区分开来。精英文化的成果必须经过时间的检验，所以纯粹的为精英而精英势必存在局限性。但精英文化的因素和底蕴完全可以渗透到消费文化的创造中去。

我觉得文化消费应该有一个“智者派”，就是由智者来引领文化消费。这种引领可以主要是在观念上起作用。最关键的是教育问题，包括学校、社会，特别是家庭的教育，来提高审美层次。人们常说，家庭是社会的细胞。而当下中国家庭，孩子都不多，一般一个家庭就养一两个孩子。在家庭里，其实是最适宜于因材施教和个性化培养的。如果我们每个家庭中，父母都“熏陶”好、教育好自己的孩子，那么我们这个民族的文化审美素养就提高了，我们这个社会就会逐步和谐起来了。

本文系笔谈，原载《理论与创作》，2005 年第 2 期。署名刘起林，孙国峰，张春泉，陈力君，孙旭辉。收入本书时，仅辑录原文明确标明张春泉所谈的内容

第四篇

语用逻辑、语义语法和词汇语义理据

基于语用逻辑的术语标准化问题

无论是自然科学、工程技术领域，还是人文社会科学领域，术语都是最为基本的知识表征的载体。作为知识表征的基本单元，术语不是私人话语，是供人们在学术领域乃至社会其他领域认知的。既如此，术语的适用必然涉及认知语境、社会环境、标准化等问题。术语标准化对于学术共同体和普通民众而言有着重要的意义。当下学界，有关术语标准化问题亟待重视。

术语标准化与语用逻辑直接相关。语用逻辑是特定语境下，话语表达者和接受者以语言为媒介的有效关联、理性交际与认知。术语建构标准的确定需要引入语用逻辑，术语接受者一定的可接受度应该是术语建构的最终“标准”。较为典型的个案分析表明，术语标准化问题在人文社科领域（文科）和自然科学及工程技术领域（理科）都存在；术语“标准”的确立是动态的，是与语境密切相关的，都涉及理解和解释问题。基于语用逻辑的术语标准化问题的提出和解决有助于知识表征和科学传播。

一、研究综述

奥地利著名学者维斯特（E. Waster，1898—1977）于1931年发表了第一篇关于术语学的论文《在工程技术中（特别是在电工学中）的国际语言规范》，提出了现代术语学的基本原则和方法，阐述了术语系统化的指导思想，为现代术语学奠定了理论基础。自兹以后，术语学研究范围不断拓展，并形成了相应的学术流派。据冯志伟《现代术语学引论》[1](P4~6)介绍，现代术语学可以分为四个学派：德国一奥地利学派，俄罗斯学派，捷克斯洛伐克学派，加拿大一魁北克学派。这些学派虽然理论观点异彩纷呈，学术旨趣各有侧重，但是都关注术语标准化问题，有关术语标准化研究亦随之不断走向深入。

我国也于1997年出版了第一部现代术语学著作《现代术语学引论》（冯志伟，语文出版社，1997年），虽然起步较晚，但是发展势头较好。比如我国创办了若干专门的术语学杂志。例如《科技术语研究》，该杂志是由全国科学技术名词审定委员会主办的综合性期刊，创刊于1998年，它致力于建设有中国特色的术语学理论和实现科学语言的规范化，是一本领域独特、个性鲜明的杂志，是我国权威的唯一发布和推广规范汉语科技名词的刊物，是研究我国术语学理论、探讨术语定名规律的窗口。又如《术语标准化与信息技术》杂志，该杂志于1996年创刊，由国家质量监督检验检疫总局主管、中国标准化研究院主办。此外，《语言文字应用》等语言学及应用语言学杂志也偶见有关成果发表。在专业机构方面，于1985年4月25日创立了全国自然科学名词审定委员会。另外，国家技术监督局于1985年10月成立了全国术语标准化技术委员会。

总起来看，目前学界在宏观上主要关注自然科学和工程技术领域的术语，有关人文社会科学领域的术语研究格外薄弱；有关研究现状凸显的是术语的工具理性，而术语的价值理性及术语在不同社会文化语境中的传播（含移译）、多主体间术语的可接受度等问题鲜有专门研究者。在微观上，当前不少论者较为重视术语自身的结构形式方面的建构，但对于术语的理解和解释问题关注得不够。张春泉《基于语义场的科学术语理解》[2](P138~142)、《修辞与科学知识传播论纲》[3](P113~117)等虽然做了一些努力，但仍然很单薄，如何有效助推术语标准化仍是一个亟待解决的问题。

二、“基于语用逻辑的术语标准化”作为一个问题

“基于语用逻辑的术语标准化”作为一个问题，将主要探讨语用逻辑如何在术语标准化过程中起支配作用，如何在关注术语的工具理性的同时，注意凸显术语的价值理性及术语在不同社会文化语境中的传播等问题。这些似乎可以归结为一个问题，即如何提高术语在特定人群（如专业技术人员）及普通公众中的可接受度问题。这些问题的解决势必有助于术语学理论的发展，同时亦有助于公众更好地理解科学，有助于科学文化的传播，有助于提高公众的科学文化素养，有助于不同文化间更为充分的交流。

“术语标准化”和“术语标准”是两个不同的概念。“术语标准化”是比“术语标准”更高一个层次的概念，有“术语标准”并不一定意味着实现了“术语标准化”，“术语标准化”需要更大范围、更多语境中的“术语标准”。“术语标准”可以是结果，而“术语标准化”在一定意义上是一个过程，这一过程自身也须臾不能脱离一定的语境。术语标准化得以确立的前提，是术语建构（表达）和术语理解与解释（接受）的有效关联。在笔者看来，“术语理解”在术语建构、传播、移译、规范等环节中起着枢纽作用。而术语规范的前提和结果是对于术语的有效认知，对术语的有效认知的前提是对术语的正确地、有效

地理解和解释。理解和解释跟语境之间的关系是十分密切的。理解总是在一定语境中发生的，因此，不同语境（含社会文化语境、认知语境等）中术语理解的过程和结果势必有所不同，由此兼及术语传播过程中的术语标准化问题。

似乎可以说，术语与逻辑，尤其是与语用逻辑有着“天然”的联系。这里所说的“语用逻辑”是语用学与逻辑学的结合，其准确表述应该是“语用－逻辑”。语用逻辑是一定语境中的语言运用的逻辑，是一定语境中，特定话语（包括有内容的词、短语、句子和篇章）结构与意义的一种必然性生成。语用逻辑主要研究：语用主体如何通过语言（含用以记录语言的文字）有效交际与认知；语境是如何影响语言的表达和理解的；语言的表达和理解是如何逻辑地关联起来的；特定话语结构和内容在语境中是如何必然地生成的。有论者索性将语用逻辑理解为语用学，亦有一定的道理。[4]

语用逻辑的基本要义之一即关注语用主体是如何借助语言认知的，而认知与语义之间的关系也是十分密切的。似乎可以说，认知即对于物质世界和精神世界的认识，而这些都可以，都需要在人的意识里保存下来，物质世界和精神世界在人脑里的保存即形成语义。在术语标准化问题上引入语用逻辑，有助于人们注重语义分析，探索术语理解的内在语用逻辑理据，重视术语理解和语境之间的关系，尤其是术语理解和认知语境之间的关系，并且重视人文社会科学领域术语的建构、理解、调整，重视不同社会文化语境中术语的传播，势必有助于术语标准化的实现。

这表明，以术语理解为“枢纽”的术语标准化过程势必受语用逻辑的支配。可以认为，术语标准化的具体表现是术语理解过程和术语规范化过程。术语理解和术语规范化是一个问题的两个方面。一方面，术语的有效理解是术语标准化的一个基本目的，同时术语理解之有效与否在一定程度上是检验术语是否符合“标准”的一个重要尺度。另一方面，术语标准化是术语理解的一个重要前提，作为知识表征的重要载体的术语如果在一定范围内没有一个统一的标准，则知识的理解和传播效率就会大打折扣。而知识是需要共享的，同时知识也只有在主体的共享中才具有实在的内容，才有意义，才能体现其价值。既为“共享”，则势必是多主体之间的一种交流。这种交流的较为典型的形式即知识由传授者“扩散”（传播）到知识接受者那里。语用逻辑正是不同主体、表达者（术语的建构者、传授者）和接受者（术语的传播者、习得者等）之间的以语言为媒介的理性交际与认知。

基于语用逻辑的术语标准化研究，在研究方法上，可以进入实验室，考察术语理解的大脑机制，以此为基础，探索术语理解与认知语境之间的关系。还可以尽可能多地学术调查各专业领域的知名人士，比如直接从事语言研究，以包括“术语”在内的语言文字现象为研究对象的语言学家，个案分析他们建构、理解、调整术语的实际情形。

三、三项个案分析

如上所述，术语的标准化问题在知识表征和传播过程中是很重要的。具体说来，术语的标准化至少包括两个方面的含义。其一，术语表述形式上的规范化，术语表述形式需要简约，以便于接受者识记，不能有歧义，以便于人们准确理解。这方面的成果相对较多，笔者在此不做具体说明。其二，术语定义和解释上的得体。由前面有关语用逻辑的界定不难看出，得体的术语解释跟语用逻辑息息相关。

这里，我们不妨首先以著名语言学家朱德熙在其《两点感想》[5](P102)中所举的一个例子为个案讨论之。《两点感想》指出：

> 某地高中一年级物理教材里有一个关于磁感应强度的定义：把通电短导线跟磁场方向垂直地放入磁场某处中，磁场对导线的作用力跟导线中的电流强度和导线长度的乘积之比，叫

> 作该处的磁感应强度。听说许多中学物理老师在解释这个定义时都碰到了困难,学生普遍反映听不懂。其实磁感应强度并不见得比物理学其他的定义或定理更难懂。学生所以弄不明白大概跟这个定义写得不清楚有关系。[5](P102～103)

在上例中，教材的编者、中学物理老师、学生和文章作者朱德熙先生均为术语“磁感应强度”的语用主体，其中教材的编者是该术语的解释者，中学物理老师既是术语的解释者又是传播者，学生和朱德熙则是术语的接受者。“物理老师在解释这个定义时都碰到了困难，学生普遍反映听不懂”说明教材编者的解释不太适应术语接受者的认知语境，其情形可能是两方面的：其一，是内容方面的；其二，是形式方面的。其中，内容方面应该不成问题，因为“磁感应强度”是教学大纲规定当时的高一学生应掌握的一个基本术语，并没有超出教学大纲所规定的范围，因此，这主要是形式方面不符合语用逻辑。比如，“通电短导线跟磁场方向”中的“跟”就存在着多义，它在此既可理解为连词，意为“和”；又可理解为介词，表示关涉的对象。再如“磁场对导线的作用力跟导线中的电流强度和导线长度的乘积之比”在语法上没有什么问题，但是涉及“跟”与“和”两个层次，结构层次较为复杂，且在语义上，“作用力”实际应该是“作用力的大小”，仅指“作用力”有些笼统，因为在物理学中，“力”包括“力的大小”和“力的作用点”“力的方向”等，这些都可能造成接受者理解上的分歧和混乱。就是说，该定义没有使用较为规范得体的语词将术语的表达者（含解释者）和接受者有效联系起来，因而两者在交际和认知上必然会出现一定的隔阂和偏差。

载有上例的文章最早刊于《中学语文教学》1979 年第 2 期。另据全日制普通高级中学教科书《物理》（第二册）[6]（P174），同样作为教科书的 2003 年版《物理》对同一个概念“磁感应强度”的定义和解释如下：

在磁场中垂直于磁场方向的通电导线，所受的安培力 F 跟电流 I 和导线长度 L 的乘积 IL 的比值叫作磁感应强度。

值得注意的是教材当页对于这个定义有一个注释：这个物理量之所以叫作磁感应强度，而没有叫作磁场强度，是由于历史上“磁场强度”一词已用来表示另一个物理量。显然，教科书关于“磁感应强度”这个术语的定义后出转精。后者在语词选用上清晰明了，在句式上不再杂糅，且引入符号（F、I、L），人工语言配合自然语言表达，语义清晰显豁，重点突出，是对术语“磁感应强度”的有效解释。这说明，来自朱德熙《两点感想》等方面的对原来教材的有关定义的批评（对原定义的一种接受，也是表达者和接受者之间的一种互动）发挥了作用，同时也表明，后来的教材编者较为充分地考虑到了接受者的接受实际，注意到了该定义的可接受度。教材后来对该术语解释做出调整的重要动因即语用逻辑。

术语解释的一个重要手段是给术语下定义。普通逻辑告诉我们，定义至少有实质定义和语词定义两种。在语用逻辑看来，“定义”需要有更强的针对性，并不是像一般教科书中的实质定义那么抽象，也不是像一般辞书中的语词定义那么笼统。基于语用逻辑的定义应该是与语境密切相关的，它理应充分考虑到语用主体（尤指术语接受者）的接受能力等接受实际。

如果术语解释的“所指”不变，则一旦认知语境发生变化，术语的建构也应该随语境的变化而变化。这里所说的语境除了上面所谈到的接受主体的接受能力等因素外，还包括表达者（术语创建者）的主体因素、术语使用者的认知背景（含时代背景、学术背景等）等因素。这里不妨再以另一著名语言学家蒋绍愚先生在其《打击义动词的词义分析》[7]（P387～401）中所涉及的术语问题为例个案讨论之。

蒋绍愚《打击义动词的词义分析》指出：“为了以概念场为背景进行不同词汇系统的词汇和词义的比较研究，这里想提出一个术语：‘义元'。"[7](P398)这是术语建构的目的。文章随后结合实例通过与"义位"的比较，给"义元"下了定义："就是处在某一个概念场的多维网络结构的某一个交会点上的、在某一个语言系统中可以有词汇表现的语义单位。"[7](P399)这是一个较为典型的"种差+邻近的属概念"的实质定义。紧接着，术语创建者指出："它的分布的背景是概念场，但它本身属于语义层面。'义元'的英译可以是'semantic unit'。"这是对术语"义元"的背景介绍，并涉及该术语的归属问题，显然这种定义比一般的术语解释的针对性更强一些。

术语创建者还各用一个自然段的篇幅，紧随其后分别解释了"种差"："所谓'处在某一个概念场的多维网络结构的某一个交会点上的语义单位'，指的是这种语义单位是根据它所在的概念场中的若干维度的节点交会而确定的。"[7](P399)"所谓'可以有词汇表现'，指的是这个语义单位可以用词或者熟语来表达。"[7](P399)以上两个方面的被解释项恰好是"义元"的"种差"的分解，它们合在一起共同构成了"义元"跟"义位"等"种概念"之间的差别。

尤其值得注意的是，术语创建者在厘清"义元"和"义位"之间的差别之后，对自己以前的术语使用做出了修改："在拙作《关于汉语词汇系统及其发展变化的几点想法》一文中，第一节是'义位的有无和结合关系'，其中有这样一段话：这里我们需要使用'义位'这一概念。'义位'是属于语言深层结构的，反映人们思想中对客观事物的分类……这就是义位的有关问题。这段话中的'义位'都应该改为'义元'；'义元'要像上文那样定义。"[7](P400)《关于汉语词汇系统及其发展变化的几点想法》发表于1989年1月，而提出"义元"这一术语的文章发表于2007年9月，时间相隔18年，其间术语创建者对相关概念的认识更深入了，以"义元"换"义位"即这种认识的反映。这种认识的改变即认知语境的改变，将"义位"新建构为"义元"，是认知语境发生改变的结果。之所以随着术语使用主体认知语境的改变而调整术语，语用逻辑使然。

如果说蒋绍愚《打击义动词的词义分析》将术语“义位”调整为“义元”是从表达者自身的角度重新建构和解释术语，则下例中有关“读音”和“发音”或“音”的辨正则主要是从接受者的角度理解和解释术语的。这一个案取自著名语言学家邢公畹先生的《评贾彦德〈汉语语义学〉》[8](P427)，邢公畹指出：

> 《汉义》(页18)说：“语音的作用，一个词、一个句子的读音的作用，是负荷语义、区别语义，使听不见、看不到、也摸不着的语义有所依托，能够存在，因而可以被人感知、识别。”《汉义》全书，凡当说“发音”或“音”的地方，一律说作“读音”。如果这么办，那么书名就应改为《汉语书面语语义学》。我想这不是作者原来的意思。

显然，上例中书评作者邢公畹是《汉语语义学》的读者，是话语接受者，他对术语“读音”的理解跟表达者贾彦德是不太一致的。邢公畹运用了一个归谬式的论证：“如果这么办，那么书名就应改为《汉语书面语语义学》。我想这不是作者原来的意思。”这种理解是有理据的，这对于作者调整原术语是大有裨益的。事实上，《汉语语义学》后来在第2版中已经将此处的“读音”修正为“音”了，即：

> 语音的作用，一个词、一个句子的音的作用，是负荷语义、区别语义，使听不见、看不到、也摸不着的语义有所依托，能够存在，因而可以被人感知、识别。[8](P29)

以上个案分析涉及自然科学（理科）和人文社科（文科）领域，关涉到术语的认知和传播等问题。个案分析表明，无论是理科还是文科术语都涉及术语标准化问题，都必然与认知语境等语境因素密切相关。当术语不能为更大范围的接受者在更大程度上接受时，表达者就应该重新调整术语的建构。即术语的选用有时是不断变化的，呈现出动态性特征，这与基于语境的语用逻辑的动态性特征恰好是契合的。

不妨说，将“基于语用逻辑的术语标准化”作为一个问题提出来是有意义的，术语得以确立和传播的“标准”可能是多种多样的，但最终恐怕还是看它是否能更好地与语境互动，看它在特定的语用主体那里是否有相对更大的可接受度。

如果说，阐述语用逻辑与术语理解之间的关系是一种宏观考察，则基于语用逻辑的术语定义问题的个案分析可视为一项微观探讨。着眼于宏观和微观视阈，从语用逻辑的角度全方位、深层次地考察术语规范化问题势必有助于人们更好地利用术语表征知识、传播科学。

参考文献：

[1]冯志伟.术语是人类科学知识在语言中的结晶.见：现代术语学引论[M].北京：语文出版社，1997.

[2]张春泉.基于语义场的科学术语理解[J].浙江社会科学，2006(1).

[3]张春泉.修辞与科学知识传播论纲[J].科学学研究，2004(2).

[4]张春泉.法典理解与语用逻辑[N].光明日报，2005/1/18.

[5]朱德熙.两点感想.见：朱德熙.朱德熙文集(第4卷)[C].北京：商务印书馆，1999.

[6]人民教育出版社物理室.全日制普通高级中学教科书(必修)·物理(第二册)[M].北京：人民教育出版社，2003.

[7]蒋绍愚.打击义动词的词义分析[J].中国语文，2007(5).

[8]贾彦德.汉语语义学[M].北京：北京大学出版社，1999.

原载《浙江社会科学》，2008年第6期

集合与语义场初探

19 世纪早期，自然科学取得了长足进展，其影响迅速波及社会科学、人文科学的某些领域。自然科学的某些观点和研究方法逐渐被一些人文、社会科学学者所接受并自觉地将之应用于自己所研究的领域。“场”（field）概念的提出和推广便蕴含了这一学术文化背景。

一、语义场理论与集合论的几乎同时提出

“场”首先是作为自然科学研究中的一个概念被提出来的。人们在研究中发现许多现象都是在一个范围内相互依存的一个整体，尽管它看不见、摸不着、无色、无味、无形、无体、无质量，但它是客观存在的，人们把它称为“场”。显然，“场”是一个极为抽象的概念，但这恰好意味着它的应用范围的宽泛性。随着磁场、电场、引力场等概念的相继提出，在语言学研究领域，人们也试图引入“场”的概念。早在普通语言学的奠基人德国的洪堡特（Wilhelm Von Humboldt）和赫尔德（Johann Gettfvied Herder）的著作中已有了“语义场”的观念，但由于当时语义学还没有真正摆脱附庸于词汇学、修辞学的地

位，成为语言学的一个独立的新的学科，这一理论思想仅是一种萌芽状态。在历史上真正最早提出“语义场”的概念并进行了认真研究的是 20 世纪二三十年代的一些结构语言学家，[1](P27) 其中最有影响的是德国的特里尔（Tost Trier）和英国的乌尔曼（Stephen Ullmann）。二战后，语义场理论经过威斯根伯（Weisgeibel）等人的研究，得到了不断发展，引起了人们的普遍重视。

几乎是与语义场理论提出的同时，德国数学家康托尔于 19 世纪 70 年代创立了集合论。康托尔的集合论是在布尔的类代数的基础上发展起来的，它要求集合的元素的确定性，尚未提出公理系统，因而被称为传统集合论、朴素集合论；后来随着研究的深入，发展出公理集合论、模糊集合论。我们这里仅就康托尔意义的集合论加以论述。

语义场理论和集合论的出现不是偶然的，而是数学和语言学发展的必然结果。

二、集合与语义场的共同点

我们将集合与语义场做一比较，可以看出它们具有许多共同点。

首先，在概念含义上，二者都与“类”有关，都含有分类的逻辑思想。

现代语义场理论认为，语义场就是通过不同词语之间的对比，根据它们词义的共同特征或关系划分出来的类。“语义场（semantic field）是指义位形成的系统，说得详细些，如果若干个义位含有相同的表彼此共性的义素和相应的表彼此差异的义素，因而联结在一起，互相规定、互相制约、互相作用，那么这些义位就构成一个语义场。”[2](P149) 这一定义告诉我们建构一个语义场有三个步骤：其一，对需要做语义场分析的一群词进行义素分析；其二，找出这些词的词义的共同点和关联点；其三，概括这些共同点或关联点并进行分类。我们再将三个步骤进行整理，即可表述为：对一群有意义区别的词根据它们词义的共同点或关联点进行分类，每一个类就是一个语义场。

关于“集合”，人们是这样来描述它的内涵的：“集合是把人们的直观的或思维中的某些确定的能够区分的对象汇合在一起，使之成为一个整体（或称为单体），这一整体就是一个集合。”[3](P1) 虽然在现代数学里一般把集合作为一个不加严格定义的概念，但通过上面的描述足以使我们明确它的内涵。“一个整体”，实质上就是一个类；并且，“人们的直观的或思维中某些确定的能够区分的对象”是可以用语词表达的，尤其是“思维中”的对象能且只能用语词转换或表达出来。因此，这里的“语词”“类”与语义场定义的“词”“类”的含义是相同的，集合与语义场在概念含义上的相关性就十分明显了。

第二，在基本性质上，二者都具有互异性、层次性和离散性。

所谓“互异性”，就集合而言是指构成一个集合的单个对象（元素）各不相同，不能互相替代，不能重复。如这样一个集合，A = {1，2，2，3，3，4}，它仍只能算有“1，2，3，4”四个元素。就语义场而言，“互异性”是指场内各要素在意义上不重复出现。如在“红—黄—蓝—白—青”这一语义场中，若再加入要素“黑”就不再是一个语义场了，因为根据现代汉语“青”“黑”在表示事物的颜色时是等义的，是可以在意义上相互替代的（这里的“相互替代”是指在同一语义场中，不考虑“青”“黑”这两个词由于语境的不同而分属不同的语义场的情景）。

所谓层次性，是指集合与语义场里面的构成要素可以包含和组建其他的集合与语义场。如数集 C 可表述为：C = {实数，虚数}，其中实数集 R 还可建立新的集合：R = {有理数，无理数}，而 R 集里面的元素“有理数”又可分为整数和分数，即：Q = {整数，分数}等。

类似地，语义场也可以有不同的层次，每个场之下可分若干子场，概括的范围由大到小，直到最小子场，体现出语义场是一个有序的结构系统。如“工人—农民—知识分子”这一义场，我们取其中的“工人”便可组建新的语义场“男工—女工”。这一现象可直观地表示为：

```
   ┌农民
   │
   │      ┌男工……
   │工人 ┤
人 ┤      └女工……
   │
   │……
   │
   └知识分子
```

所谓离散性，就语义场而言，“离散”是指场内各组成要素是不连续的。“语言是一种复杂的系统，由很多个大小不等、层次不同的子系统联合组成的一种非线性结构。”[4](P250) 既然语言是一种非线性结构，那么，作为一种研究语言现象的理论工具和语言学的研究对象的语义场必然也具有非线性结构，即场内各要素是一些离散的单元。在另一种意义上，我们说语义场实质上是一个“灰色系统”，不可能是一个“白色系统”。因为，一个语义场实质上是一个信息库，人们在接受这些信息时很难“全息”接受，即很有可能漏掉其中某一信息因子。毕竟，语义场内的信息最终是为人所接受的，而人对信息的接受不是机械的，它往往伴随着人们对信息的评价和做出取舍的选择。[5](P103) 具体地说，场内各要素虽有相同的义素，但也存在着不同的义素，并且随着人们对该语义场理解的逐步深入，义素间的间距可能会更大。贾彦德先生在《汉语语义学》里给出了“总语义场”的框架：“实际就是人对宇宙万物的感知系统的模式举例。框架的下限是最小子场的各个义位，上限是语言的总语义场的三个总词汇场：一个是对象（自然界、社会、人的精神世界），一个是运动（对象的变化、行为、动作），一个是性质（对象的属性、特征）。”[6](P72) 这一框架强调的是语义场容量的丰富性，并没有说明也不能说明场内各要素是相互粘连的。这正如我们看天上的星星，星星很多很多，不计其数，但我们能一颗一颗地“数”下去。至于集合的离散性，较语义场的离散性容易理解些，利用分离公理模式，我们可以严格证明不存在一个含有所有集合的集合。（证明过程从略）。[3](P130) 这一命题的得证可以导出集合的离散性。

第三，在研究对象上，两者研究的都是一个系统或者说一个整体，即两者考察的是某一整体的整体特征，而不是整体内某一构成要素的个别特征。一般地，集合可分为有限集和无限集。“从本质上说，语言是一个无限集。”[7](P50) 这里的“语言”就相当于我们前面提到过的“总语义场”，结合贾彦德先生给出的总语义场框架我们不难理解语义场的有限性和无限性。显然，无论是“有限”还是“无限”，集合论和语义场理论都以语义系统为研究对象，而不是单个的词义或单个的元素。

以上是集合与语义场所具有的主要的共同点。当然，我们也不可忽略两者的差别。第一，两者研究的范围不尽相同。朴素集合论研究的对象范围界定在其对象模态上是确定的，而语义场则不必这样界定。这正与语义的相对模糊性有关。此外，集合可以有单元素集和空集，而语义场则不考虑一个要素和没有要素的情况。第二，两者研究的手段和适用范围是不尽相同的。集合论主要是以定量研究为主，适用于对离散系统的研究；而目前的语义场理论则以定性分析为主，适用于对事物内容的研究。第三，这两种理论在被人们使用时对使用者的依赖程度不同。也就是说，在使用者对这两种理论工具的熟练程度相同的情况下（为了比较的方便，我们假设这种状况能存在），语义场理论对人的主观因素的依赖性要大些，因而人们应用这一理论较应用集合论的弹性要大些。

通过上面粗略的比较，我们不难看出，集合与语义场在基本的理论内容上既有其相通之处，也有其不同点，但前者是主要的。从目前的情况看，语义场理论的研究落后于集合论的研究，其中很重要的一个原因是前者未能更好地与自然科学，尤其是未能与现代数学进行有机的结合。也就是说，该理论还没有充分发挥“场”的理论意义，“场性”未能得以充分体现。

三、集合论与语义场相结合的必要性与初步尝试

逻辑实证主义和内涵逻辑学的发展已开始反映出把语义场理论与集合论结合起来进行研究的倾向，尽管还不是自觉的。例如：“在内涵逻辑学的模型论中，自然语言的词汇项目，不再是一个一个地直接进行解释，而是把重点放在研究语言本身所表现出来的总的意思上。”[7](P138)不难看出，这里“不再是一个一个地直接进行解释”“把重点放在研究语言本身所表现出来的总的意思上”运用了语义场理论思想。类似地，在逻辑实证主义特别是在卡尔纳普哲学影响下，叶尔姆斯列夫采取的语言分析“研究的目标在于描述语言单元间存在的总体关系”[8](P133)，这里的“总体关系”也有语义场理论思想。但是我们认为上述“模型论”和“语言分析”并没有自觉运用语义场理论，至少，在文字表述上他们对“语义场”只字未提。如果模型论和叶氏语言分析能自觉地将语义场理论运用到自己的研究中，并把内涵逻辑学以及语言分析经验主义原则——无矛盾性、彻底性、简单性适当地贯彻到语义场理论中，这样两者相得益彰，可能会更有利于研究的进展，尽管这种结合在实际操作过程中可能十分复杂。

看来，集合论与语义场理论的结合是必要的。下面，我们做些初步的结合尝试。

在语义场的表述形式上，不妨借用集合理论里的“{}”，为与集合相区别，我们也可用“[ ]”表征一个语义场。场内各要素间用“，”隔开。此外，我们不妨用一个大写的英文字母表示一个义场。这一

字母可以是该义场内某一共同义素所对应的英语单词的第一个字母。例如“颜色义场”可以表示为：C=[红，橙，黄，绿，青，蓝，紫]。用这套形式语言作为语义场的表述形式，可能更明确、直观些，更有利于人们对语义的理解。

现有的语义场理论往往注重的是某一义场内部各要素的分析，这从有关语义场的分类可以窥其一斑。例如，文旭在《从语义场理论看语言的模糊性》一文中将其分为6大类，即分类义场、顺序义场、换位义场、互补义场、两极义场、语义同义场；[1]贾彦德先生将其分为分类义场、部分义场、顺序义场、关系义场、反义义场、两极义场、部分否定义场、同义义场、枝干义场、描绘义场10种类型；[2](P152~174)利奇的《语义学》则分为7类。我们认为这些分类都是合理的，尤其是对场内要素的分析十分有意义。但我们“须要研究语言系统内各种意义类型的区分。在不同的层面和不同的角度上，存在着多种分类。须要弄清每一类意义的特性和彼此可能有的关联”[9](P125)。也就是说，我们应进一步对语义场与语义场之间的关系，即场际关系进行研究。

这里，我们建构这样一套关系来考察若干个义场之间的关系：相等、相似、包含、包含于、强、弱、相交、相离。根据集合论的递归思想，我们完全可以只考虑两个义场之间的关系。这样，任取两集合A、B，则A、B之间的关系有：

(1)A等于B，则A与B两个义场有相等数目的要素，且要素的意义在A、B这两个义场所形成的语境中一一对应相等；

(2)A相似于B，即A与B有相等的要素，且要素的意义在A、B这两个义场所形成的语境中一一对应相近；

(3)A强于B，即A内各要素间的意义上的间距大于B内各要素意义间的间距，这种意义间距可以用义素分析法定性地加以判定；

(4)A弱于B，这类情况恰好与(3)相反；

(5)A包含B,即B内所有要素的意义在A中均能找到;

(6)A包含于B,这类情况恰好与(5)相反;

(7)A与B相离,即A内各要素在由本义场所形成的语境中的意义在B中均找不到对应等义的要素;

(8)A与B相交,这种情形恰好介于(1)和(7)之间。

以上八种情形中(1)是(3)(4)(5)(6)(8)的特例;(5)(6)是(8)的特例。这八种情景用符号可表示为:

(1)A=B;(2)A∽B;(3)PA>PB;

(4)PA<PB;(5)A⊇B;(6)A⊆B;

(7)A⋂B=∅;(8)A⋂B=C。

其中,"∽"读作"相似于",P表示义场强度,"PA""PB"分别表示A、B的强度;"C"表示A与B相交部分组成的新义场,"∅"表示这样的义场不存在。

以上初步描述了八种"场际关系",下面我们举例说明这八种情景:

(1)若A=[红,白,黑],B=[红,白,青],则有:A=B;

(2)若A=[父亲,儿子],B=[母亲,女儿],则有:A∽B;

(3)若A=[死,活],B=[红,黄],则有PA>PB;

(4)若A=[父亲,儿子],B=[祖父,孙子],则有:PA<PB;

(5)若A=[父亲,儿子],B=[母亲,儿子],则有PA=PB;

(6)若A=[金,木,水,土,火,天王,海王,冥王,地球],B=[金星,木星,水星,土星,火星],则有:A⊇B;

(7)若A=[爸,妈],B=[爷爷,奶奶,爸爸,妈妈],则有:A⊆B;

(8)若A=[金,银,铜,铁,锡],B=[金,木,水,土,火],则A

与 B 相离，记作：$A \cap B = \varnothing$；

(9)若 A=[水星，金星]，B=[水星，地球]，则有 A 与 B 相交。(这里相交部分“水星”仅一个要素，不能构成新的语义场，可直接表述为“A,B”相交。由于这种相交比较简单，虽不能用符号表示也十分明确)。

以上的初步尝试探究，借用了集合论的一些思想和方法。不过，就目前语言学和数学的发展水平看来，上面考察的“场际关系”仍然无法进行精确的定量分析，各种场际关系也不能给出十分严格的定义。但随着人们对自然语言研究的不断深入和集合论、计算技术的日益发展，随着人们将义素分析方法等语义分析方法与卡氏积等集合间的推演方法进行更合理、更科学的结合，对场际关系以及场内的义位进行定量分析应该是可能的。

这种用集合论的观点和方法研究语义场理论的可能性，集合论与语义场理论两者所具有的十分旺盛的生命力可以为之提供一定的保障。

就集合而言，集合的概念在现实世界中有广泛的背景。集合论不仅研究集合的性质、关系运算、无穷序数与无穷基数，而且还研究它的公理系统和相应的逻辑性质，这一领域还有大量未解决的问题。[3](P1) 以此为生长点，完全可以建构许多新的理论框架，在此基础上产生许多新的分支学科。

类似地，语义场理论也不完善。学术界对这一理论虽有不少共识，但也存在大量分歧。固然，在科学研究中对客观存在的同一研究对象有不同的认识和说法是难免的，也是正常的，但它毕竟表明了语义场理论还须完善，有理论潜力可挖，有生命力。此外，语义场理论的巨大生命力还可以从其在语言研究中的工具性体现出来，它有利于语言研究中形、意的结合。“语义特征分析为同形句式的进一步分化，为同一类词划分小类提供了最可靠的语法、语义依据。”[10](P363)

这里的语义特征分析可转化为语义场分析。最后，语义场理论的生命力还体现在它适应了人类的认知规律。“当我们感知一个熟悉的对象时，只要感觉了它的个别属性或主要特征，就可以根据以前的经验而知道它的其他属性和特征，从而知觉它。如果感知的对象是没有经验过的或不熟悉的话，知觉就更多地以感知对象的特点为转移，将它组织成具有一定结构的整体。”[11](P100) 这里的“有一定结构的整体”即可看作一个语义场，而人们建构和理解一个语义场无时无刻不能没有知觉活动，因此，我们说语义场的存在适应了知觉的整体性这一基本特征。上述分析归结到一点就是集合论与语义场理论都是有发展前途的。既然集合与语义场两者所联系的集合论、语义场理论有着巨大的生命力，那么，两者在不断的发展中相互渗透、相互结合就有了可能。

无疑，用集合论的观点和方法研究、拓展语义场理论是有意义的。拓展后的语义场理论对于建立语料库、同义词词典编纂、信息储存与检索、机器翻译、语文教学，对于克服结构主义语言学派，转换生成语法学派的一些弱点，促进语言的形式和意义的结合等方面将有所裨益。不过，在“拓展”语义场理论的同时，我们不能忽略两者的差异性以及语言的人文性、社会性。毕竟，集合论是不能替代语义场理论的。

参考文献：

[1]文旭.从语义场理论看语言的模糊性[J].外语学刊，1995(1).

[2]贾彦德.汉语语义学[M].北京：北京大学出版社，1999.

[3]张锦文.集合论浅说[M].北京：科学出版社，1984.

[4]徐通锵.徐通锵自选集[C].郑州：河南教育出版社，1993.

[5]叶奕乾，祝蓓里.心理学[M].上海：华东师范大学出版社，1988.

[6]邢公畹.评贾彦德《汉语语义学》[J].中国语文，1995(1).

[7]冯志伟.数理语言学[M].北京：知识出版社，1985.

[8]李幼蒸.理论符号学导论[M].北京:中国社会科学出版社,1993.

[9]刘叔新.刘叔新自选集[C].郑州:河南教育出版社,1993.

[10]陆俭明.陆俭明自选集[C].郑州:河南教育出版社,1993.

[11]叶奕乾,祝蓓里.心理学(修订本)[M].上海:华东师范大学出版社,1996.

原载《咸宁师专学报》,2000年第3期

话序建构之动因

话序建构是语序积极调适的结果。语序的调整往往会形成不同的表达效果，其背后的动因主要是受话注意和认知水平。传统的语序研究多是从文章学的角度论述的，是“炼字句”（刘熙载《艺概·经义概》）之法。《文心雕龙·定势》有言：“辞反正为奇。效奇之法，必颠倒文句，上字而抑下，中辞而出外，回互不常，则新色耳。”说的即作为“效奇之法”的“颠倒文句”的效果问题，而“颠倒文句”即某种意义上的语序变换。《艺概·经义概》举例并解释曰：“‘红杏枝头春意闹’，著一‘闹’字，而境界全出。‘云破月来花弄影’，著一‘弄’字，而境界全出矣。”[1](P31)

类似地，对于《宋书·乐志》“平陵东，松柏桐，不知何人劫义公。劫义公，在高堂下，交钱百万两走马。两走马，诚难见，顾见追吏心中恻”，以往的研究归其为修辞的问题，并命名为顶真格。

以上无论是为致“奇”，还是顶真格的命名，都默认了一种常规的语序，或如“反正为奇”的“正”，或如“两个以上的词所成的句，句中各词一定可以分出轻重宾主底差等”[2](P180)，“红杏枝头春意闹”本应为“红杏枝头闹春意”，《宋书·乐志》的“劫义公”（第二次）本应该置于“在高堂下”之后，而“两走马”实为“诚难见”的宾语。这与现代类型学的研究是不谋而合的。现代类型学研究认为，中心后置和SVO是汉语的两大基本语序，但“奇”形成的动因何在却是一个值得研究的问题。

索绪尔区分语言和言语，将二者形象地表达为：语言是一个交响乐章；言语是演奏，依乐队或演奏者个人而异，它涉及技巧和艺术修养。语言系统如此，其物质载体语音、组织材料词汇和构成规律语法无不如此，也正是通过语音、词汇、语法体现出的“乐章”与“演奏”之间的关系，人们更加深刻体会到语言与言语的关系。从当代功能语言学的角度讲，言语是“语言为了达到交流的目的而自我调适的结果”[3](P20)。

语序体现了语言单位的组织规律，是抽象的，一般的，可称为语序“位”，通过话序即语序“素”体现出来，有常规话序和非常规话序两种变体。话序是语序自我调适的结果，既有语言内的，也有语言外的动因。本文主要讨论话序形成的语言外因素。

一、受话注意

注意是一种心理过程，“受话注意”是指在发话人和受话人之间的互动交际中，对发话人所表达的观点或思想，受话人可能发表的观点、引起的感受和做出的反应。简言之，受话注意是受话人对特定话语的关注。

例如孟子以善辩著称，虽然“辩论是战争”是人类认知的一个概念隐喻，但他的对手是地位不平等的“王”，因此，他无法“唇枪舌剑”，而只能是循循善诱。换句话说，他时刻以“受话注意”为怀。我们以《孟子·梁惠王·齐桓晋文之事》为例来说明。

(1)王坐于堂上，有牵牛而过堂下者，王见之曰：“牛何之？”

对曰：“将以衅钟。”王曰：“舍之！吾不忍其觳觫，若无罪而就死地。”对曰：“然则废衅钟与？”曰：“何可废也？以羊易之！”

(2)我非爱其财而易之以羊也。

“以羊易之”和“易之以羊”的真值条件是相等的，所叙述的是已经发生的衅钟之事，“牛”幸免而“羊”遭祸的结果。但顺序不同，导出不同的理解。鲁国尧先生认为：“动词（或带宾语）如果加上了个‘以……’，这‘以……’无论做状语还是做补语，都是侧重之点。”[4](P290)我们完全同意鲁先生的观点。其一，凸显“易之”是因为它是对“何可废也？”的反诘，强调衅钟的“不可废”，这是梁惠王强调的重心所在。其二，凸显“以羊”，反衬非“爱其财”而是“不忍其觳觫”。但为什么对同一件事情的叙述会有两个不同的侧重之点？

在我们看来，对同一件事情的叙述有两个不同的侧重之点这一言语现象的存在涉及话序建构的动因问题。孟子所处的时代，统治者“以征伐为贤”，各诸侯国竞相“争地以战，杀人盈野；争城以战，杀人盈城”，以致“民有饥色，野有饿殍”。孟子提倡仁政，反对攻伐，这即他们思想的分歧所在。孟子意识到这个分歧的存在，于是产生了交际的需要，要阐述“保民而王，莫之能御”的“仁政”思想，并最终达到被梁惠王接受的目的。

为了使交际成功，作为发话人的孟子必须理解受话人的思想，考虑他的感受和可能有的反应。“衅钟”之时“以羊易之”，这一“恩足以及禽兽”的举动是梁惠王的闪光点，但受话人苦于“我乃行之，反而求之，不得吾心”，而发话人“他人有心，予忖度之”，不正满足了发话人的心理，达到“不愤不启，不悱不发”的目的，为自己“仁政”思想的阐述铺平了道路吗？

从另一个角度讲，作为发话人的梁惠王谈道“我非爱其财而易之以羊也，宜乎百姓之谓我爱也”也是为了迎合受话人孟子“施仁政”的口味，但无奈他无法做到“善推其所为”。

无论是孟子还是梁惠王，当他们作为发话人时，都十分关注对方的观点或感受，尽管预期结果可能不尽如其意。之所以如此，实乃“人同此心，心同此理”。

让我们再来看郭沫若的一例改笔。

(3)原句：人手少，贵客们太久等了吧，对不住得很。（郭沫若《棠棣之花》，北新书局，1938年）

改句：贵客们太等久了吧，人手少，对不住得很！（同名，见《沫若文集》第三卷，人民文学出版社，1957年）

就当时语境而言，“贵客们太等久了吧”与“人手少”是“结果”和“原因”之关系。

先原因后结果的句子表达顺序符合人类的原因和结果的认识顺序，这也是汉语的典型语序，如这样的表达顺序一般不需要关联词。即使须用关联词的英语，就研究表明，儿童最先习得的也是先因后果的表达。改笔将“结果”置于“原因”之前可谓“奇突的处所”，而“将词摆在出乎读者意料之外的处所，也很可以引起读者的注意。所以，这种出乎读者意料之外的奇突的处所，在句中也是一个重要的处所”[2](P180)。

但作为致歉语，先将结果提前更有利于受话人的心理平衡和注意的分配，重在强调“让贵客等久”这一结果，表明自己的深深歉意，而不是努力寻找替自己开脱的原因。

二、认知水平

如果说受话注意是话序建构的“点”动因，则认知水平可看作是话序建构的某种“面”动因。语言是人类特有的一种符号系统，当它作用于人与人的关系的时候，它是表达相互反应的中介；当它作用于

人和客观世界的关系的时候，它是认知事物的工具；当作用于文化的时候，它是文化信息的载体和容器。[5](P10)

上文的分析重在讨论语言作为表达相互反应的中介的一面，下面我们来看语言作为认知事物工具的一面。如：

(4)原文：层层的叶子中间……又如碧天里的星星，又如刚出浴的美人。(朱自清《荷塘月色》)

修改：层层的叶子中间……又如碧天里的星星。(中学课本)

受话人由最初发表时的一般读者转向普通中学生，潜在的发话人对受话注意有了更加具体的把握：首先是认知，然后才是审美。

(5)原文：秭归是屈原的故乡，是楚王子熊泽建国之地。(刘白羽《长江三峡》)

修改：秭归是楚先王熊绎始封之地，也是屈原的故乡。(中学课本)

据袁崧《宜都山川记》载："熊泽"是熊绎之误。我们更为关注的是课文将"楚王子"改为"楚先王"，"建国之地"改为"始封之地"，并在此基础上做了语序的调整，即"屈原故乡"位置的变动。对于受话人来说，熊绎是谁，谁是熊绎，恐怕只有极少数的人能够说出，将秭归说成"楚先王熊绎始封之地"信息含量是不大的，或者更确切地说，是不会引起受话人多大注意的，这犹如现在对青少年说某一位历史人物还不如对他们说某一位明星更能引起他们的关注一样。但相对于熊绎而言，屈原却大不相同了。《离骚》令多少文人墨客倾倒，"世人皆醉我独醒"又成为多少仁人君子学习的楷模，但屈原的知名度远不止于这么一个小圈子，如果说"苏秦张仪"等妇孺皆知是夸张的话，屈原是家喻户晓却是对事实的真实写照，民间吃粽子、举办赛龙舟等活动仍是在每年端午纪念屈原的特有活动。

但文章不能只说秭归是屈原的故乡，因为屈原是熊绎的后代，秭归是熊绎的建国之地，或者说没有熊绎就无从谈起屈原。修改之后的处理从逻辑上讲，更符合时间顺序，从受话人的认知顺序上讲，更符合突显的要求，即用“屈原的故乡”来定义“秭归”更容易引起受话人的注意，这也正跟“句尾焦点”相符合。

正因如此，我们也就不难理解为什么“臣屡战屡败”的启奏改为“臣屡败屡战”而得到了皇帝的嘉奖。[6](P57)

语序调整不是作家或语言研究者玩弄的“壮夫不为”的“雕虫小技”，其实，以何种话序的面貌出现甚至会关乎十分严肃的涉及国计民生的重大问题。例如，“公民的基本权利和义务”与“国家机构”在宪法中的排列顺序直至制定八二宪法时仍然是修改宪法过程中的“主要问题”之一，《中国宪法精释》将“关于宪法的结构”作为当时修改宪法过程中讨论的主要问题的第一个问题。[7](P23) 表面仅仅关涉顺序的问题，其背后却关乎“公民权利”与“国家权力”的关系问题。而最终将“公民的基本权利和义务”放在“国家机构”之前体现了“国家权力属于人民，先有公民的权利，才有国家的权力”的宗旨。

语序是客观存在的，语序的调整往往会形成不同的表达效果，其背后的动因是受话注意和认知水平，但无论是哪一种动因，都须符合人类认知上的顺序规则。

参考文献：

[1]王国维.王国维文学论著三种[M].北京:商务印书馆,2001.

[2]陈望道.陈望道文集(第2卷)[M].上海:上海人民出版社,1980.

[3]沈家煊.不对称和标记论[M].南昌:江西教育出版社,1999.

[4]鲁国尧.《孟子》“以羊易之”、“易之以羊”两种结构类型的对比研究.见:程湘清.先秦汉语研究[C].济南:山东教育出版社,1992.

[5]许国璋.许国璋论语言[M].北京:外语教学与研究出版社,1991.

[6]冯胜利.汉语韵律句法学[M].上海:上海教育出版社,2000.

[7]全国人大常委会办公厅研究室政治组.中国宪法精释[M].北京:中国民主法制出版社,1996.

原载《语文研究》,2004年第3期

略论语词线性组合的非线性特征

——兼谈表达与接受的关系

一般说来，语词的能指形式是呈线性组合的，在具体的微观环节上呈线性延伸。但是在某些特殊语境中，从整体上看，这种线性组合则体现出一定的非线性特征。尽管这种非线性特征并不一定能改变语词组合的线性基本特征，但是它在言语理解等言语活动中仍然不可忽略，具有特定的语用修辞功能。

一、何为线性组合的非线性特征

索绪尔《普通语言学教程》指出："横向组合关系是显在的；它以两个或几个同等地出现在实际系列中的辞项为基础。相反，关联聚合关系却把潜在的辞项结合在一个虚拟的记忆系列中。"[1](P137) 有论者对索绪尔这一论点的阐述和评价是："索绪尔不是从单个的辞项入手，不是以辞项的堆砌获得系统，而是与此相反，从连带关系的整体出发，通过分析得出整体所囊括的要素，正是借助整体系统中的各种关系，各个要素才获得了给定的价值与功能，从而避免了原子主义之谬，因此得以指认语言状态中的横向组合关系和关联聚合关系。"可以毫不夸张地说，这一断言改变了语言研究的结构。[2](P236) 显然，这里强调的是：第一，作为能指的横向组合，即所谓“显在”的辞项作为要素的价值与功能实现；第二，整体系统，即对整体语言环境的重视。显然，在索绪尔那里，与横向线性组合的“显在”相对应，聚合联想关系则主要是“潜在”的虚拟。从一定意义上说，索绪尔《普通语言学教程》上述论述实际上蕴涵了组合中的要素与整体的统一，横向组合关系和关联聚合关系的统一。在我们看来，如果把横向组合关系视为线性延伸的话，关联聚合关系则更多地呈现出非线性特征。

简言之，语词的非线性特征是指，语词在语义所指上的前指、回指、兼指等套叠附加现象。如果我们把语言看作一个符号体系，则其非线性特征主要是表现在符释（符号解释）方面。

语词线性组合的非线性特征有其哲学上的基础。哲学解释学（诠释学）等有关解释学循环的理论为我们探讨这一问题提供了一个理论前提。伽达默尔等哲学解释学学者正确地指出了表达和理解之间的某些关系，这种表达和理解上的关系，在语用学和修辞学领域有论者概括为“互动”，这种互动运作本身并不是线性的，也不可能是线性的，呈现出由表达者头脑中虚拟的接受者到表达者再到实际的接受者这样一个循环过程，尽管这一循环过程会有不同的具体方式。

二、线性组合的非线性特征的语境分析

线性组合的非线性特征总是在一定语境中体现出来的。例如，语流音变总是在一定的“语流”（即语境）中形成的。概言之，线性组合的非线性特征总是诉诸特定语言环境（含上下文语境和社会情景语境）体现出来的。

（一）上下文语境中的非线性组合特征

语词线性组合的非线性特征说到底是诉诸语义（有时尤指“内

容”）的超常规匹配表现出来的。具体体现为能指形式上的反序、叠加、套嵌、断开等。通常情况下，反序、叠加、套嵌、断开等的必要条件就是要有上文和下文、前言和后语。比如，在一定的语流中，“啊”出现增音，这时的增音是临时增加的，同时也是在语言符号形式的线性组合上“看”不出来，表现不出来的。

就现代汉语而言，有些反序现象实际体现了语词线性组合的非线性特征。例如：

> 她呆板得像个机器人导游员，她一定为昨晚钻船的事被我撞见而尴尬。我并不打算说是她丈夫，她这个尬何必尴得太认真。（刘国民《东北角》）

上例中，“尬”置于“尴”之前，如果孤立地看，读者就不知所云，是一个典型的“问题”句子。但是，结合前文“撞见而尴尬”和后面的“得太认真”以及嵌于其间的“何必”等，稍微留心的读者是不难理解的。显然，这是一个非线性的理解。

此外，现代汉语中大量存在的兼语式即具有这种非线性特征。例如：

> 我请他教我写作文。

其中，“他”即和前面的“请”组合，又和紧接其后的“教”组合。后面的“教我”中的“我”也是兼有两种组合：“教”与“我”组合；“我”与“写作文”组合。实际为：

> 我请他
> 他教我
> 我写作文

如果说兼语式还不甚典型的话，则汉语中的回文等即可视为线性能指组合的一种比较典型的“非线性”特征。例如：王融《春游回文诗》中的句子“池莲照晓月，幔锦拂朝风”，可以倒过来读：风朝拂锦幔，月晓照莲池。再比如王安石的《碧燕》，顺读为：

碧叶平野旷，黄菊晚村深。客倦留甘饮，身闲累苦吟。

倒读为：

吟苦累闲身，饮甘留倦客。深村晚菊黄，旷野平叶碧。

王安石的《泊雁》也是一首按五律要求作成的回文诗。类似的还有苏轼的《题金山寺回文诗》等。此外，诗句盘旋环绕直至最外一层，全诗形式上大体环绕的盘中诗等也较为充分地体现了语词组合上的非线性特征，这里姑且不论其文字游戏性质。

最后，能指形式上的断开或缺省其实也可看作是一种非线性特征。例如：

方达生　我们一齐做点事，跟金八拼一拼，我们——你为什么不理我？（低头敲着门）不说话？（曹禺《日出》）

上例“我们——你为什么”中的“我们”与“你”之间断开，并以破折号作为能指形式上的标志，实际乃一种非线性特征的体现。再如：

“亮色”，这是前天的传达里听来的，挺新鲜，不觉得莞尔。趁这“莞尔”的工夫，建筑师说道：“主任的意见很好。……”（林斤澜《朝天椒》）

上例“莞尔”本为“莞尔而笑”的缺省，同样的道理，如果孤立地看，“莞尔”的表达有些令人莫名其妙，但是在后文出现“趁这‘莞尔’的工夫”之后，言语接受者的理解就不会出现大的偏差了。这里后一个“莞尔”用引号作为能指形式上的补充标志，显然有利于读者的有效理解。

需要特别说明的是，以上非线性组合均为“读”时形成的。唯其“读”才有这种非线性的特征显现。说明了非线性特征往往诉诸接受者的接受体现出来的，而一个完整的交际过程是不可或缺“接受”这个环节的。

（二）情景语境中的非线性组合特征

这种语境中，尤其重要的是言语使用者（含表达者和理解者）。从能指上看，言语确实是随着时间的推移呈线性生成的，但这里主要是符形（即“符号形式”）。符号学理论告诉我们，符号除了具有符形之外，还有符释等，而符形与符释是不宜、不可截然分割开来的。符释的执行者或曰完成者就是“人”——特定情景下的言语使用者。这时，特定的“情景”对于情景中的人的有效理解不无助益。例如：

> 鲁妈　哦，这真是一群强盗！（走至萍面前）你是萍——凭，凭什么打我的儿子？（曹禺《雷雨》）

上例中“鲁妈”在彼情彼景之下，不宜也不大可能接着“萍”说下去，而是借“凭”与“萍”谐音，对其表达在语义上做了急遽的转换。

线性组合非线性特征的存在主要是因了不同接受主体的存在。接受主体可能会因为自己的接受能力、动机、兴趣、需要等的差异，有时即使是同一个主体，不同时间接受相同的语词其理解方式也可能不尽相同。

人在一定的情景下说话往往会伴随着音调、语调和轻、重音等音高和音强上的变化。汉语尤其重视声调，调值和调类相对丰富，有时不同的声调会导致不同的理解。此外，汉语的语调也可以导致不同的理解。最后，汉语的轻重音对表达和接受也都有着不可忽略的影响。这些诉诸音长、音高、音强等体现出来的情景语境，在语词的能指线性组合上是不甚明显的，但是这些超音段特征在修辞上也是有意义的。不妨认为，这些超音段特征是非线性的。

三、线性组合的非线性特征的功能分析

不可忽视的是，索绪尔有关组合关系与聚合关系的区分是与其关于能指与所指的区分紧密联系的。此外，索绪尔在建构其理论时，由于历史、时代、学术发展等条件的限制，其研究对象恐怕较少涉及汉藏语系等印欧语系之外的语言，尽管其著作名为“普通语言学”。今人在理解和运用索绪尔理论时不可断章取义，也不可不考虑到这些“先天”之不足。最后，尤其是要用索绪尔自身的术语和论断来解释其有关学说。再说，索绪尔自身的学说（含有关组合与聚合的区分理论）是十分系统的，成体系的，自成一家之言的。

似可认为，线性与非线性、组合与聚合分别对应着能指与所指。涉及所指（语义内容），就势必与世界万物、与人密切相关。

从言语到言语行为，体现了线性组合的非线性特征。即“言后之果”的诉求和实现从根本上讲是有其非线性特征的。例如命名等也要考虑到线性组合的非线性特征。比如，杭州商学院更名为浙江工商大学，却不宜改为杭州商大学。这里面固然涉及音节的和谐问题，但是不可忽视的一点还是：“学”既可以和“商”组合，形成“商学”，又可以和其后的“院”组合，形成“学院”，这样，“学”在这里同时与其前、其后的直接成分搭配，就具有一定的非线性了，成了一种特殊的“兼语”。类似地，“工学院”可以更名为“工业大学”，但是不宜改为“工大学”。

言语使用者在表达时适当考虑到情绪情感等超音段特征可能具有的非线性特征，是有助于表达者的表达意图实现的，同时也就有助于表达的得体。

回环、回文等积极修辞手法即在一定意义上是对语词线性组合的非线性的利用。这种利用体现出线性组合的非线性特征的修辞意义。

再比如一些“宝塔诗”从总体上看，它的特色即在于给接受者视觉上的非线性，它们追求这种符号形式上的变异带来接受者的相应联想。这实际上是对语词线性组合的非线性特征的一种较为充分的利用。

最后，我们似可以得出：语词线性组合所具有的非线性特征的实质是，在表达上是线性的，但是在理解接受上是非线性的。理想的表达与接受就是以这种线性与非线性特征的相互补充而动态和谐的。此外，语词组合在静态结构上是线性的，但是在动态功能实现上则是非线性的。

参考文献：

[1][瑞士]费尔迪南·德·索绪尔.普通语言学教程(第5版)[M].裴文译.南京:江苏教育出版社,2002.

[2]裴文.索绪尔:本真状态及其张力[M].北京:商务印书馆,2003.

原载《渤海大学学报》(哲学社会科学版),2005年第2期,署名冯广艺,张春泉

数量短语的变异运用

汉语有着十分丰富的数量短语，它们在一定语境中的变异运用独具语用价值，这里对几种常见的数量短语的变异运用情况做举例说明。

一、数词+量词+抽象名词

一般来说，数量短语所修饰或限制的名词应该是比较具体的，按常理只有比较具体的名词才存在“数”与“量”的概念，比如“一张纸”“一辆汽车”等。尽管如此，在言语作品中仍然有大量的抽象名词为数量短语所限制，构成超常搭配，亦即数量短语的变异运用。例如：

(1)红红地，你唤醒了
我的一枝记忆
(邓芝兰《早春及其它》，见《星星》诗刊 99.3)

(2)浅浅的睡眠中临一帖古典爱情

醒来已是一宅院的桃花

(赵子桐《白云滑过天边的草场》,见《诗林》99.1)

(3)因为黎明的微光

在瞳孔里萌发

开出一朵光亮的世界

(曲有源《最后一枚成熟的果实》)

例(1)用“一枝”修饰“记忆”,例(2)用“一帖”修饰“古典爱情”,例(3)用“一朵”修饰“世界”,这种变异化抽象为具体,使数量短语所限制的名词更具形象可感性。

二、数词+量词+形容词

数量短语一般修饰或限制名词,若用来修饰形容词便形成了变异。例如:

(4)左上角是先生一款题画,笔法甚是惹人,大概是六分半书了,横铺在那里,一副悠闲。(陈赵文《冻蝇触窗小鼓声》,见《散文》99.5)

(5)坡的两旁,长着仙人掌,而一种白色花枝的亚热带植物,垂条扶疏,一片烂漫。(徐知免《回忆朱自清先生》,见《散文》99.5)

(6)一面说着又是一阵呵呵大笑,平时总带了三分狠气的脸,竟也是一派灿烂。(李锐《二龙戏珠》)

例(4)“一副”修饰“悠闲”,例(5)“一片”修饰“烂漫”,例(6)“一派”修饰“灿烂”,突出强调形容词,言语表达更具有表现力和感染力。若补上对应的名词,改成常规的表达,如“一副悠闲的样子”“一片烂漫的景象”“一派灿烂的笑容”等,则缺少前者的表现力和感染力。

三、数词＋量词＋代词

数量短语修饰代词往往具有变异色彩。例如：

(7)极目之下，再也找不到一株这么高的植物，仿佛天地只留下一个你，一个它。(吴玉楼《野旷天低树》，见《散文》99.5)

(8)开口一个我
闭口一个我
世界小了装不下我。
(白航《自我狂》，见《星星》99.3)

例（7）、例（8）中的代词被数量短语修饰后，变特指为泛指，使语义发生变异。另外，在口语里数量短语修饰代词，常常以对举形式出现，如“一个你，一个他，都要注意这个问题”等，但语义并未发生变异，与例（5）、例（6）不同。

四、数词＋量词＋动词

一般来说，数量短语在动词前用往往作状语，如“一脚把球踢进了球门”，如果在动词前用且不作状语，往往带有变异色彩。例如：

(9)所以一棵槐树站在远方，就是一个召唤。(吴玉楼《野旷天低树》，见《散文》99.5)

(10)就让第二十一个破碎
裸露成女人的胸
(柯红《第二十一个破碎》，见《诗林》99.1)

(11)芦花递给她们一个笑，一直朝校园外走去。(迟子建《北国一片苍茫》)

例（9）中的“一个召唤”、例（10）中的“第二十一个破碎”和例（11）中的“一个笑”就属于数量短语修饰动词，有人认为这里的动词“名词化”了，比直接使用动词更生动，更能突出表达效果。

上述四种常见的数量短语的变异运用，多出现于艺术语体，往往有明显的修辞色彩和语用价值，值得我们注意。

原载《修辞学习》,2002 年第 1 期,署名冯广艺,张春泉

"V（一）V"结构式补议

"V（一）V"结构式中"一"的语法性质及句法功能学界关注较少，在笔者看来，作为话语标记语，"一"解析结构、离散语义，主要起句法停顿、逻辑减"量"作用。

同为谓词性成分，"VV"结构式与"AA"结构式（形容词的重叠形式）在语法意义上呈总体互补态势，在逻辑上形成反对关系。着眼于"一"的语法性质和句法功用，可以在一定意义上解释"为什么动词的重叠表示动量少或时量少，而形容词重叠表示程度加深或者程度适中"这一语法现象。

一、问题的提出

"V（一）V"结构式指的是单音节动词重叠之后所形成的表达式，类似于"动词重叠""动词拷贝结构"等说法。"V（一）V"结构式中的"V"往往是已经具备重叠"资格"的表示时段的动词，而不是时点动词。时点"表示什么时候，如'一九五四年、昨天、星期六下午'，说的是时间的位置，时间的早晚"[1](P70)。时段"说的是时间的长短，时间的久暂”[1](P70)。时点动词表示在某一时间点发生的动作、行为，在某一时刻的心理活动等，时段动词表示在某一时间段发生的动作、行为，在某一时段的存在、发展等。

黄伯荣、廖序东主编《现代汉语》在比较动词和形容词的区别时特别指出二者的单音节重叠式的意义不同：动词的重叠“表示动量少或时量少”[2](P13)，而形容词重叠“表示程度加深或者程度适中”[2](P13)。如果说“加深”可以理解为一种“多”，那么这里的“少”“加深”“适中”则在总体上呈某种互补态势。

同是“重叠”这种“准形态”变化，同为谓词性成分，为何单音节动词重叠式“V（一）V”在语法意义上表示“少”，而单音节形容词的重叠式“AA”在语法意义上表示“加深”和“适中”？“V（一）V”和“AA”在语法意义上的总体互补是不是一种巧合？如果不是，有何理据？

在笔者看来，要解决这个问题，得先探讨“V（一）V”中“一”的句法功用。

二、“V 一 V”中“一”的句法功用

当前语法学界，对“V（一）V”中“一”的研究并不多见。而在为数不多的研究中，对“一”的讨论也往往是间接的，不是直接的，即人们主要关注的是“V”的语法意义，而不太直接关注“一”的句法功用，这样我们有且只有从人们对“V”的看法里推断有关论者对“一”的认识。

一种观点认为，“V 一 V”中的“一”作为数词，“一”后的“V”为量词，表示动量。“一 V”为数量结构。邢福义先生指出：“‘笑、看、摇、踢’都是动词，它们可以根据‘可计量’的理据性联系借用为量词：笑了一笑｜看了一看｜摇了一摇｜踢了一踢。”[3](P104)这里把

“一”后的“笑、看、摇、踢”都看作是量词，如果进一步“据量辨数”，则“一”为数词。邢福义先生曾补充说明：“通过句法格局和语义关系的考察，知道 V 一 V 同 VV 之间确实存在若干不同之处。但是，从全局看，二者的细微差异主要还是表现为在说话口气上有着不同的语用价值。”[3](P77) 这里讨论的是“V 一 V”同“VV”的不同之处，而二者在形式上的差异主要是通过“一”表现出来的，因此邢福义先生在这里实际上是在间接讨论“一”的语用价值。这种观点具有一定的代表性。

作为数词，“一”在和量词形成数量短语一起修饰或限制中心语时，“一”有时可以省略。例如：

(1)他戴了(一)副眼镜。

(2)我想有(一)个家。

(3)抽(一)支烟。

(4)道场上有(一)堆柴。

(5)请借(一)点钱给我。

一般说来，以上情形只限于数词“一”。这表明，数词在省略与否问题上，是不对称的。当可以省略而没有省略的数词“一”出现时，“一”主要还是发挥其在说话口气上的语用价值，这时，“一”的词汇意义是虚的，“一”作为话语标记语。

此外，也有论者暂时搁置关于“V 一 V”中的“一”的语法性质及句法功用的讨论，而主要关注“V”的语法意义，这种观点认为，“V 一 V”中后一个“V”不是动量词，而是动词的重叠形式。李宇明《动词重叠的若干句法问题》指出：“‘动词重叠式’中间嵌入‘了’和‘一’，形成‘V 了 V’、‘V 一 V’和‘V 了一 V’等变体形式。本文把这些变体形式也都看作动词的重叠式。”[4](P83) 事实上，“V 一 V”与“VV”在语用意义及语境分布上稍有不同，但在语法意义上的差别并不明显。例如（以下语例均取自北大语料库）：

(6)人，人要死了，先给他洗一洗，洗洗。

(7)特异功能的研究者们不妨如此试一试看，就不会那么轻易上当了。

(8)好，就这样拼一拼吧！

(9)公输般使用斧子不用说是最灵巧的了，谁要想跟他比一比使用斧子的本领，那就是不自量力。

上例中，“洗一洗”与“洗洗”并列出现，直接组合，这两个结构体的句法位置可以互换；“试一试看”可以换成“试试看”；“拼一拼”也可换成“拼拼”；“比一比”可以换成“比比”。

就“V一V”而言，“一般来讲，语法学界认为‘VV’是‘V一V’的省略形式，都用来表示未然的事情，从句法功能上看二者几乎没有区别，我们对语料中的‘V一V’进行了考察，‘V一V’基本上都可以用对应的‘VV’替换”[5](P283~284)。与其说这里讨论的是“V一V”和“VV”在句法功能上的差别，不如说是在间接讨论“一”的句法功能。句法功能主要是“V一V”这一结构体入句后体现出来的。例如：

(10)天天晚上，他们都回来了就一块儿吃饭，这老婆婆没来，咱就等一等，这样，等一会儿。

(11)赶紧到礼拜寺去请这个人，请这个阿訇给他念一念，然后这个人也就完了。

(12)汉武帝把李陵的母亲和妻儿都下了监狱，并且召集大臣，要他们议一议李陵的罪行。

例（10）中，“就等一等”做“咱”的谓语，其中副词“就”做“等一等”的状语，“等一等”做谓语中心。例（11）中“念一念”做“这个阿訇”的谓语，“这个阿訇”兼做“请”的宾语。例（12）与例（11）均为兼语式，但比例（11）稍微复杂，例（12）中“议一议”除了做“他们”这一兼语的谓语外，还做了宾语“李陵的罪行”的动语。

可以省略“一”的“V一V”结构，不妨记为“V（一）V”。以上“V（一）V”中的“一”均不宜换成“X”，即“V（一）V”结构中的“一”不能换成“二”“三”等。从这个意义上说，“一”和其他数词在省略与否问题上也是不对称的，并且在出现与否问题上同样是不对称的。“一”不省略时，“一”可作为话语标记语。此时，“一”的词汇意义已经很虚，起了话语标记的作用。“一”与具有词汇意义的数词在语法性质和句法功用上有很大的不同，入句后，“一”并不表示“动作”只进行了“一动”，而是表示动量或时量较少（短），也可表示短暂尝试，带有较强的主体主观性。

以上讨论表明，无论是把“一”看作数词还是视为可以省略的成分，在句法功用上，“V一V”中的“一”都可看作停顿、变换、凸显的标记，“一”往往断开拷贝式，使动作、行为等暂缓进一步延续。事实上，前文已提及，可以重叠形成“VV”或“V一V”的动词往往是可以持续的时段动词，而不是时点动词。例如，“洗一洗”“比一比”“试一试”“等一等”“念一念”“拼一拼”等。一些时点动词则不可形成“V一V”结构式，例如“死一死”（“生生死死”及其类似的结构不在本文讨论之列，这是由两个反义或近义的单音节动词、形容词、名词、区别词重叠联合构成的AABB格式，这是句法结构中的固定格式）、“结一结”（尤指“结婚”的“结”）、“到一到”等。重叠式“V一V”相对于单用的“V”而言，动量或时量可以停顿或变换，而单用“V”时“V”因无从插入“一”这一标记语，从而是连续的，不曾中断的。

三、“VV”结构式与“AA”结构式语法意义上的互补及其原因

“VV”结构式和“AA”结构式（形容词的重叠形式）在语法意义上总体互补。“VV”和“AA”式在形式上均为单音节重叠，“V”和“A”同为谓词，且在语法意义上一动一静，这些是二者在语法意义上互补的重要前提。

关于动词重叠式的语法意义，学界多有论述。“概括地说，动词重叠式表示动作的量。所谓动作的量可以从动作延续的时间长短来看，也可以从动作反复次数的多少来看。前者叫作时量，后者叫作动量。”[6]（P66）简言之，“动词重叠式也是兼表时量和动量的”[6]（P67）。进一步具体说来，“动词重叠式除了表示时量短之外，有时表示动量小”[6]（P67）。例如：

(13)吓坏了，趁寇准不在的时候，又在真宗身边唠叨，劝真宗暂时退兵，避一避风头。

(14)这个社会，这个世界就是个旅馆，暂时住一住就要走的。

(15)稍稍往后撤一点，腾出一块地方，让我军渡过淝水，双方就在战场上比一比输赢。

(16)动作最简单的是鸳鸯，它只是象征性地碰一碰翅上鲜明的长羽。

以上诸例的动词重叠后均表示“量”小（少）。例（13）中“避一避”与“暂时退兵”的“暂时”互为补充。例（14）中，“住一住”与它前面做状语表示时间的副词“暂时”在语义上也互为补注，上下文相得益彰。例（15）的“比一比”和“稍稍”“就”配合使用。例（16）的“碰一碰”与“动作最简单”及“象征性地”配用，均凸显了“量”小（少）。

另有论者指出：“动词重叠式的基本意义是减小动量，这里的动量

包括动作的时间长短（时量）、次数多少（频量）、力量轻重（力量）、社会价值的高低（价值量）等方面。这个量是一个主观的量、模糊的量。”[7](P8)有论者做了进一步的补充：“动词重叠表示事件主体在事件持续一段时间后主动地决定结束。”[8](P110)即“V一V”结构式表示的量往往具有一定的主观性，是带有主体性的小量。例如：

(17)如果把萤石放到紫外线荧光灯下照一照，它会发出美丽的荧光。

(18)阅读时只要用手指在纸版上摸一摸，感觉到圆点是怎样排列的，就能念出相应的音来了。

(19)在治水的13年中，大禹曾经三次路过自己的家门口，都没有进去看一看他十分想念的妻子和儿子，将全部身心投入到治水的工作之中。

(20)深化农村改革是一篇大文章，我这里只是点一点题。

例（17）和（18）均为条件句，其中例（17）为“把”字句，“把”字句中的主要动词一般带有一定的处置性，“处置”的主体主观色彩不言而喻。例（18）至例（20）的“V一V”结构式在语法意义上的主观减量也较为清楚：例（18）“感觉”表示主体性，“就”表示时间不必太长；例（19）表示时间的介词结构“在治水的13年中”做状语，表示动量的“三次”和“看一看”形成时（动）量上的对比，再用表示范围的“都”进行限制，凸显“V一V”结构所表达的量小（少）；例（20）“大”和“点一点”互为对照，凸显量小。

如前所述：“动词重叠式除了表示时量短之外，有时表示动量小。”而与之呈逻辑上的反对关系的是：“不管采取哪种重叠方式，形容词重叠之后都强调了度量。”[3](P83)形容词有时重叠之后还可以表示适中。显然“时量短/动量小”“强调了度量”和“适中”呈互补的态势。

“V（一）V”结构式中的时段动词“V”是动态的，在语义上也往往是离散的，可分析分解的。而“AA”结构式中的形容词“A”一般表示事物的性状，往往是连续的，不是离散的。从这个意义上说，“V

（一）V”跟“量”（包括时量和动量）直接相关，“量”是“可数”的，而“AA”则跟“质”的关系更为密切，“质”往往是“不可数”的。

如前所述，“VV”结构式中间可插入“一”（此外，还可插入“了”等成分），而“AA”结构式内部一般不可再插入其他的成分。“VV”中所插入的“一”和“了”都不能充当句法成分，词汇意义都很虚，它们所起的都只是“标记”作用。即“VV”结构式中“V”和“V”之间可以用“一”拆分。因此，可以拆分的“VV”式在时量或动量上不如独用“V”连续。而“AA”结构式中，形容词A表示性状，通过不可拆分的能指形式的重叠，增大能指，其所指性状亦随之延递连续。

以上入句入境分析表明，“V（一）V”结构式中“一”作为话语标记语，其语用意义大于语法意义，“一”的可插入，使“V（一）V”的句法停顿、逻辑减“量”（含时量和动量）有了可能。比照“AA”结构式，有助于解释“V一V”结构式的句法语值和语法意义。

参考文献：

[1]丁声树等.现代汉语语法讲话[M].北京：商务印书馆，1961.

[2]黄伯荣，廖序东.现代汉语（增订3版）[M].北京：高等教育出版社，2007.

[3]邢福义.汉语语法三百问[M].北京：商务印书馆，2002.

[4]李宇明.动词重叠的若干句法问题[J].中国语文，1998(2).

[5]尚英.VV与V一V式动词重叠的特征调查研究.见：2004年辞书与数字化研讨会论文集[C].2004.

[6]朱德熙.语法讲义[M].北京：商务印书馆，1982.

[7]杨平.动词重叠式的基本意义[J].语言教学与研究，2003(5).

[8]陈立民.论动词重叠的语法意义[J].中国语文，2005(2).

原载《湖北师范学院学报》（哲学社会科学版），2010年第6期

“老板”及其他

“师兄，老板的作业你做完了吗？”随着高校研究生教育的不断发展，这类布置作业而不是签订单的“老板”越来越多。不用去市井巷陌、“瓦舍勾栏”，就在“象牙塔”里，“老板”定然会不绝于耳，如果你留意的话。

“老板”一词其实古已有之，或许可以追溯到战国后期汉语世界里“地主”这一特定社会阶层出现之时。“地主亦称‘老板’。”[1](P464) 后来，“老板”成为工商企业的财产所有者或经营负责人的“俗称”；再后来，一些研究生（含硕士生、博士生）称自己的导师为“老板”，并呈不断流行之势。这样，校园里的“老板”往往被视为导师（并不一定限于教授，含带研究生的副教授且男女性别不论）的代名词。

上面最后一层意义的“老板”严格地说是一个“舶来品”。它是伴随着20世纪80年代中后期一些留学海外的学者“登陆”中国大陆的。其英语原型是“boss”，据 *Merriam Webster's Desk Dictionary*, 1996，“boss, one (as a foreman or manager) exercising control or supervision.”意即拥有控制或监管权的工头或经理。它起初是理工科研究生对自己的导师的背称或面称，后来逐步扩大到人文社会科学“领域”。西方背景里的研究生与导师的师生关系（尤指理工科）在某种意义上与企业里的“伙计”与“头儿”的劳资关系比较接近，研究生称导师为老板不足为奇，甚至可以说是很自然的事。这种情形下，“老板”在校园里还有被“细化”的趋势，比如，“大老板”“小老板”“副老板”等。

无论是面称还是背称，当下汉语语境里，研究生导师意义上的“老板”这一称呼语的流行，在某种意义上是对传统的“天地君亲师”这样的伦理秩序（尤指师生关系）的一定程度的颠覆。中国自孔子兴私学以来，“一日为师，终身为父”的观念可谓根深蒂固，这似可看作绝大多数中国研究生只是背地里称导师为“老板”的一个重要原因。自唐韩愈以降，“师者，所以传道、授业、解惑”历来被以教书育人（尤指后者）为己任的教师奉为圭臬，学生则往往以“家弟子”的身份出现，所谓“及门弟子”“入室弟子”即是。“老板”在某种意义上反映了人们的教育理念、社会的教育模式的悄然变化。一定语境下，高校里的“老板”似无暇或无意反对自己的弟子称自己为“老板”，比如“陈章良喜欢被称为‘老板’，因为他一直致力于开创中国的生物工程产业”，而且，“陈章良最令同行们羡慕的是兼具科学家和成功的企业老板的双重身份”。（《中国青年》2001. 1. P11）“今天的大学不再是‘象牙塔’，她越来越多地承载着面向社会的服务功能。随着信息业和高新技术的突飞猛进，21世纪的大学将是更加开放的大学，大学将成为越来越重要的科研基地，大学的围墙将会逐渐消失。”（《中国青年》2001. 2. P58）这是北大副校长陈章良在财富论坛上海年会上对与会的跨国企业总裁们说的一段话。

不过，我们还应看到，“老板”不仅在校园里逐渐被人们司空见惯，另一方面，它在社会上也颇为流行。市场里，逢人便可叫“老板”，在某些报刊上亦不乏其例，如“男女老板谁更善于说‘不’”

(《英才》2002.9.P45)。此外，有些方言称家里当家的为“老板儿”(它一般与“堂客”相对)，掌握全家的“内政”与“外交”。看来，当下“老板”的使用域还是较为宽泛的。如前所述，有时还是某种泛尊称。我们的担心是，一旦“老板”成了泛尊称，它就有了成为社会通称用语的可能，这势必在某种程度上削弱“导师”这一真正崇高头衔在学生(尤指研究生)乃至社会人群心目中的地位，影响人们的社会角色意识。毕竟，“德国对大学教授的尊重远远超过对商业巨子、银行家和官员，这就是我们的希望所在”(《中国青年》2000.3.P4)。或许这一“德国政治家语录”也可以适用于有着尊师重教传统的中国。

有趣的是，当校园里“老师”逐渐部分地被“老板”“昂立教授”等取代时，在社会上它却有被用于泛称的倾向。君不见，演艺界的“老师”渐渐多了起来，比如“赵老师”“周老师”等。好事者不会不清楚，这个意义下的“老师”侵占了“老板”的“地盘”。据《辞海》，“老板”的第二个义项是：“旧时对京剧演员的尊称。”[2](P3233)看来，“老板”与“老师”“互有攻守”。

其实，“老师”一词本不该也不会像“老板”那样有“四不像”之嫌。它是“生于斯，长于斯”的“国粹”，“老师”字样于汉代已见于史书，据《史记·孟子荀卿列传》：“齐襄王之时，而荀卿最为老师。”其意为年辈最尊的学者。后来至明代已基本定格为学生对教师的尊称，一直沿用至今，内涵相对固定并有着较为明确的外延。不像“老板”在汉语语境里曾一度“缺席”(约新中国成立初期至20世纪80年代初)且外延太泛。

时下，由“老板”“老师”这些“老”字号的词儿人们很容易联想到有些较为流行的“老公”“老婆”“老爸”“老妈”“老姐”等不拘一“辈”的“老字辈”。例如：“邋遢的老公遇上爱干净的老婆怎么办?”(《英才》2000.9.P94)这个意义的“老公”还可追溯到明代。

据《西游记》第三十五回："那魔坠将下来，跌脚捶胸道：'天那！只说世情不改变哩！这样个宝贝，也怕老公，雌见了雄，就不敢装了！'"[1](P469) 尽管如此，"老公"（尤指妻子对丈夫的昵称）的大范围流行也还是近些年的事，或可以为主要是受港台的影响，因为大陆在新中国成立至其后三十年（20 世纪 80 年代）比较少见。这样看来，与其说它是语言的"返祖"现象，不如说它是汉语的"新新人类"。"老姐""老爸"不妨看作是"姐""爸"的"同义派生词"。

参考文献：

[1]韩省之.称谓大辞典[M].北京：新世界出版社，1991.

[2]夏征农.辞海[M].上海：上海辞书出版社，1989.

原载《语文学刊》，2001 年第 3 期

“酷”：汉语的“另类”

汉语中音译兼意译的外来词不在少数，比如“俱乐部”“引擎”等，但这些词似都赶不上“酷”。

这里所谈的“酷”的英语原型为“cool”，据《朗文当代高级英语辞典》“Cool，neither warm nor very cold，pleasantly cold.”译成汉语就是“凉的，凉爽的”。据《现代汉语词典》(修订本，1997)：“酷，①残酷：酷刑｜酷吏；②程度深的，极：酷热｜酷寒｜酷肖｜。”

当下，“酷”非常活跃，这从其在句法方面的复杂多样分布、使用可以看出。

1. 副词（“很”“最”“挺”等）＋ 酷

(1)他的面孔很酷，有一种美国片里英雄的“酷劲”，正是在疯狂的摇滚乐中成长起来的十八九岁的女孩子们心中的白马王子。(《通俗小说报》2000.7)

(2)这就不难理解用手里的旧船票上船的人摆出很酷的姿态对着记者和镜头大谈某某含情卖卖(脉脉)，他觉得应该是mai mai。(《青春岁月》200.6)

(3)过一个最酷的情人节。(《今天》2000.2)

(4)我们的爱情是不是挺“酷”的?(《黄金时代》2000.9)

以上“酷”均受副词修饰。其中例（1）“很酷”做“他的面孔”的谓语；例（2）“很酷”做“姿态”的定语；例（3）“最酷”做“情人节”的定语；例（4）“挺‘酷’”和“是不是”形成述宾结构，一起做“我们的爱情”的谓语。

2.动词（“玩”“扮”等）+酷

(5)玩“酷”、出位,有什么比这更让年轻人过瘾?(《深圳青年》2000.9)

(6)外表扮酷则较普通“白领”与“蓝领”打工族的扮靓更为自然。(《新民周刊》2000.12)

3.酷+动词（如“扮”“毙”等）

(7)酷毙了。(《新民周刊》2000.33)

(8)《热辣辣酷毙小甜甜》(《深圳画报》2000.9)

4.酷+名词（“事”“姿”等）

(9)有什么“酷事”?(《畅销书摘》2000.8)

(10)嵩山路的Disco。另类装扮是新新人类的标志。她以穿着内衣、叼着香烟的酷姿对抗传统。(《舞台与人生》2000.12)

5.酷+区别词（“男”等）

(11)装扮成“酷男”。(《实际与口才》2000.9)

(12)靓女看酷男穿衣。(《青春岁月》2000.11)

6.代词（“我”等）+酷

(13)争先恐后网上网下不拘一格，我行我酷。(《深圳青年》2000.9)

(14)他们以“我酷故我在”的信念在夜上海的灯红酒绿里跳跃。(《舞台与人生》2000.12)

7.助词与“酷”配置

(15)姜文的“酷”不在于他在影片中的表演。(《现代交际》2000.10)

(16)病毒领带让男士酷得有型。(《黄金时代》2000.6)

8.“酷”的叠置

(17)酷酷的谢霆锋，与同样有型的“姐姐”王菲谈恋爱。(《羊城晚报》2000.10.2)

(18)金毛一族酷不酷？(《新民周刊》2000.12)

9.出现在标题内

(19)《最酷休闲》(《风流一代》2000.16，一专栏名)

(20)《朴树：沉默照样酷》(《青春岁月》2000.5)

(21)《最酷艺术展：感觉》(《艺术世界》1999.6)

10.出现在引号内

(22)酷暑，打个“酷”盹。(《家庭医生》2000.7)

(23)当然喽，这套“酷”扮，具有很残酷的局限，它需要身材苗条，肤色白皙，走步轻盈，总之，天生丽质。(《新民晚报》2000.10.1)

以上两例均在一个句子里同时出现两个“酷”，加引号的和不加引号的判若两“酷”，其中未加引号的用其词典里的理性义，耐人寻味。

不难发现，上面的“酷”均见于可称之为“精神快餐”的口语色彩甚浓的时尚文章中，已不仅仅是“新新人类”的口头禅了。以上还表明，我们所谈的“酷”早已与词典里头的“酷”不可同日而语了。

看来，这里的“酷”非汉语的“另类”莫属了。

原载《语文月刊》,2001 年第 5 期

“不”与非自主变化动词超常组合的语义语法条件

马庆株先生曾提出非自主变化动词受“不”否定可以成立的条件有四个。(1)在可能补语中。例如“甩不掉”“叫不醒”“说不完”“冲不散”。(2)在主语中。例如:“(你这么马虎,)不丢东西才怪呢。”(3)在条件复句的主句或从句中。例如:“你不打,他就不倒。”“要是不看见你,我就走了。”(4)并列、对比或表示经常性现象时。例如:“不输不赢”“他老丢东西,可我不丢东西。”[1](P157~180) 袁明军《非自主动词的分类补议》在讨论“变化动词的分类”时把能够成立的条件概括为“能显示属性功能的变化动词”可以受“不”的修饰,例如:“这种布不褪色”,“这种酒精不挥发”,“我不欠你钱”等。[2](P262)

以上关于非自主变化动词受“不”否定的条件的概括是正确的,主要是依据句法结构做出的概括。基于语料库考索,主要着眼于语义语法条件,我们进一步补充如下情形:(1)“不”与表示将来可能发生的动作的非自主变化动词搭配;(2)“不”与表示某种负面结果的非自主变化动词搭配;(3)“不”与可做结果补语的非自主变化动词搭配;(4)“不”与可看作形容词的非自主变化动词搭配;(5)“不”与表示规则规律类非自主变化动词搭配。

在一定的语义语法条件下，“不”与非自主变化动词的直接组合搭配，这类情形的非自主变化动词自身具有或蕴涵较强的主体性或客体性。“词与词的组合不是随意的，而是由双方的选择性所决定。事实上，每一个词都具有一个可供组合的个体选择网络，你选择人家，人家也选择你，从而构成一个综合选择网络。这种选择关系主要是语义在起作用。”[3](P101)

本文的语料主要来源于北京大学CCL语料库（检索时间：2015年1月27日）。笔者主要通过对“不＋非自主变化动词”进行穷尽式的检索（例如“不病”“不看见”等）来完成，然后从中筛选符合研究条件的语例。在CCL语料库检索了70个非自主变化动词，发现“没”和“没有”与非自主变化动词搭配共见18619例，“不”与非自主变化动词搭配共32931例。显然，“不”与非自主变化动词组合的情形较“没（没有）”更为常见！这一实际用例上的超常规呈现也是我们所说的“超常搭配”的重要内涵之一。

本文考察的“不”与非自主变化动词搭配组合形成的词组列举如下：不败、不爆发、不爆炸、不失业、不下岗、不崩溃、不崩塌、不变形、不变质、不病、不产生、不发生、不沉溺、不倒闭、不倒塌、不掉、不丢、不龟裂、不看见、不听见、不发抖、不犯病、不犯法、不犯规、不犯罪、不分泌、不感染、不害羞、不忽略、不忽视、不荒废、不见、不看到、不枯竭、不枯萎、不垮台、不老化、不退化、不流行、不漏、不蔓延、不梦见、不迷恋、不呕吐、不碰见、不破裂、不坍塌、不痊愈、不生锈、不生长、不失败、不失火、不失眠、不失事、不衰败、不衰竭、不死亡、不瘫痪、不褪色、不脱落、不脱销、不忘记、不误会、不陷落、不陷入、不遗忘、不涌现、不相遇、不着凉、不滋生。

一、“不”与表示将来可能发生的动作的非自主变化动词搭配

“不＋表示将来可能发生的动作的非自主变化动词”表示将来不

会发生某事或者某动作行为，或者表示某种目的、某种希望，而这里的“不”的意思相当于“不会、不可能、不能、无法、将来不会发生……”。这一类型的表述在句中一般会有某些词语为语言标志，这些语言标志可以分成以下几大类：

其一，表示条件的，如：只有，只要……

其二，表示假设的，如：要是，如果，假如，倘若，若，的话……

其三，表示目的的，如：以实现，为的是，为了，为了使，使，做到，达到，保证，确保，保护，要想，要使……

例如：

(1)但俄罗斯政局的变化常常难以预料，谁敢保证不爆发令人震惊的突发事件呢？(表示未来可能发生的一种结果，意思相当于“不会爆发”。)

(2)防止或抑制有害微生物的活动，确保饲料在调制和贮存过程中不变质。(表示目的，意思相当于“不会变质”。)

(3)社会主义特征是搞集体富裕，它不产生剥削阶级。(表示结果，意思相当于“不会产生”“不可能产生”。)

(4)他既想追求物质享受和世俗生活的欢乐，又希望自己不成为上帝的罪人。(表示目的、希望，意思相当于“不会成为”。)

(5)西方如果不成为亚洲发展的伙伴，那么，它将失去很多。(表示假设)

(6)只要不着凉就行。(表示条件或者希望)

(7)为了使企业不倒闭，他找到了一家手工业企业，合作生产了一种对环境无害的新型洗涤剂。(表示目的)

(8)要使花不枯萎，就在泡花的水里加一点白糖。(表示目的)

(9)为了不漏掉一个失业职工，街道劳动专员对失业职工逐个走访。(表示目的)

(10)如果不感染的话,愈后效果还较乐观。(表示假设)

再或者表示一种计划、打算或决定，例如：“不但注重描述现况，也不忽略社会变迁。”

以上表明，这类搭配情况都属于表示对将来的一种假设、条件、目的或者决定等，并且大多具有较浓重的主观色彩，且往往表示某动作行为还未结束或还未发生，这同样是要依据具体的语境而判定的。例如在“不能总交学费而不毕业”中，“毕业”这一结果还没有发生，这类搭配情况通常与人的主观行为、主观态度、主观意愿等密切相关。

二、“不”与表示某种负面结果的非自主变化动词搭配

“不 + 表示某种负面结果的非自主变化动词”表示对已经发生过的事情的某种结果做说明，表示没有发生某种结果或者行为动作，或者是对某种已有现象的客观情况做描述。在这里，否定副词“不”的意思大致相当于“没有”。因此，该语境中的“不”均可以用“没（没有）”来替代。例如：“高中不毕业，不准就业。”实际上可表述为：“高中没毕业，不准就业。”这里的“不”表示“毕业”这个动作没有发生，可以被“没（没有）”替换。这类例子很多，也是最为普遍的。再例如：“鸣凤，你不看见我这样忙？”“你不看见我们的痛苦已经够多了吗？”“如果他们还不醒悟，这事只能引起摩擦。”“电影和书中的英雄总是大难不死。”“你们不听见吗？把这位小姐撵出去。”这些例子中的“不”皆可以用“没（没有）”来替换。并且，这种情况中“不”修饰行为动作多是一种客观的事实或现象。例如：

(1)从此以后城堡再也不崩塌了。(表示对已经发生的结果的客观描述,意思相当于“从此以后城堡再也没崩塌过了”。)

(2)她说我那10块钱不丢的话,我就有20块了。(表示对过去发生过的事情的假设,意思相当于“她说如果我那10块钱没有丢的话,我就有20块了”。)

(3)“……他不犯病的时候有什么表现?”罗维民想了想问。(表示对过去发生过的事情的结果的询问,意思相当于“他没有犯病的时候有什么表现”?)

以上例句的共性在于是对过去的事情或者动作行为的客观描述、说明、询问或假设等,所指对象都是已发生过的事情。但在此类搭配中,有一种很特殊的表达情况,例如:“你早不病,晚不病,偏偏在这么个关键的时刻病了。这件事早不发生,晚不发生,偏偏在这个节骨眼发生。”这是一种较为口语化的常见表达方式,它是通过对已发生的事情、结果或某动作行为进行一种过去性假设,与现已发生情况形成明显、强烈的对照,从而实现说话人对所发生事情、结果或是行为动作的不满、不情愿等主观上的不愿意。因此,出现在这种表达中的非自主变化动词的所指往往是说话人不希望看到的或不期待发生的,大多是其主观不喜欢的事情、不希望看到的结果或是动作行为;一般是出于一种倾谈型的话语交际目的,无取予意图,只为诉说,或陈说感受,或倾吐心中郁闷,或邂逅寒暄,或是相互诉说、闲聊。

在此类中,还有一类情况也较为特殊,它是用作说明某种事物或产品或某动作行为等的功效或性能的说明用语的,一般与其他同类型叙述说明词语并列出现,其形式多为“不 + 非自主变化动词”,但这里的非自主变化动词往往是表示一种不好的结果,多有负面影响或消极作用,这一表述形式整体表示期望或保证不会造成这种结果,有的这种搭配前面还会加上“以保证”“以实现”“以达到”“以做到”或“以确保”等,这类搭配例子也较多。例如:

(1)加挂车辆、延长运行区段等措施,以实现不死、不伤、不着火、不爆炸、不脱轨的安全输送目标。

(2)这种新型建筑材料能够在零下30℃至70℃的大范围内不变质、不变形、不老化、不褪色、不龟裂。

(3)工器具应当用无毒、耐腐蚀、不生锈、易清洗消毒、坚固的材料制作。

(4)他们用自己配制的中药"双止灵",使10万例手术少痛苦、不出血、不感染,又能促生肌早愈合。

(5)突发事件发生后,能否首先控制住事态,使其不扩大、不升级、不蔓延,是处理突发事件的关键和首战。

如上述例句中的"不死、不伤、不着火、不爆炸、不脱轨、不变质、不变形、不老化、不褪色、不龟裂、不生锈、不出血、不感染、不蔓延"等,均是对某种事物的性能或某件事情的情况做说明,类似的例子还有很多,例如"不缩水、不倒闭、不倒塌、不犯罪"等。

三、"不"与可做结果补语的非自主变化动词搭配

这种搭配作为一个整体,有时可以用来给某些动词做补语。例如打不死、跑不死、饿不死、压不死、累不死、忘不掉、逃不掉、洗不掉、躲不掉、卖不掉、看不见、听不见、叫不醒、压不塌、说不完等,以此类推。但是,这种情况适用范围有限,在非自主变化动词中,它只适用于例如"死、掉、醒、塌、完、垮"等可以作为某事结果的动词,这类动词在具体句子或者短语中可以做结果补语。

在目前已有的"不"与非自主变化动词的搭配情况中,还有一类是对正常、常见语序进行了颠倒,属于一种不太规范的口语,例如:"早晨是不看见他们的,他们卖的总是夜报。"这里的"不看见"其实按照我们规范化的现代汉语来说的话,意思其实应是"看不见",但是说"不看见"往往是要比说"看不见"多出某种主观情感色彩意义的。

"看不见"更倾向于说某人是无意而为之的，而"不看见"就带有某人有意而为之的意味在内了。这种细微的差异就体现出了一种话语交际目的与说话意图上的语用价值。再如：

(1)只看见局部利益，却不看见全体利益。

这句话也可以说成"只看见局部利益，却看不见全体利益"。但是，稍加体会便可感受出两者的区别，前者带有主观的不愿意、不情愿，代表一种主观态度与决定，然而后者则更偏向于对结果的陈述说明。

(2)只看到一个家，不看到国，那怎么行。

(3)穗子爸给人斗争、游街，谁看见只要穗子不看见就行；他都还大致有脸面有尊严。

(4)你看见许多事却不领会，耳朵开通却不听见。

例（3）这句话就更明显地带有说话人的主观感情倾向了，表现出说话人不希望"穗子"看见"穗子爸给人斗争、游街"，表明了说话人的主观态度。

四、"不"与可看作形容词的非自主变化动词搭配

在非自主变化动词中，有一种动词具有形容词的某些性质，它既具有动词词性，同时也具有形容词词性，这类动词往往可以受程度副词的修饰，例如可以受"很、特别、非常、相当"等程度副词的修饰，但是这类动词一般不能带宾语。例如：

(1)整个部队即失其重心，如此，我们军队怎么能不失败、不崩溃呢？

(2)你还好意思说话？你真不害羞！

(3)“孩子是上帝的礼物,节育是罪恶的表现”的陈腐宗教观念现在已经不流行了。

(4)我不迷恋官位,但并不是说我不想做官。

(5)但我更怕我不失败,因为成功和荣誉很容易成为套在脖子上的绳索。

以上各例中分别出现的“不失败、不崩溃、不害羞、不流行、不迷恋”等搭配均十分常见，这些非自主变化动词均可以受程度副词的修饰，例如可以说“很失败、非常失败、特别失败、相当失败”，“很崩溃、非常崩溃、特别崩溃、相当崩溃”，“很害羞、非常害羞、特别害羞、相当害羞”，“很流行、非常流行、特别流行、相当流行”。在这一类中，除了“迷恋”等极个别的例子后边可以带宾语之外，其他动词均不能带宾语。整个搭配所在的句子往往有较为强烈的语气。

五、“不”与表示规则规律类非自主变化动词搭配

当非自主变化动词与既定的规则、法律或者是客观的规律等有关时，否定副词“不”往往可以与这一类非自主变化动词相搭配，是为了表达一种对于肯否的客观判断，其整体往往表达了对某结果、现象或某动作行为发生与否的否定判断。例如：

(1)大脑左半球是意识活动的主宰者,右半球本身不产生意识活动,其意识反应来自左半球的辅助。

(2)当事人之间不产生配偶身份,不具有夫妻的权利和义务。

(3)这种语义关系并不成为所论及的两种句子的区别性特征。

(4)无论苏珊用她的肾为儿子换什么,只要没有现金作为

媒介就不犯法。

(5)毕竟,自杀并不犯法。

(6)这种股本构成在政治上当然是不犯规、无风险的。

(7)恋爱不丢人,也不犯罪。

(8)乳酸菌自身不分泌蛋白酶。

(9)鸡在一般条件下是不感染炭疽的。

(10)地衣能忍受70℃左右的高温而不死亡。

上述例句中的“不产生”“不成为”“不犯法”“不犯规”“不犯罪”“不分泌”“不感染”“不死亡”等,在句中均与既定的规则、法律或客观的规律有关,表达一种否定判断。与前文所述之搭配在所指上颇具主体性,凸显客观化相对,此种情形的客体性、客观化倾向明显。

一言以蔽之,“不”与非自主动词的超常组合在语义内容上常常游移于主观与客观两端,尤以主观化主体性为主,形成特定的语境义,并以此凸显语义语法条件。

参考文献:

[1]马庆株.自主动词和非自主动词[J].中国语言学报,1988(3).

[2]袁明军.非自主动词的分类补议[J].中国语文,1998(4).

[3]邵敬敏.“语义语法”说略[J].暨南学报(人文科学与社会科学版),2004(1).

原载《湖北师范大学学报》,2017年第6期,署名牛欣桐,张春泉

《现代汉语词典》宜收"致哀"条

——兼谈词典收词的词语竞争原则

《现代汉语词典》(2002年增补本)中"致哀"条阙如，实为憾事，虽然它收有与"致哀"音同义近的"志哀"。据《现代汉语词典》[1]："志哀，用某种方式表示哀悼。"而据《汉语大词典》[2]："致哀，表示哀悼。近似的，誌哀(志哀)，用某种方式表示哀悼。"

究其实，《现代汉语词典》付之阙如的"致哀"古已有之。例如：

(1)丧贵致哀，礼存宁俭。(《后汉书·明帝记》)[2](P794)

(2)庾公顾谓诸客曰："弘治至羸，不可以致哀。"(刘义庆《世说新语·赏誉》)

其中(1)的"致哀"意为"尽其哀痛之情"。(2)中的"致哀"指"过分悲哀"。虽然它们的意义与"表示哀悼"尚有距离，但均含有"[表示+哀悼]"这样的义素。在这个意义上说它们有相近的意义关系似并不为过。

当下语言实际运用中，"致哀"更是屡见不鲜。比如九年义务教育三年制初级中学教科书《语文》第五册(人民教育出版社语文一室编著，人民教育出版社，1994年10月第一版，湖北出版(集团)总社重印，1998年2月湖北第四次印刷)第12页即有一显例："华盛顿和全国各地下半旗致哀。”另据我们的初步统计，《经济日报》1983 年 1 月 1 日至 1999 年 12 月 31 日共出现 48 例。而其中“志哀”仅为 37 例。《参考消息》1957 年 1 月 1 日至 1999 年 12 月 31 日“致哀”出现 117 例，而“志哀”于其中仅见 79 例。《人民日报》1995 年 1 月 1 日至 12 月 31 日“致哀”出现 7 次，而“志哀”其间出现的次数为 0。这些初步的统计数据显示古已有之的“致哀”在当下言语生活中使用频率不低于“志哀”。

另外，《现代汉语词典》未收的“致哀”在言语片断中的分布也较为广泛。它可以和介宾结构、述宾结构、动词、副词、名词组合，构成直接成分。分述如下。

一、介宾成分＋致哀

例如：

(3)随后他们自觉站成一排，向我们英勇的烈士致哀。(庄士军《中国之“国”的卫士们》)

(4)彭真和他的夫人张洁清，还有在场的每一个人都默默地站在那里，向这位普通的母亲致哀、鞠躬。(师东兵《彭真老母遇难记》)

(5)克林顿还下令全国所有联邦机构下半旗，向爆炸事件中的死难者致哀。(《人民日报》1995.4.22)

(6)在安哥拉的足球联赛每场比赛开始之前，全体起立，默哀一分钟，为 17 日在空难中丧生的马博克俱乐部队员致哀。(《人民日报》1995.6.21)

例(3)中“致哀”与“向我们英雄的烈士”组合，构成一对直接成分。例(4)中“致哀”与“向这位普通的母亲”直接组合。例(5)中“致哀”与“向爆炸中的死难者”这一介宾结构直接组合。例

（6）中“致哀”与“为17日在空难中丧生的马博克俱乐部队员”这一介宾结构直接组合。

二、动词性成分＋致哀

二者往往构成连动关系。这里的动词性成分包括了动宾短语和动词两类。例如：

(7)龚镇洲去世后，周恩来自重庆发唁电致哀。（叶祖孚《女外交家龚普生》）

(8)张英才忍了一会儿，终于叫出来：“明老师，我去为你下半旗致哀！”（刘醒龙《凤凰琴》）

(9)中共领导人毛泽东、周恩来、朱德、彭德怀、邓颖超等亦撰写挽诗、词、联致哀。（邓贤《大国之魂》）

(10)叶利钦总统宣布5月31日为全国哀悼日，当天全国降半旗致哀。（《人民日报》1995.6.2）

以上各例是由动宾短语加上“致哀”构成的结构。例（7）中，“致哀”与“发唁电”这一述宾结构组合。例（8）中，“致哀”出现于“下半旗”之后。例（9）“致哀”与“挽诗、词、联”这一述宾结构组合。例（10）中“降半旗”与“致哀”构成一对直接成分。

再如“动词＋致哀”构成的结构：

(11)当高鲁冀连夜驱车来到江南寓所时，前来致哀吊唁的人已挤满一屋。（林干《江南命案真相》）

(12)那天，小凤仙身穿蓝布大褂前来致哀。（石林、翟书惠《梅兰芳和小凤仙》）

(13)由一名老猎手吹响号召，发令大家站好队，脱帽向躺在地上的野鸡鞠躬致哀，只听有人念悼念诗。（李同成《在捷克打猎》）

(14)全村家家户户都派代表带着鸡蛋礼物前往慰问致哀。(《人民日报》1995.2.7)

例(11)“致哀”与表趋向的动词“前来”及另一动词“吊唁”组合。例(12)“致哀”直接与趋向动词“前来”组合。例(13)“致哀”与“鞠躬”这一动词组合。例(14)“致哀”先与“慰问”构成直接成分,然后又一起与趋向动词“前往”组合。

三、副词性成分+致哀

例如:

(15)吴国桢闻讯,即自大洋彼岸来函,深切致哀。(许进《吴国桢未圆的归国梦》)

(16)美丽的花朵低下了头,默默地致哀!(姜金城《赵丹最后的日子》)

(17)枫山上我默默致哀。(《人民日报》1995.6.9)

例(15)“致哀”与“深切”组合。例(16)“致哀”与“默默地”组合。例(17)“致哀”直接与“默默”组合,与例(16)相比少了助词“地”。

以上统计数据及我们不惮其烦尽可能详细地描写的书证显示,如果不是“致哀”比“志哀”的使用频率更高,至少可以说两者并行不悖。“致哀”与“志哀”音同义近,“表示哀悼”是它们的共同义素。两者都有着较为庄严的语体意义,或者可以说它们的区别不在语体意义。就理性意义而言,“志哀”比“致哀”多出义素“用某种方式”,并以此显示出各自的特殊意义,“有特殊意义的任何一个词都要编进词典,除非由于其他理由(罕见、陈旧等等)而被排除”[3](P332)。如上所述,将“致哀”排除出《现代汉语词典》的理由是不充分的,它并不是罕见、陈旧,至少相对“志哀”来说是这样的。“志哀”意义上的

“志”实为“誌”，显然，它并不比“致”常见。据《现代汉语词典》，“致”有如下义项：①给与；向对方表示（礼节、情意等）；②集中（力量、意志等）于某个方面；③达到，实现；④招致；⑤以致。“致”字条下收有“致词、致辞、致富、致敬、致力、致密、致命、致使、致死、致意”等。不难看出，“致哀”中的“致”的意义与“致敬”“致意”中的“致”略当，均含有向“对方表示”这一义素，表示某种情意。另，《古今汉语词典》[4]（P1891）《实用释义组词词典》（周士琦，华文出版社，2000 年）均给出了“致”的“致哀”意义上的意义，即“表示”义。

看来，“致哀”与“志哀”并不能互相替代，未必能像《现代汉语词典》那样取“志哀”舍“致哀”。初步的统计数据显示古已有之的“致哀”在当下言语生活中使用频率不低于“志哀”且在言语片断中分布较为广泛。不妨说，“致哀”与“志哀”处于竞争状态。而“竞争”通常有一个过程，词语竞争亦然。竞争的结果须假以时日。最终除了有胜负之分处，还可能出现势均力敌的态势，在某种意义上就像“志哀”与“致哀”那样。

有鉴于此，我们引入词典选词的词语竞争原则，即选词时，尤其当备选词是像“致哀”与“志哀”那样的音同义近的词时，要考虑到词语竞争的存在，不宜在没有充分描写其各自的分布规律，没有深入调查（含统计）语言运用的实际情况下急于做出取舍。既然这样，辞书编纂者在选词时得格外在意，毕竟，“任何情况下，词典条目的选择都是一件极其细致的工作”[3]（P339）。

广言之，收进词典的词（尤指诸如“致哀”与“志哀”的音、形、义中有两项相同或相近的词），应是词语竞争的结果。其结果或者优胜劣汰，非甲即乙；或者势均力敌，“互有攻守”，互有补充。对于后者宜在词典中“兼收并蓄”。

最后，还有必要指出，“致哀”与“志哀”并不是异形词。《语文建设》[5]刊出的《第一期异形词整理表（草案）》即未将“志哀”与“致哀”

收入。这样“致哀”也就不可以作为“志哀”的异形词来处理了。

综上所述，“致哀”是一个古已有之的词语，具有独立的语义内容和结构方式。它的基本语义是“表示哀悼”，它是一个不及物动词，具有不及物动词的基本特征。从它的使用情况来看，“致哀”广泛应用于现代汉语中，并且据大规模语料库统计，它的使用频率已经超过了“志哀”。“致哀”与“志哀”是音同义近的独立的两个词语。从语音的角度看，二者应该属于同音词的范畴；从语义的角度看，二者属于近义词。二者有着各自独立的内涵和外延，彼此是不能够完全代替的。它们不是属于异体字或者异形词的范畴。因此，不应该把“致哀”排除在现代汉语词汇系统之外。二者由于读音和意义都很相近，在实际的言语中存在着彼此竞争的情况，我们称之为“词语竞争”，这在词语运用的历史长河中是十分常见的现象。作为词典的编纂者，我们不应该人为地把这类词排除在外。因此，我们认为，作为一部在字形、词形、注音、释义等方面“为推广普通话、促进汉语规范化服务”[1]，以记录普通话语汇为主的中型词典，《现代汉语词典》宜收“致哀”条。

参考文献：

[1]中国社会科学院语言研究所词典编辑室.现代汉语词典(2002年增补本)[Z].北京：商务印书馆，2002.

[2]罗竹风.汉语大词典(第7卷)[Z].上海：汉语大词典出版社，1991.

[3][捷]拉迪斯拉夫·兹古斯塔.词典学概论[M].林书武等译.北京：商务印书馆，1983.

[4]商务印书馆辞书研究中心.古今汉语词典[Z].北京：商务印书馆，2000.

[5]第一批异形词整理表(草案)[J].语文建设，2001(11).

原载《汉语学习》，2004年第2期，署名张春泉，刘雪芹

词语交叉对释法利弊谈

词语交叉对释是词典释义的一种重要方法。它指的是:“用两个或两个以上的词来注释,利用词义交叉来补充或限制词义范围,以求较准确地说明被释词的意义。”[1](P134)这种释义方式在简明实用的同时仍然存在着一定的局限性,这里我们以《现代汉语词典》(修订本)为例,着眼于被释词(词条)、释文(用以解释词条的词)等方面对其利弊略陈管见。

一、词条方面

就被释词而言,对于一些意义本身比较抽象笼统,不能精确、不宜精确或能进入词典但意义还不太规约的词,在释义时使用词语交叉对释法比较便利。但是,对于那些意义相对精确、相对稳固的词则不宜使用词语交叉对释法。亦即词语交叉对释法在使用范围上有很大的局限性。具体分述如下:

(一)从词性的角度看

一些形容词、表示心理活动或表状态的动词的释义采用此法比较适宜，一些名词（尤其是专有名词）、代词、多数动词、副词及多数虚词则不宜使用。例如（以下举例均取自《现代汉语词典》）：

(1)净　清洁；干净

(2)浑　全；满

(3)精　完美；最好

(4)美　美丽；好看

(5)想　推测；认为

(6)在　存在；生存

以上六例的释义均简洁明了。例（1）至例（4）的被释词均为形容词，意义本身比较模糊，比如什么是“净”，什么是“精”，什么是“美”，似乎无法给出一个缜密的定义，而用同义词对释也未必能说清楚。如例（2），若单用“全”或单用“满”来注释均不完整。例（5）、例（6）分别为表示心理活动和表状态的动词，同样，什么是“想”，什么是“在”，在词典中没办法似乎也没必要下定义，同义词对释也能详其一端。由此看来，例（1）至例（6）采用词语交叉对释法事半功倍。又如：

(7)乃　（书）是；就是；实在是

(8)复　再；又

(9)峙　（书）耸立；屹立

(10)式　仪式；典礼

仪　礼节；仪式

(11)普　普遍；全面

遍　普遍；全面

(12)逼　靠近；接近

就　凑近；靠近

靠　接近；挨近

以上数例的释义恐怕就不甚明了。例（7）为判断词，例（8）、例（11）为副词，例（9）、例（12）为动词。例（12）中“逼”“就”“靠”似乎看不出有什么区别，倒不如从它们的使用频率上做出区分。例（11）就更是“你中有我，我中有你”了。释义时为了更好地区分二者，倒不如对“普”“遍”的用法做一补注。例（10）的释义情况也与例（12）类同，似乎还得注明“式”“仪”的构词能力或注明“式”为半自由语素，“仪”为不自由语素。例（7）、例（8）则有堆砌词语之嫌。例（9）似乎是以书面语去解释书面语，有些读者对什么是“屹立”可能还是不理解，得再去查“屹立”条。

（二）从词条的来源及其受语境的制约程度来看

某些能进入词典的方言词、口语词若对语境具有较强的依赖性或使用范围比较狭窄，释义时宜用此法。而一些书面语词、古语词、外来词则不宜使用。例如：

(13)搭帮　（方）托福；依靠；多亏

(14)憨　（方）傻子；傻瓜

(15)侃　（方）闲谈；闲扯

(16)缯　（方）绑；扎

(17)玩儿完　垮台；失败；死亡（含诙谐意）

(18)拉倒　算了；作罢

以上例（13）至（16）的被释词为方言词，例（17）、例（18）为口语词。其中例（13）、例（16）的使用范围比较狭窄，例（14）、例（15）、例（17）、例（18）往往不宜脱离具体的语言环境。我们觉得像这样的被释词的释义使用词语交叉对释法较定义释义法或同义词对释法有一定的优越性。另如：

(19)颇　（书）偏；不正

(20)再　(书)再继续;再出现

(21)惎　(书)怨恨;忌刻

(22)抵　(书)抵达;到

(23)手段　本领;能耐

(24)克服　克制;忍受(困难)

以上六例中(19)至(22)为书面词语,例(23)、例(24)为外来词(借自日语)。例(19)"偏"足以解释"颇",另加"不正"有冗杂之嫌,而例(20)在释文里面出现"再",从释文里面词语的语义交叉来看,"再继续"与"再出现"的会合点或者说共同的义素恐怕就是"再",这样看来例(20)运用词语交叉对释法是以"再"释"再"。例(21)以"怨恨"解释"惎"足够明了,却在后面又缀上一个并不常见的"忌刻"实是有些令人费解。例(22)用"到"释"抵"就很清楚了,似乎没有必要再加上一文绉绉的"抵达"。例(23)、例(24)则似有堆砌词语之嫌。

(三)从词的构成方式来看

多数单纯词(双音节、多音节除外)的释义宜用词语交叉对释法,多数合成词则不宜使用。例如:

(25)室　家;家庭

(26)听　治理;判断

以上两例为单纯词,在词典里体现为单字条目,使用此法释义比较灵便,言简意赅。又如:

(27)甜美　愉快;舒服;美好

惬意　满意;称心;舒服

舒畅　开朗愉快;舒服痛快

(28)颜容　容颜;面容

面容　面貌；容貌

容颜　容貌；脸色

以上两例为两组合成词，例（27）使用词语交叉对释法，从释文不易觉察“甜美”“惬意”“舒畅”的区别，不如注明“惬意”为书面词语，“舒畅”为常用词且多指心情，“甜美”则往往做定语。例（28）中“颜容”“面容”“容颜”交叉互训，使用词语交叉对释法也不太容易弄清楚三者的区别。

二、释文方面

就释文（用以释义的两个或两个以上的词语）而言，使用词语交叉对释法较定义释义法或同义词对释法的好处主要体现在释文里面可以使用一些模糊语词（语义较模糊的词）。这些模糊语词的使用一方面可以使释文简洁明了，另一方面如果用得不好也容易堆砌词语，容易使人觉得模棱两可，在词义的理解上莫衷一是。例如上例（27），释义时连用了“满意”“称心”“舒服”，看不出“满意”与“称心”在语义上有什么明显的差别。不过，使用此释义法释义有时也能体现简洁、明了。例如：

(29)魔　神秘；奇异

(30)怪诞　荒诞离奇；古怪

(31)乖舛　谬误；差错

以上三例的简明自不待言，由于“魔”“怪诞”“乖舛”的词义本身很模糊，为了使读者对其词义有个相对精确的理解，诉诸释文中词与词之间的语义交叉，利用它们之间互相限制与补充似乎可以做到寓精确于模糊之中。

如果说简明扼要是词语交叉对释法就释文而言较定义释义法的主

要优点，那么其主观随意性比较大，不便于读者接受和释义者进行义项概括以及易出现循环论证、常有堆砌词语之嫌等就是其主要缺陷与局限性了。具体分述如下：

（一）主观随意性较大

词语交叉对释法要求释文中词语与词语之间必须有交叉关系（语义上的），通过其相互补充与限制体现被释词的意义。既然它们之间有语义交叉关系，就必然涉及语义的切分问题，既然能进行语义切分，被切分的词就必然不止一个义素，这就首先涉及切分到哪一个层次的问题。事实上，这种情形很难做到“一刀切”，由此可体现释义者的主观性。例如：

(32)怪　责备；怨

其中“责备”可切分为：[不满＋表示出来]，亦可切分为：[不满＋口头上＋上对下（或尊对卑）]。“怨”可切分为：[不满＋不表示出来]，亦可切分为：[不满＋口头上＋下对上（或卑对尊）]。这样，“责备”与“怨”至少可在语义上交叉为两类情形：不满；口头上不满。释文的随意性由此可见一斑。

此外，释文中的词有时词性不同。一般说来，不同词性的词进行词义交叉是比较困难的，甚至在某种意义上说是不可能的。释文中产生这种情形似乎不必归咎于释义者，因为汉语是一种非形态语言，词往往有着多功能性，尤其是在没有语境的情况下，同一个词既可看作这一类词，又可视为另一类词。例如：

(33)生　生硬；勉强

(34)骈阗　聚集；罗列；众多

例（33）中“生硬”往往能被副词限制和修饰，一般不能直接修饰动词，为形容词；而“勉强”则往往可以修饰和限制动词，为副词。

例（34）似乎更为明显：“聚焦”与“罗列”是动词；“众多”则往往被视为形容词，词性不同，不能作为一个义项。我们觉得至少可以将“骈阗”概括为两个义项：聚焦，罗列；众多。又如：

(35)番　回；次；遍

(36)打　涂抹；画；印

例（35）中“回”既可做量词又可做动词，“遍”既可做量词又可做副词。例（36）中“画”既可做动词又可做名词，“印”亦既可做动词又可做名词，而且“画”与“印”做名词时在词义上也有交叉关系，它们分别表示动词意义上“画”与“印”的结果，这种情形似乎不是巧合的巧合。例（35）中释文里面三个词其词性有各不相同的可能，例（36）释文里面三个词有出现两类词的可能。显然，这样的释文是我们不取的。

需要特别说明的是词语交叉对释法关注的是词语与词语的“词义交叉”，而不是修饰与被修饰、支配与被支配的关系。我们觉得，不同词性的词之间更多的是修饰、限制、支配等关系而不是语义交叉关系。

释文中的主观随意性较大不仅体现在释义者形成释文时，而且在读者理解释文时也有所体现。一般说来，词语交叉对释法似乎更需要诉诸读者的语言文字感知能力和背景知识。例如：

(37)悭吝　吝啬；小气

(38)生怕　生恐；很怕

(39)生恐　很怕；唯恐

例（37）中“吝啬”不一定就比“悭吝”好懂，也许在释义者看来前者比后者好懂，或者有些读者也有这样的印象。例（38）中“生恐”恐怕比“生怕”更难懂。例（39）中“唯恐”则似乎比被释词“生恐”更具书卷气。这些情形除了说明有些词（比如合成词）的释义不宜使用词语交叉对释（这在前文谈被释词时有所涉及，不再赘述）外，还说明这种释义法要求读者应具备一定的语感和背景知识。然而，作为一部工具书的读者则未必需要也未必有相应的语感与知识程度，况且有些释文比词条更生辟更难懂。这样，词典中过多地使用此释义法必将不利于工具书的广泛使用以及知识的传播。这就在某种意义上违背了词典编纂者（或释义者）的初衷，也不利于词典工具书性质的充分体现。

（二）易出现循环论证

词语交叉对释法的释文大多表现为“循环论证”，若参与“循环论证”的词语都很难懂，无意义。例如：

(40)谇　斥责；诘问

(41)擨　腾跃；奔腾

若参与“循环论证”的词语都十分好懂，亦无意义。例如：

(42)定　平静；稳定

(43)顶用　有用；顶事

(44)穿　破；透

(45)永久　永远；久远

参与“循环论证”的词语有的难懂，有的好懂，而词典的释义应体现“以简释难”的原则，但一般词典（如《现代汉语词曲》）没有很好地做到这一点。例如：

(46)僝僽　憔悴；烦恼

(47)奄息(书)　忽然；倏忽

奄然(书)　忽然；奄息

(48)咏叹　歌咏；吟咏

例（46）“烦恼”好懂，“憔悴”不太好懂。例（47）以“忽然”释“奄息”符合“以简释难”的原则，但“倏忽”就不好懂了。同理，例（48）“吟咏”不一定比“咏叹”好懂。

（三）易堆砌词语

采用词语交叉对释法容易在释文里面堆砌词语，若简单的罗列两个或两个以上的同义词一般于事无补，起不到很好的释义作用，甚至有时形成词语的杂糅。例如：

(49)茕　(书)孤单；孤独

(50)捣毁　砸坏；击垮

(51)导　引导；疏导

(52)登　踩；踏

以上分析表明，词语交叉对释法还很不完善，既如此，明确其利弊，并在此基础上改进这种方法将是词典释义的一个重要内容，这对于提高辞书质量尤为重要。毕竟，“释义在一定意义上说是词典编纂的中心工作，一部词典的质量高低很大程度上取决于释义的质量”[1](P122)。

参考文献：

[1]胡明扬，谢自立，梁式中，郭成韬，李大忠．词典学概论[M]．北京：中国人民大学出版社，1982.

[2]中国社会科学院语言研究所词典编辑室．现代汉语词典(修订本)[Z]．北京：商务印书馆，1996.

原载《湖北师范学院学报》(哲学社会科学版)，2000年第1期，署名张春泉，春柳

“副”：作为一个一价语素

——以“摩擦副”等“副”族词语为例的认知词法考察

配价语法主要关注的是句子，是从法国引入的“舶来品”，在汉语学界，已有学者成功地将之引入句法领域，用其考察词与词之间的结构关联（含隐性结构关联，尤其是动词与其他成分的关联）。比如陆俭明《现代汉语语法研究教程》[1]、戴耀晶《现代汉语动作类二价动词探索》[2]、袁毓林《汉语动词的配价研究》[3]等。

只考虑词（尤指动词）的配价似乎不是严格意义上的完整的配价“语法”，称之为配价“句法”可能更准确。对于以单音节为主且在书写形式上不分词连写的现代汉语中的语素是否可以讨论其配价问题呢？本文拟以单音节语素“副”为例，在汉语“词法”领域引入“配价”概念，提出语素配价问题，以“副城市中心”“摩擦副”“大副”“副官”等“副”族词语为例做认知词法上的探究。

本文所说的“认知词法”是与“认知句法”同属于“认知语法”这个属概念下的两个种概念。我们所理解的“认知语法”注重语义分析，着意于语言结构体的功能，兼及结构体的语境分布。

一、问题的提出

在百度（www. baidu. com）搜索引擎上，键入“副城市中心”，可找到相关网页约 7540 篇（操作时间：2007 年 1 月 11 日 11：40）。其中“副”的分布位置不固定，有“副城市中心”，也有“城市副中心”，类似的还有“副省级城市”等词或短语。与“副”相关，在现实生活中常常有这样一些言语现象：人们有时可以把“副大队长”称为“大队副”，面称时可以称“副院长”为“院长”，等等。这些语言现象的理据何在？寻求这些言语现象的内部动因时可涉及汉语语素的配价问题。

现有的配价语法理论主要着眼于动词、名词等词语的配价问题，一般不涉及语素的配价问题。“最早把化学中的‘价’明确引入语法研究中的是法国语言学家特思尼耶尔（Lucien Tesni è re，亦翻译为特尼耶尔、泰尼耶尔、特斯尼埃）。”[1](P122) 国内陆俭明、袁毓林、戴耀晶等对于配价语法有着卓越的建树。一般认为：“按照配价语法的观点，语法研究的基本单位是句子，语法研究的主要内容是句子成分之间的关联（connexion）。从结构关联的立场出发，在词与词之间建立起从属关系。从属关系由位居上项的支配词与位居下项的从属词组成，其规则是‘支配词控制或支配从属词’，由此形成的配价语法是一个以关联为核心概念的结构层次体系。”[2](P3) 简言之，“配价反映了语言结构中不同词项之间的一种最基本的联系，对价的描写和分析应该成为语法研究的一项基础性的工程”[3](P2)。

除了词，汉语中的语素也具备配价的条件。语素（morpheme），或称词素，“指语法的最小区别性单位，是形态学最关心的对象。提出这个概念最初是为了在词之外另建一个单位，因为在比较不同语言时词证明很难做比较。而且词的结构可以相当复杂，需要有一个概念将词根、前缀、复合这类概念互相联系起来。语素因此被视作组合成词的最小功能单位”[4](P229)。现代汉语学界对于语素，一般的解释是：“语素是语言中最小的音义结合体。”[5](P251)“语素是最小的语音语义结合体，是最小的语言单位。”[6](P194)“语法系统里的基本符号是语素，语素可以定义为：最小的有意义的语言成分。”[7](P9)以上各家对于“语素”的界定基本上是一致的：语素是最小的组合成词的音义结合体。在汉语中，语素以单音节为主，且汉语为孤立语，缺乏词形变化，缺乏屈折语那样的词内部的语音形式的变化。这样，汉语中词的内部语素之间的匹配就显得尤其重要了。

“副”是现代汉语中能产性强、使用频率较高的一个语素，本文即以语素“副”为例。现代汉语中，“副”既可作为词，也可作为语素。作为词时，“副”可作为量词，其具体用法有二：“用于成对或配套的东西。”[8](P212)“用于面相表情等，名词前常有修饰语。数词限于‘一’。”[8](P212)例如：

一副嘴脸

一副担子

一副对联

现代汉语中，“副”也可作为动词。例如：名副其实、名实相副。

本文主要讨论“副”作为一个一价语素的情形，即不考虑“副”独立成词，独立成为一个“光杆”词（比如“量词”）的情形。作为语素的“副”，在词法构成上位置灵活，属于不定位语素，比较灵便，构词能力较强。“副”作为语素与其他语素构成的词往往是合成词。

如前所述，“副”作为语素与其他语素构成词，此时的“副”往往在语法性质上为形容词性语素，而形容词性成分和动词性成分在语法性质上往往相似。既然如此，形容词性成分（语素）和动词性成分类似：可以支配其他名词性成分，无论该名词性成分在“副”的前面还是后面。这表明，形容词性语素“副”有“资格”配价。

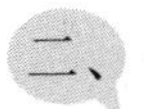二、一价语素“副”的历时发展

“副”在历时发展过程中，外延意义有所虚化，内涵意义有所类化。

早在先秦，就有了表示具体物件的“副”。例如：

(1)君子偕老，副笄六珈。(《诗经·鄘风·君子偕老》)

这里的“副”是一个名词，古代首饰名。《毛传》：“副者，后夫人之首饰，编发为之。”《释名》：“王后首饰曰副。副，覆也，以覆首也。”[9](P83)不难理解，此时的“副”自身是一个“词”，是能单独成词的语素，或者可以说是一个零价语素。并且，此时的“副”在词的语法性质上为名词，词汇意义十分实在，指称和区别意义并不明显。

西汉时期的《战国策》有：

(2)乃令秦武阳为副。

此时的“副”尽管仍然为“光杆”词，或者说是零价语素，但是，其词义已经与《诗经》“副笄六珈”中的“副”相去甚远了，主要是指称义，而不是陈述义。再如《汉书·张骞传》所载：

(3)骞即分遣副使使大宛、康居、月氏、大夏。

这里的“副”俨然一个一价语素了。这表明，汉代是“副”由零价而发展为一价的一个过渡混用时期。

中古时期，“副”独立使用表示“指别”意义的情形不多见，往往要和一个名词性语素搭配一起表示“指称”，比如“副使”等。例如：

(4)宣城送刘副使入秦。(《李白诗全集》)

(5)庚午,杀成德军副使张鹏。(《新五代史》)

契丹灭晋,汉高祖起兵太原,即皇帝位,拜威枢密副使。(《新五代史》)

“枢密副使”的结构形式类似于当今物理学或工学术语“运动副元素”,后者指两构件组成运动副时,构件上能参与的点、线、面。“枢密副使”和“运动副元素”均为名词性成分。

到了近代,“副”前面可以有“大”“二”等限制性成分,与现代的区别性语素“副”比较接近,甚至相同。例如:

(6)庚寅,置应天府知候所于后湖,掌册人数,设大使、大副使。(《姜氏秘史》)

(7)便开了一炮,轰的一声,把那船上的望台打毁了,吊桥打断了,一个大副受了重伤,只得停了轮。(《二十年目睹之怪现状(中)》)

(8)副官也还大胆,忽向怀中取出手枪,拟装弹还击。(《民国演义》)

以上情形,从总体上看,“副”的外延意义有所虚化,起区别作用的外延趋向于模糊。发展至现今,有了诸如“副交感神经、副中心城市”等专名,这些专名的外延相对模糊。此外,还往往有内涵意义有所类化的倾向,即“副”作为一价语素形成新的词,这些新构成的词往往为名词。例如:

(9)机器的各个摩擦副之间存在着物质和能量的流动。

(10)运动副是两构件直接接触组成的可动连接,它限制了两构件之间的某些运动,而又允许有另一些相对运动。

(11)根据运动副中两构件的接触形式不同,运动副可分为低副和高副。

(12)摩擦副是运动副的物理模型,它是摩擦学研究的基本对象,也就是相对运动中相互作用的表面。一个摩擦副上的力和运动,往往通过构件传递到其他许多摩擦副上。

(13)朱奉是命令,急购数百头装载冰桶中,使其副官某,星夜首途,由浙而沪而宁,转津浦车北上,贡诸袁。(《洪宪宫闱艳史演义》)

(14)袁疑卖送之副官某,受党人运动,潜以毒物置其中,希图戕己生命。(《洪宪宫闱艳史演义》)

(15)周撰也跟了回去,在岳州镇守府,充了一名副官。(《留东外史》)

(16)乡的一个小亡命客,姓谭名理蒿,在北伐第一军陈军长跟前当过三等副官的,久和柳梦菇认识。(《留东外史续集》)

以上诸例中的“摩擦”和“运动”在此语境中本是动词，但是加上一价语素“副”之后变成了名词。此外，“低副”和“高副”中的“低”和“高”本为形容词，加上“副”之后亦变成了名词。“副官”中的“官”为名词，加上“副”后仍然为名词。不妨说，“副”的外延意义上的虚化更具历时特征，而其内涵意义的类化则更显共时色彩。

事实上，以上简略的历时考察表明，“副”在词汇意义上大概经历了指物（如“首饰”）——指人（如“副使”“副官”）——指人与指物、指事（如“大副”“副城市中心”“副交感神经”“副作用”等）这么一个过程。

三、一价语素“副”的构词形式

一价语素可以跟其他语素构成词，其构词形式比较灵活，具体表现为“副”在所构成的词中位置并不是固定的，它可以做定中结构合成词的“前置语素”，也可以做“后置语素”。具体分述如下。

（一）“副”语素的不定位

“班副、团副、大副、二副、三副、摩擦副”等“副”均处于后置语素的位置，而“副教授”“副官”“副作用”“副城市中心”等则处于前置语素的位置。具体的能够独立运用的含有“副”的词，在句中还可以跟其他句法成分组合。例如：

(17)民国元年，在南京留守府充当一名二等副官，与黄克强的镖师蒋焕棠最是投契，蒋焕棠极恭维他的拳棒了得。(《留东外史续集》)

(18)他得了信，知道制台要来考察，他便出了一个好主意，预先约了大副，等制台叫他把舵时，那大副便扮了那个兵，站在船头上：舵房是正。(《二十年目睹之怪现状(下)》)

(19)副官(北京大学汉语语言学研究中心语料库，2007年1月14日9:10，共得48例)

(20)黎副总统又拨楚豫、楚谦、楚同各兵舰，共赴九江，且委曹副官进解机关炮八尊，快枪五十支，子弹十万粒，径达军前，接济军需。(《民国演义》)

(21)是日上午十时，郑汝成整衣出署，邀了一个副官，同坐汽车，向日本领事馆进发。(《民国演义》)

(22)扑的一声，黑烟迸裂，直向汝成面旁扑过，幸还没有击着，慌忙旁顾副官，那副官也还无恙，仍勉强地坐着，正要开口与语，哪知炸弹又复掷来。(《民国演义》)

(23)才见那男子不是别人，正是自己一手提拔信任极专的一个姓韩的副官。(《民国演义》)

(24)说时迟，那时快，韩副官正在拔开门闩，想从前门溜去，后面李纯已经赶上，大喝一声。(《民国演义》)

(25)正在佩孚身旁落下,但听得轰然一声,石破天惊,左右卫队副官十余人,均已血肉横飞,不知去向,独佩孚依然无恙,举起指挥刀督军前进。(《民国野史》)

(26)这位管带自己虽不懂驾驶,那大副、二副等却是不能不懂的。(《二十年目睹之怪现状(下)》)

(27)你如今不是副小姐了,若不听话,我就打得你。(《红楼梦》第七十七回)

以上诸例中的"副官"和"大副"是最为基本的词,不能再拆开。就"副官"而言,不能在中间再添加"的","副官"和"副的官"是两个不同的概念。"大副"中的"大"尽管可以换成"二""三"等,但是仍然不能在形容词性语素"大"和"副"之间再插入"的"等结构助词。除了结构助词"的",数量结构、指示代词、专名等也不能插入其间。例如,"二等副官"不能说成"副二等官","那大副"不能说成"大那副","韩副官"不能说成"副韩官","黎副总统"不能说成"副黎总统"等。

就相同的语素之间,"副"有时也可处于不同的位置。例如"副城市中心"和"城市副中心"均为"副""城市""中心"三个语素的搭配,但是在当下语言运用实践中两者均可见到。例如:

(28)新总规新增了两个城市副中心。今年,市规划局将启动编制茶园、西永等城市副中心规划,引导控制城市拓展新空间的健康、有序、高质量发展,力争全年至少完成60平方千米的控规编制任务。(《重庆时报》,2005年1月31日)

(29)从规划通过到"横空出世"整整用了8年,上海城市建设又一个皇皇巨制出现在东北角上。经过"重排山河",昔日破败的五角场地区而今已是占地3.11平方千米的上海城市副中心。(《"三区交汇"联动发展 五角场崛起上海城市副中心》,

2006 年 12 月 20 日，www.shanghai.gov.cn20070115）

（30）在北京市政协三次会议召开的第一次新闻发布会上，北京市政协委员曲际水呼应了全国政协委员黄鸿翔的提案，认为应该对北京核心城市功能进行疏散，建立一个副城市中心。（吴庆才《专家：北京应建副城市中心 解决官本位功能定位》，中新社，2005 年 01 月 24 日，www.china.org.cn）

以上诸例表明“副”作为一价语素，其构词时位置相对较为灵活。

（二）“副”语素的省略

“副”作为一个一价语素，在构成其他新的词时，除了自身的位置不固定，还常常被省略。需要特别指出的是，这种省略常常是在一定的交际环境（语境）中发生的。例如，人们有时将“副市长”直接称呼为“市长”，将“副教授”直接称呼为“教授”。这种情形目前主要见于称呼语，尤其是对话中。早期白话文著作中已有用例，与当今用法相同。例如：

（31）宋先锋与吴用计议道：“启请卢先锋领本部人马，却接应德清县路上呼延灼等这支军，同到此间，计合取城。”卢俊义得令，便点本部兵马起程，取路望奉口镇进发。（《水浒传》第九十五回）

（32）神机军师朱武便谏道：“今先锋如此烦恼，有误大事，可以别商量一个计策，去夺关斩将，报此仇恨。”（《水浒传》第九十八回）

上例“卢先锋”“先锋”的准确称呼应该是“卢副先锋”，宋正先锋宋江在此对话中省略了他的下属“卢副先锋”的“副”语素。事实上，《水浒传》一般陈述性语言中“副先锋”和“卢俊义”同义复指时“副”没有省略，此时，“副先锋”在“卢俊义”之前。例如：

(33)副先锋卢俊义带领正偏将一十二员，攻打候潮门……(《水浒传》第九十五回)

(34)且说副先锋卢俊义，引着林冲等，调兵攻打候潮门。《水浒传》第九十五回)

(35)三个守把昱岭关隘，听知宋兵分拨副先锋卢俊义引军到来，已都准备下了敌对器械，只待来军相近。(《水浒传》第九十八回)

(36)却说副先锋卢俊义，自从杭州分兵之后，统领三万人马，本部下正偏将佐二十八员，引兵取山路望杭州进发。(《水浒传》第九十八回)

当姓氏“卢”和“先锋”一前一后直接组合时，则即使是在一般陈述性语言（非对话）中也可省略“副”。例如：

(37)按兵不动，等候卢先锋兵马，同取清溪。(《水浒传》第九十八回)

(38)三千步卒，止剩得百余个小军逃得回来，见卢先锋说知此事。(《水浒传》第九十八回)

之所以如此，从语言的外部功能来看，恐怕主要是因为称呼语中有面称和背称之分，对话中的称呼语往往跟面称的关系更直接，更具随意性；且称呼语作为一种语用指示语，它与语境的关系尤为密切，语境常常可以填充其指称义，如例（31）（32）。从语言的内部动因来看，主要是基于语义匹配的语素配价（隐含的结构关联）使然，当“副先锋”和“卢俊义”同义复指时，“副先锋”与“卢俊义”二者在结构上是并列关系；而“卢”和“先锋”直接组合时，二者是偏正关系。在语义上有所偏重，更有助于交际和认知，此时“副”构形省略。

四、一价语素“副”的语义匹配

“副”与其他语素之间的语义关系可看作是“副”的构词形式的内部动因。“副”既为一价语素，则势必有一个强制性语素与之“相伴相生”。“副”与其所匹配的强制性成分之间的语义关系有组合与融合两种情形，可以分别记作“组合‘副’”和“融合‘副’”。

“副”与其所匹配的强制性成分之间的语义关系为组合关系时，其位置相对固定，往往处于定语素位置，且含有“副”语素的词和相应的不含“副”语素的词之间常常为逻辑上的种属关系。例如：副官、副刊、副作用、（金矿）副井、副食、副词，等等。其中“副官”和“官”、“副刊”和“刊”、“副作用”和“作用”、“（金矿）副井”和“（金矿）井”、“副食”和“食”之间均为种属关系。

“副”与其所匹配的强制性成分之间的语义关系为融合关系时，从总体上看（不是就某一个确定的词而言）其位置可以在定语素的位置，也可以在中心语素的位置，且含有“副”语素的词与相应不含“副”语素的词之间常常为逻辑上的全异关系，二者所指称的对象在外延上没有关联。例如：副教授、副城市中心、副热带高压、副语言（特征）、大副、摩擦副，等等。其中，“副教授”和“教授”、“副城市中心”和“城市中心”、“副热带高压”和“热带高压”、“副语言（特征）”和“语言（特征）”、“大副”和“大”、“摩擦副”和“摩擦”都是全异关系。

此外，需要指出的是，“副”表示性属，与典型的区别词不宜等量齐观。比如“副教授”和“女教授”是不同的：“副教授”是一个词，而“女教授”则不妨说是一个短语；“副教授”的“副”和“教授”之间不能插入“的”，而“女”和“教授”之间则可插入“的”；“女教授”终究是“教授”，而“副教授”则不是“教授”。亦可用“不是”

来检验：可以说“副教授”不是“教授”，但是不能说“女教授”不是“教授”。

最后，如上所述，“副”与其所匹配的强制性成分之间的语义关系表现为：组合时主要凸显的是种属关系，融合时主要凸显的是全异关系。既然如此，则在语用意义上，组合“副”更具陈述功能，可有效地表明概念与概念之间的种属性质关系；融合“副”更具指示功能，可以用以指别、凸显；“副”本身具有一定的隐性结构关联功能。

五、余论

以上“副”族词语的构词形式、语义匹配分析表明，汉语语素的配价不是纯粹的形式词法问题，而是认知词法在汉语词汇系统上的反映。“语素配价”概念的提出，有助于厘清人们在有关语素分类问题上的一定程度的淆乱。比如将语素分为“成词语素”和“不成词语素”就容易在概念术语的理解上出现一些误解。因为“语素”本身均为词的备用单位，可以说都是词的构成要素，在概念表述上“不成词语素”往往容易被误解为“不构成词的语素”，这种情形不便于人们理解其实质。再比如“粘着语素”这一术语也容易被人们误解为粘着语（此时的“粘着语”与“孤立语”“屈折语”“复综语”同在一个层面上）中的语素，并且，“粘着”于哪一级单位，人们仅从该术语本身无从明了，所以不宜笼统地说“副”是“粘着语素”。

事实上，“配价语素”与汉语实际的联系更为紧密，在一定意义上体现了汉语特点。在笔者看来，法国学者借用化学里的“价”概念描写语言结构中的关联时，不考虑“语素”（这里尤指动词性语素）与其他行动元之间的“价”，恐怕主要是因为法语等印欧系语言“语素”和“词”之间的区分比较明显，语素往往在一个“单词”的内部，往往很难将其“自然”分开。而汉语则不同，汉语一个音节往往是一个汉字记录，一个汉字记录的往往是一个语素，汉语语素和词之间的界限不是泾渭分明的，例如本文所举例之“副”，有时即所谓“成词语素”，这可能是在汉语语言学界人们往往不去关注语素的配价问题的一个主要原因。 这同时也表明，相对于印欧语系语言，汉语应该特别考虑语素的配价问题。

参考文献：

[1]陆俭明. 现代汉语语法研究教程[M]. 北京：北京大学出版社，2003.

[2]戴耀晶. 现代汉语动作类二价动词探索[J]. 中国语文，1998(1).

[3]袁毓林. 汉语动词的配价研究[M]. 南昌：江西教育出版社，1998.

[4][英]戴维·克里斯特尔. 现代语言学词典[Z]. 沈家煊译. 北京：商务印书馆，2000.

[5]黄伯荣，廖序东. 现代汉语(增订三版，上册)[M]. 北京：高等教育出版社，2002.

[6]胡裕树. 现代汉语(重订本)[M]. 上海：上海教育出版社，1995.

[7]朱德熙. 语法讲义[M]. 北京：商务印书馆，1982.

[8]吕叔湘. 现代汉语八百词(增订本)[M]. 北京：商务印书馆，1999.

[9]程俊英. 诗经译注[M]. 上海：上海古籍出版社，1985.

原载《湖北师范学院学报》(哲学社会科学版)，2008 年第 5 期

“民”：作为一种后缀

——以“彩民”“股民”“网民”“烟民”等为例

当下言语生活中，“彩民”“网民”“股民”“烟民”等新兴词语呈不断流行之势。不难发现，这些词语有一个共同的语素“民”。我们把这种情形下的“民”视为后缀，虽然这里“民”的词汇意义还不甚“虚”。“跟前缀一样，有一些词的末了一个语素意义不太虚，一般也称为‘后缀’。”[1](P115)

这些被赵元任先生名之为“后缀”的词，在陈光磊先生那里被称为“类词缀”。“所谓类词缀，就是类乎词缀的词素。它比词缀的虚化程度差一些，又没有词根的意义那么实；是一种半实半虚（一般是虚大于实）而在复合词里结合面相当宽的词素。它的虚化程度大小不等，但都是可以明显感受到的。也许可以说它是一种正在转变而尚未最后完成虚化的词缀，是一种‘准词缀’或‘副词缀’，或者说是‘预备词缀’。汉语有类前缀和类后缀。”[2](P23)我们这里对“后缀”与“类后缀”不做严格区分，将二者统称为“后缀”。“民”有条件“跻身”于后缀之列。

含有后缀“民”的词呈动态发展、渐趋流行之势，我们取当下较为典型的“彩民”“股民”“网民”“烟民”等为例。因为篇章的题目尤能体现相应篇章的主旨和风格，故我们的语料主要以篇章的标题为主。据中国期刊网（清华本地镜像，1994 年至 2004 年 6 月，http://10.15.61.247/cjfd/mainframe.asp.），取检索项“篇名”，分别检索“彩民”等，得到如下统计结果：“彩民”共计 15 项，即篇名含有“彩民”的文献于中国期刊网中有 15 篇；“网民”共计 93 项，“股民”共计 129 项，“烟民”共计 362 项。取检索项“关键词”：“彩民”共计 71 项，“网民”共计 609 项，“股民”共计 539 项，“烟民”共计 98 项。

另利用“www.baidu.com”搜索引擎，于 2004 年 6 月 24 日 12 时共搜出与“彩民”相关的网页约 564000 篇，“股民”约 764000 篇，“网民”约 1040000 篇，“烟民”约 77000 篇。与“彩民”相关的“关键词”搜索有 45 条，与“股民”相关的关键词搜索有 61 条，与“网民”相关的关键词搜索 0 条，与“烟民”相关的关键词搜索共有 9 条。并且，以上数据还在不断更新（这里尤指增大），例如我们 2004 年 7 月 7 日 21 时同样利用“www.baidu.com”进行搜索，结果则分别是：与“彩民”相关的网页 585000 篇，与“股民”相关的网页 829000 篇，与“网民”相关的网页 1130000 篇，与“烟民”相关的网页 79700 篇。显然，随着时间的推移这些数据均增大了。这表明，诸如“彩民”等以“民”为后缀的词的使用愈益频繁。

一、“民”作为后缀何以可能

言语事实与“后缀”的基本性质表明，“民”作为后缀是可能的，这可以从以下诸端体现出来。

（一）“民”之于相应词根的依赖性

“彩民”“网民”“股民”“烟民”等词语中的“民”均不能单独使用，如果单独使用，则相应的话语没有内容。例如：

(1)全国首例“福彩”彩金计算纠纷案——一注彩票四种算法是否克扣彩民(《社区》,2002 年第 5 期)

(2)体育彩民群像解析——南京市电脑体育彩票消费人群的结构与特点(《体育与科学》,2003 年第 5 期)

(3)我国网民年龄 27(《计算机与农业》,1999 年第 3 期)

(4)网民——银行卡新一代优质客户(《中国信用卡》,1999 年第 6 期)

(5)我国网民人数半年翻一番(《中国信息导报》,1999 年第 7 期)

以上诸例中的“民”均不能单独使用，均做语素，附着于相应词根之后。如例（4）若将其中的“网民”替换成“民”则该句没有所指，例（5）中的“网民”若替换成“民”则与实际情形相悖。类似地，例（1）（2）（3）中的“民”亦均不能独用，否则，相应语词所表示的概念的外延过大，也容易引起话语接受者的误解。

不能独立使用的“民”语素与相应词根形成一个词。“一般说来，在语句中能独立活动的基本语法单位就是词。”[2](P12) 含“民”素（即含有“民”这一语素）的词“彩民”“网民”等在语句中有着广泛的分布，有其句法结构的多样性。这种分布的广泛性和句法的多样性，正说明了它们是相应的独立活动的基本语法单位。例如:

(6)对体育彩民消费行为的研究(《湖北体育科技》,2001 年第 4 期)

(7)彩民的好帮手(《电子与电脑》,2002 年第 9 期)

(8)开家彩民茶楼(《企业研究》,2002 年第 1 期)

(9)彩民怒问彩票游戏规则(《法律与生活》,2002 年第 6 期)

例（6）中，“彩民”与“体育”直接组合，形成一个偏正型的定中结构，“彩民”为中心语。例（7）中的“彩民”于“好帮手”前做“好帮手”的定语。例（8）中的“彩民”与“茶楼”直接组合，形成一个定中结构，在整体上做“开”的宾语，共同形成一个述宾结构。例（9）中，“彩民”做整个句子的主语，与其后的直接成分形成一个大的主谓结构。

类似地，例如：

(10)胡萝卜素可解“烟民”之苦(《老年》,1997年第5期)

(11)药师如何帮助烟民戒烟(《黑龙江医学》,1994年第3期)

例（10）中“烟民”与“苦”组合，形成一个定中结构，“烟民”为定语，“‘烟民’之苦”与述语“解”组合，形成一个述宾结构。例（11）“烟民”与“戒烟”直接组合，形成一个主谓结构，“烟民”做主语，“烟民戒烟”又与“帮助”直接组合，形成一个述宾结构。

此外，“彩民”等还可以经组合形成诸如“彩民部落”“高级彩民”等更大的准凝固结构。例如：

(12)最近,彩票已开始进入各中小校园,深受中小学生的“青睐”,校园中也渐渐形成了学生“彩民部落”。(《校园形成“彩民部落”小学生涉“彩”令人忧》,http://www.sina.com.cn 2003/01/27 15:02)

(13)“高级彩民”除了代表一种彩民资格外,还可以享受市体彩中心提供的各种优惠条件:优先参加市体彩中心组织的各项足彩、体彩的文娱活动,如国内足评名家的评彩讲座,与名人交流以及各类电视上镜节目等。目前,第03009期足彩已有4位彩民获此殊荣。(《重庆彩民有职称——“高级彩民”》,《南国早报》,2003年3月28日)

类似地，“烟民”亦可以形成诸如“烟民食品”等大一些的结构，如《中国食品》1997年第5期即刊有以“烟民食品”为题的文章。

以上似已表明“彩民”等是最小的能独立运用的语法单位，是词；此种情形下的“民”是“不自由”语素。

（二）“民”在构词上的能产性

就“彩民”“股民”“网民”“烟民”等词语而言，他们的出现和流行并不是同时开始的。相对而言，“彩民”的流行是较为晚近的言语现象，据中国期刊网（清华本地镜像，1994 年至 2004 年，http://10.15.61.247/cjfd/mainframe.asp.），“彩民”首次在中国期刊网上出现是 2000 年 1 月，“网民”始见于 1998 年 1 月，“股民”和“烟民”则自中国期刊网所收数据起始时间 1994 年 1 月就在该网上有记录了。另外，林伦伦等编著的《现代汉语新词语词典》即收有“股民”条，该词典对“股民”的描述是“从事股票交易活动的人”，并援引例句：“新股民不断入市，掩盖了日益增大的危险。”（《人民日报·市场报》，1999 年 4 月 17 日第 7 版）[3](P81) 值得注意的是，该例句出现的时间是 1999 年 4 月 17 日，显然即使是按照这个时间，它比“彩民”在中国期刊网上出现的时间也要早。足见，“股民”与“网民”出现的时间并不是同步的，这其实是“民”作为一种能产的后缀逐步逐步不断产生新词的一个个案。

其实，“民”作为一种语素，早见于“渔民、牧民、农民、市民、公民、国民”以及“回民、藏民”和“流民、侨民、土著民、移民”等词语之中。“民”语素由这些词语不断扩散到“股民”“彩民”等同样指人的名词中。应该有理由相信，随着社会语境和语言自身的不断发展势必会由“民”派生出更多的新词语。

（三）“民”在意义上的虚化和类化

“民”单独作为一个单音节词使用时，意义较实。比如“民无信不立”“民以食为天”“军民一家亲”等我们耳熟能详的话语中的“民”，但是当“民”附着在一定词根之后时其语义就可能相对较虚了。

“民”与相应词根搭配，可以形成或褒或贬的词，比如“无业游民”“刁民”“良民”等。不难看出，“游民”和“刁民”整个词一般而言是带有贬义的，而“良民”整个词则往往是带有褒义色彩的。这与其他表示“人”的后缀类似，比如“徒”可以形成诸如“赌徒”“暴徒”“歹徒”等词语，又可以构成诸如“基督徒”“圣徒”等含有褒义的词语。这表明，含有“民”缀的词语，其词义（这里尤指色彩义）并不主要是由“民”来承载的，“民”此时的词汇意义是相对较虚的，像另一指人后缀“徒”那样。例如：

(14)拒绝赌徒 欢迎彩民(《中华儿女》(海外版),2000 年第 1 期)

这一语例将“赌徒”与“彩民”并置，前后两个言语片段形成一个准“对偶”，较为生动地体现了“徒”与“民”的作为后缀的对等地位。

再就“彩民”“股民”“网民”“烟民”等词语而言，词语中的区别性义素均主要是由词根“彩”“股”“网”“烟”等承担的，这时候的“民”类似于英语中的名词后缀“er”“or”等。

此外，含“民”语素的词语“彩民”等可以受表示等级的“高级”等修饰，也可以受表示地点的名词限制。这表明“民”在词汇意义上具有较大的宽泛性，有着较大宽泛性的“民”在词汇意义上其实很“虚”。例如：

(15)重庆彩民又将获得一项足彩“职称”——市体彩中心将对猜中足彩一等奖的彩民颁发“高级彩民”荣誉证书。(《重庆彩民有职称——“高级彩民”》,《南国早报》,2003 年 3 月 28 日)

类似地：

(16)一等烟民(《内蒙古教育》,1995 年第 12 期)

以上两例中的“彩民”和“烟民”分别受“高级”和“一等”修饰。这至少可以表明,“彩民”和“烟民”本身是无“高级”和“低级”以及“一等”和“二等”之别的,即“彩民”和“烟民”作为词不含“高级”和“一等”这样的义素。因此,要区分所谓“高级”和“低级”就势必要在其前面冠以表示相应词汇意义的语词。再如:

(17)定西彩民出手不凡大复式博得一等奖(《兰州晚报》,2003 年 3 月 27 日)

(18)武汉彩民电话认购未被登记 与 500 万擦身而过(http://www.sina.com.cn,2004 年 4 月 4 日 16:12,另见当日《武汉晚报》)

(19)黄石彩民冯拥军本想“弄点钱”买彩票中大奖,结果落入法网。(《湖北日报》,2004 年 6 月 11 日)

(20)西藏彩民购买体育彩票中奖率高(《西藏体育》,2003 年第 1 期)

(21)拉萨彩民签合同 合伙购买体育彩票(《西藏体育》,2003 年第 1 期)

以上诸例中的“彩民”均受表示地点的名词“定西”“武汉”“黄石”“西藏”“拉萨”等限制。这表明,“彩民”本身不含表示地点的义素,既然“彩民”不含表示地点的义素,则“彩民”中的一个构成成分“民”亦势必不含之。

再者,“民”自身也无所谓“数”和“性”以及“肯定”和“否定”。含有“民”这一语素的词语在“数”上,既可以是单数,也可以是复数,即含有“民”语素的词语的单数和复数这一语法意义并不是通过“民”自身的词汇意义体现出来的,而往往是通过其前面的修饰或限制语表现出来的。例如:

(22)你也能中百万大奖——《100位幸运彩民中奖实录》读后(《中州今古》,2004年第3期)

(23)告别歌坛5年的台湾歌手郑智化两臂夹着双拐以青岛即开型福利彩票颁奖嘉宾的身份,出现在青岛远洋广场的销售现场,为数万彩民和歌迷献上了《星星点灯》《水手》《堕落天使》等个人经典名曲。(http://www.zhcw.com,2004年5月1日,另见当日《青岛日报》)

(24)80余彩民正在瓜分500余万福彩大奖,一彩民突然"杀"出,称当初电话认购了中得大奖的合注单。(《武汉晚报》,2004年4月4日)

(25)拉萨一彩民与500万元大奖擦肩而过(《西藏体育》,2003年第1期)

(26)明天,我们拿什么保卫自己的家园——一个网民对IT产业的拷问(《经贸世界》,1999年第4期)

(27)世界每十秒有一烟民丧生(《解放军健康》,1995年第1期)

例(22)中的"彩民"受数量短语"100位"限制,(23)中的"彩民"受概数"数万"限制,(24)中的"彩民"分别受"80余"和"一"限制,(25)中的"彩民"同时受确数"一"和受地点名词"拉萨"限制,(26)和(27)中的"烟民"分别受表数的"一个"和"一"限制。

除了可以在其前面直接冠以数词或数量结构,"彩民"还可以与其前面的诸如"广大"等表示复数的词语组合。例如:

(28)对于广大彩民朋友来说,自制力或自控力是极为重要的。(http://media.rednet.com.cn/xxcb/caipiao/jiqia 2003—11—30)

(29)竞猜法甲给广大彩民带来了一些麻烦(http://sports.sina.com.cn,2002年10月19日13:05,另见当日《重庆晚报》)

例（28）（29）中的“彩民”分别受“广大”限制。

“彩民”等还可以有复数形式，即可以在其后面直接加上“们”，表示复数。例如：

(30)彩民们的网上家园(http://www.vv94.com，2004—5—5)

(31)让彩民们100％满意是我们的服务。(http://www.vv94.com ，2004—5—5)

(32)一个美丽的圈套——写给烟民们(《农村成人教育》，1996年第8期)

(33)这款产品尤其适合那些IT烟民们。(http://www.pronline.com.cn,2004—5—5)

例（30）（31）中的“彩民”后直接缀以“们”，例（32）（33）中的“烟民”后面直接缀以“们”，均表示复数。

“民”本身亦没有“性”上的区别。例如：

(34)女烟民的不幸(http://www.homeway.net.cn)

“烟民”与表示性别的“女”直接组合。

“民”所构成词之前还可以有其相应的否定形式，例如：

(35)烟民与非烟民保费不同(http://stock.163.com/economy2003/editor_2003)

“烟民”与其否定形式“非烟民”并置，其否定形式是在“烟民”前加否定词“非”。

以上体现了“民”语素在词汇意义上的虚化，同时亦体现了其在语法意义上的类化。“所谓‘类化’指由同一词缀构成的一系列的词，具有相同的词性和相同的语法意义。”[4](P138)由“民”所构成的“彩民”“股民”“网民”“烟民”等一系列的词，具有相同的词性——名词，具有在“数”“性”“肯定”和“否定”等范畴上相同的语法意义。有鉴于此，有人甚至将这一系列词中的若干个并置使用。例如：

(36)股民网民市民(《电子商务》,2000年第3期)

“民”语素在词汇意义上的虚化和语法意义上的类化甚至还可以从这一系列词可以有相同结构的相对固定的“独立”结构体体现出来。例如我们前面提及之搜索引擎 www.baidu.com 中与“彩民”和“网民”相关的关键词中即有如下表（表1）所示的对应结构体。此外，还有诸如“女股民”“女烟民”等的对应。

表 1

彩民故事	彩民之家	彩民俱乐部	彩民之友	中国彩民	彩民论坛
股民故事	股民之家	股民俱乐部	股民之友	中国股民	股民论坛

最后，以上所列举的含“民”语素的词表明，语素“民”有相对固定的构词位置。在“彩民”“网民”“股民”“烟民”等相类的词中，“民”均置于相应词根之后。

以上所述似已表明，“民”作为后缀是可能的。进一步考察，不妨认为，“民”作为后缀，在一定意义上有其必然性。这从“民”作为后缀的一些基本动因可以看出。

二、“民”作为后缀的基本动因

“民”作为后缀的基本动因，可以大别为二：其一为语言内部的动因；其二为语言外部的动因。

（一）语言内部动因

就语言内部而言，“民”作为后缀具有别的指人名词后缀或类后缀不可替代的“优势”。赵元任《汉语口语语法》在“4.4 后缀”中谈及“复合词末了的结合面宽的语素”和“新兴后缀”时，提到表示“人”的有：者、人、师、士、亲、夫、家、家、员。[1](P114~116) 不难看出，当时的“新兴后缀”里并没有“民”。

《汉语口语语法》里列举的诸指人名词后缀中“者”居于首位，“者”与“民”在作为指人名词后缀上意义较为接近。以较为常见的指人后缀“者”为例，据吕叔湘《现代汉语八百词》，“者”作为“后缀”，有两种用法：“1. 表示有某种信仰，从事某种工作或有某种特性的人。构成名词。a）名＋者。b）动/形＋者。2. 指代事物或人。构成名词。a）前/后＋者。b）数＋者。”[5](P583) 在我们看来，“者”的第一种用法与“民”更为接近，但就是这种与“民”更为接近的用法仍然不能替代“民”。“名＋者”对语体的选择性较“民”强，“者”的书卷气比较浓郁，一般口语中不太常用，而“民”在日常口语中可大量使用。比如“烟民”，“烟民”显然不宜换成“烟者”，“烟民”有时还可以附带有戏谑、调侃等情景义，而同一个词根与“者”所构成的词则不具备这样的意义和功能。

此外，陈光磊先生指出汉语里用于指人名词的类后缀常用的有：夫、家、匠、师、生、士、员、长、手、汉、翁、倌、工、星、迷、族等。[2](P25~26) 陈光磊《汉语词法论》同时指出，指人名词还有几个带贬称的类后缀，如：佬、鬼、棍、蛋、虫。[2](P26~27) 在以上“类后缀”中：“夫”“汉”对性别有所选择，一般指男性；“家”“匠”“师”“手”“工”“星”则对所从事的工作的熟练程度要求很高，即通常所说的“行家里手”，并且在语义上相应词根所表示的活动为活动主体的主要生存手段或生活来源，或者可以在某种意义上说他们是“全职”的；而“民”所构成的词则往往可以是“兼职”的，也可以是“全职”的；“士”“员”“翁”“倌”“迷”“族”则对语体的选择性比较强，其中“士”“员”“翁”“倌”更适宜于使用于书卷体，而“迷”和“族”则更适宜于口头语体，而且“迷”的所指在程度上比较深，带有一定的感情色彩，“族”则表示的是一个集合概念，比如“汉族”“土家族”等，在所指上有较强的专指性；“长”“生”还对职务、身份甚至年龄有所选择。“民”则不尽然：它对语体的选择性相对较弱；它既可表示一个“集合”，也可表示一个非集合；“民”在感情色彩上呈中性，它不像“佬、鬼、棍、蛋、虫”等几个带贬称的类后缀；它对性别的选择性也较弱，既可表示男性，也可表示女性；它对“所指”的身份、职业的选择性也较弱，既可指达官要人，也可指庶民百姓，既可以指“全职”从事相应活动的人，也可指“兼职”从事某种活动的人；“民”对“数”这一范畴的选择性也较弱，它既可以是单数，也可以是复数。例如：

(37)女烟民们(《社会》,1998年第2期)

(38)亦忧亦惑女烟民(《医药与保健》,1995年第5期)

(39)救救小烟民(《河北教育》,1995年第4期)

(40)膨胀中的全球青少年烟民(《中国青少年研究》,2002年第2期)

(41)合肥市344名学生烟民的吸烟模式调查(《疾病控制杂志》,2004年第1期)

(42)机遇与挑战——对大学生网民思想政治教育的思考(《浙江师大学报》(社会科学版),2000年第3期)

例(37)(38)中的“烟民”均与“女”组合，表明“烟民”在性别上没有选择性，既然“烟民”如此，作为其构成成分的“民”理当亦然，其中例(37)还与“们”组合，显示了“民”对于“数”亦没有选择性。同理，例(39)(40)“烟民”分别与“小”和“青少年”直接组合，说明“民”对年龄没有选择性。例(41)(42)中的“烟民”和“网民”分别直接受“学生”和“大学生”限制，表明“民”对于身份没有选择性。

一言以蔽之，“民”语素至少在语素义上具有较为宽泛的所指，随着言语主体活动领域的拓展、身份和职业转换的不断频繁，已然成熟的现代汉语指人名词后缀的局限性日益凸显，指人名词的建构上存在着一些“空位”。如上所述，“民”能在一定意义上填补这种“空位”。“民”在这些个意义上显示了它作为指人名词后缀存在的必然性。当然，这种必然性与我们前面所述及之“民”缀在意义上的虚化和类化关系尤为密切，不妨认为后者是前者的基础。

（二）语言外部动因

如前所述，含有“民”语素的词往往具有较为宽泛的所指。而“民”又是指人的名词后缀。人是社会的人，社会是人的社会。“民”作为后缀是社会发展的产物和镜像，社会是不断发展的，社会的发展是“民”作为后缀的一个十分重要的语言外动因。

赵元任《汉语口语语法》和陈光磊《汉语词法论》列举了用于指人名词的“后缀”“新兴后缀”或“类后缀”20余种，但均没有包括“民”，这在一定意义上即说明了“民”作为指人名词的后缀实乃当下社会发展使然，比如“彩民”的流行即较为晚近的事情。“‘彩民’一词最早出现已无法考察，尽管它的历史不会超过10年。”[6]在中国，“1984年10月10日在北京首发的‘发展体育奖1984年北京国际马拉松赛’奖券，后来普遍被人们视作新中国彩票事业发展的序幕”[6]。接着，“1994年，国家体委公布了《国家体委1994－1995年度体育彩票发行管理办法》，‘彩票’才开始被官方承认”[6]。“彩票”被官方认可之后，方有从事彩票业务活动的人，即“彩民”。

此外，由于“民”对身份没有选择性，这正与当下社会市场经济条件下，人们以职业为基础的“身份”经常由于市场的需要而及时转换相契合。市场这只看不见的手常常会使社会中的人自觉不自觉地转换自己的社会“角色”，人们还可以相对自由地择业，可以出现多重兼职现象，甚至可以同时是“彩民”“股民”“网民”“烟民”等。指人名词后缀“民”在这个意义上也就应运而生。

一般说来，在语言的诸要素中，词汇是与社会文化的关系更为密切的一个要素。反过来，社会文化对语言诸要素的影响更为显著的也是词汇。这样，社会的发展又成了词语的流行和发展的一个重要的动因。“社会化程度”较高的“民”犹然。“民”作为后缀是与“彩票”“网络”“股票”等社会经济文化现象共生、“共荣”的。“彩票”“网络”“股票”等社会经济文化现象的存在和发展促使“民”作为一个指人名词后缀最终形成。

三、“民”缀的主要功能

“民”作为后缀是可能的，并且有其动因。同时，“民”作为后缀亦有其功能和作用，即“民”作为一种后缀是有意义的。张涤华、胡裕树、张斌、林祥楣在《汉语语法修辞词典》中指出：“词缀，附加在词根上面的虚素。词缀是词的组成部分，它能表示词的意义或某种语法作用。”[7](P77) 陈光磊先生进一步明确指出了“词缀”作为一个“类”的作用：“词缀所起的作用是：（甲）标明一个词的语义类型；（乙）表征一个词的语法功能（显示词类）。”[2](P22) 踵此，我们可以发现“民”作为后缀的一些主要功能。

（一）词法语义功能

第一，构词功能。“民”的词法语义功能首先表现为构词功能，“民”与相应词根的组合显然属于派生造词法。引入“民”缀之后，很自然地形成了诸如“彩民”“网民”“股民”“烟民”等新兴词语。这些词语有的当下较为流行，有的甚至还会流行下去。此外，随着社会的发展，人们所从事的活动更加丰富多彩，指人名词后缀“民”所构成的词应该还会继续增多。它应该是开放的，就像整个社会大系统理当是开放的一样。

第二，定性功能，即确定所构成词的词性。可以说，所有以

“民”为后缀的词均在词性上为名词，也就在这个意义上可以称“民”为“名词后缀”。比如“股”作为词根，既可以做名词，指“大腿”“某些机关、企业、团体中的组织单位”“不等腰直角三角形中较长的边”等，也可以做量词。但是，附上“民”之后，意义就相对明确了，“股民”专指从事股票活动的人。此外，几乎所有以“民”为后缀的词均指人，且往往是指经常从事词根所表示的相应活动的人。在这个意义上，“民”与英语中的表人名词后缀“er”或“or”相似。

第三，亲和作用。“民”的亲和作用首先与“民”的色彩义相关。“民”在色彩义上无所谓褒贬，即“民”不含褒义，也不含贬义；“民”既不会给人以文绉绉的感觉，又不像有些词在使用过程中显得枯燥乏味，更不像当下某些“新兴”词语那样带有殖民色彩。此外，“民”的亲和作用还与“民”的理性意义有关。“民”作为后缀在一定意义上是一种“兼职”现象，即“民”本身还可以作为词根出现在另外一些词语中。《现代汉语词典》（修订本）所收第一个语素为“民”的词条就达73条之多。[8](P883～885)况且，“民”作为后缀在意义上并不甚虚。而就因为这样的“兼职”，才不至于给使用者“陌生感”，事实上，它往往给表达者和接受者以“似曾相识”的感觉，尤具亲和力。不妨说，现代文明社会中任何一个社会人都可以是，应该是“民”，这一“先验”的角色意识势必有利于激发言语使用者，尤其是接受者使用和接受含“民”缀词语时的代入感，有了代入感，势必有助于含“民”语素的词语的流行。

（二）修辞语用功能

“民”在各类语体中的分布较广。前文已有所论及，与“民”尤为相近的“者”作为表示人的后缀时，其在语体分布上，远没有“民”宽泛。一般而言，“者”多见于书卷体，且“者”往往和动词性词根组合，形成“动＋者”结构，比如“行者”“作者”“论者”“读者”“听者”等，在这个意义上，它与“er”“or”更为接近。而“民”则在语体分布上更为广泛，它可以适用于口头体和书卷体。而且，“民”往往是与名词性词根组合的，比如“彩”“网”“股”“烟”等。即“民”通常形成“名＋民”结构。或曰在“名＋后缀”结构中，“名＋民”相对于“名＋者”对语体的选择性较弱，前者适应面更广。例如：

(43)零点调查：香港——中国内地网民造访的首选地区(《市场与人口分析》,1998年第4期)

(44)中国“黑客”齐出手——网民声援印尼华人行动纪实(《法律与生活》,1998年第11期)

(45)网民如是说——上网并不难(《材料保护》,1999年第1期)

(46)从网民罢网看我国的因特网发展(《情报科学》,1999年第6期)

(47)报纸网站广受网民关注(《新闻大学》,1999年第3期)

(48)网民在线活动研究综述(《北方论丛》,2000年第4期)

不难看出，以上“网民”遍布通用体、书卷体、科技体等各类语体，而我们以上所援引的语例更是出自各类杂志，见于各种语体。含“民”缀的“彩民”“网民”“股民”“烟民”等词语还广泛应用于网络、报纸等大众媒体之中，传播渠道多，接受者广。这与“民”缀的外部动因的关系尤为密切。我们在谈及“民”缀的外部动因时已提及，正是由于社会经济文化的发展导致了“民”作为后缀的流行，而诸如“网络”“彩票业”“股票市场”等的发展是十分迅猛的，其丰富性势必会渗透到言语使用的几乎所有功能变体之中。此外，“网络”“彩票业”等本身即一种社会情景语境，正是由于“民”缀所指的广泛性和情感色彩的中立性，“彩民”等含“民”缀的词之于语境（尤指社会情景语境）的适应性也就特别强。而“修辞以适应题旨情境为第一义”[9](P11)，可见“民”缀在修辞语用上的作用。

总之，“民”作为后缀是可能的。“民”作为后缀有其语言内和语言外动因，它反映了词汇的发展与社会的发展休戚相关。“民”作为后缀具有构词功能、定性功能和亲和功能，“民”缀还具有适应多种语体、语境等功能。

参考文献：

[1]赵元任.汉语口语语法[M].吕叔湘译.北京：商务印书馆，1979.

[2]陈光磊.汉语词法论[M].上海：学林出版社，1994.

[3]林伦伦.现代汉语新词语词典(1978－2000)[Z].广州：花城出版社，2000.

[4]刘云.一个新的能产的前缀——零[J].辞书研究，2003(5).

[5]吕叔湘.现代汉语八百词 [M].北京：商务印书馆，1980.

[6]黄继新.在新词语中变革——彩民[N].经济观察报，2003/3/2.

[7]张涤华、胡裕树、张斌、林祥楣.汉语语法修辞词典[Z].合肥：安徽教育出版社，1988.

[8]中国社会科学院语言研究所词典编辑室.现代汉语词典(修订本)[Z].北京：商务印书馆，1996.

[9]陈望道.修辞学发凡[M].上海：上海教育出版社，1997.

原载《新疆大学学报》(哲学·人文社会科学版)，2006 年第 2 期，署名张春泉，刘雪芹

“核心期刊”的修辞分析

当下中国学界，“核心期刊”这一新兴语词的流行、学术界乃至社会公众对“核心期刊”的认识和评价以及“核心期刊”自身的处境等，实际上共同构成了一种“核心期刊现象”。我们认为，“核心期刊现象”在一定意义上可视为一种修辞现象，“核心期刊现象”有其特定语境，对于核心期刊不宜“一刀切”，不必将“核心期刊”奉为至尊，不宜人为地夸大“核心期刊”的权威性，就像对其不宜一律“封杀”一样。通过“核心期刊”的修辞语境分析，有利于“核心期刊”在学术界乃至于整个社会的准确定位，有利于我们理性地看待“核心期刊现象”。

在我们看来，“核心期刊”本身是一个隐喻，在核心期刊上言说是一种修辞行为，核心期刊处于语境中。

一、“核心期刊”作为一个隐喻

人们将有一定知名度的单位或有一定权威性的部门所主办的刊物指称为“核心期刊”，这种“指称”本身即一种修辞现象。修辞现象“普遍地存在于人类社会运用语言进行交际的活动之中；可以说，每用一个词，每说一句话，就都构成了一种修辞现象”[1](P8)。“核心期刊”在汉语中属于新兴词语，就“核心期刊”这个言语片段而言，它是“核心”与“期刊”的线性组合。这种组合本身即一种修辞。

具体说来，“核心期刊”这个“术语”本身就是一个隐喻。“核心”本来是表示方位、位置的，据《现代汉语词典》（2002 年，商务印书馆），核心是指：“中心；主要部分（就事物之间的关系说）。”一般说来，“中心”这一位置是很重要的，它是相对于“外围”而言的，“期刊”本无所谓“中心”与“外围”。这样，在“核心”与“期刊”的组合过程中，使用的是其后一个义项，即“主要部分（就事物之间的关系说）”。将“核心”一词用来修饰或限制“期刊”，显然是使用了其引申义或曰比喻义，无非是说那些被名之为“核心期刊”的刊物是期刊的“主要部分”。有“主要部分”势必预设了“非主要部分”的存在，即非核心期刊是期刊中的次要部分。事实果真如此吗？未必。我们可以通过以下实验就这一问题做一实证分析：首先在电脑上打开“清华大学学术期刊网（1994－2003）”，然后选择“题名”，接着键入“核心期刊”，共得到有关记录 955 条。随后，我们选择“关键词”，并键入“核心期刊”，共得到有关记录 1612 条。最后我们选择“引文”，键入“核心期刊”，共得到有关记录 103 条。与之对照，我们同样先选择“题名”并键入“杂志”，共得到有关记录却是 10058 条；选择“关键词”，键入“杂志”，得到的却是 20493 条记录；选择“引文”，键入“杂志”得到的却是 721915 条相关记录。如下表（表 1）所示：

表 1　“核心期刊”与“杂志”在清华大学学术期刊网的使用情况

检索项 / 检索源	核心期刊	杂志
题　名	955	10058
关键词	1612	20493
引　文	103	721915

“核心期刊”是“杂志”，即“核心期刊”是“杂志”的一种，“核心期刊”是种概念，“杂志”是“属概念”，作为“属概念”的“杂志”的外延比作为“种概念”的“核心期刊”多是很正常的。但是，我们注意到了在“引文”这一项中，“杂志”的相关记录却是“核心期刊”记录的7008.9倍！这比“题名”项中，“杂志”是“核心期刊”的10.5倍多出何其多！学界非常关注的“影响因子”，计算时主要看的就是被引用的频率，但由此可见，“杂志”的“影响因子”是远大于“核心期刊”的。粗略估算就充分说明，杂志中的“非核心期刊”并不是不重要的。由此看来，“核心期刊”这个概念的表述本身就值得讨论，用“核心期刊”来指称那些相应的杂志未必得体，其修辞效果未必恰切。

其次，作为一个隐喻的“核心期刊”在指称上不甚明确，其内涵与所指称的对象（外延）扞格。林伦伦等编著的《现代汉语新词语词典》[2](P89)即收录了“核心期刊”这个语词，指明了其内涵。《现代汉语新词语词典》对核心期刊的解释是：“某专业中发表的论文水平高、质量好，能反映该学科前沿研究状况及发展趋势的期刊。”该词典所援引的例证是：“我国首次大规模使用文献计量学方法对中文期刊统计分析，经过筛选，有两千种期刊被列为核心期刊。”[《人民日报》(海外版)，1992年3月25日]如果说这个定义能概括“核心期刊”的内涵的话，那么一些“综合性”刊物上赫然标注的“核心期刊”就不太好解释了。而且，“核心期刊”的筛选是怎么进行的，是以什么标准来进行筛选的？也都缺乏可操作性。因此，用“核心期刊”来指称那些在特定专业中“发表的论文水平高、质量好，能反映该学科前沿研究状况及发展趋势的期刊”，实际上有指称不明之嫌。

一般说来，隐喻除了可以具有一定的审美功能以外，还可以有其认知功能，有时后者更为重要，诸如“核心期刊”作为一个专用名词的隐喻犹然。隐喻的认知功能集中体现为，一个有效的隐喻往往可以

“以其所知谕人之所不知而使人知之”。《说苑·善说》载：

> 客谓梁王曰：“惠子之言也善譬，王使无譬，则不能言矣。”王曰“诺。”明日见，谓惠子曰：“愿先生言事则直言耳，无譬也。”惠子曰：“今有人于此而不知弹者，曰：‘弹之状何若？’应曰：‘弹之状如弹，则谕乎？’”王曰：“未谕也。”于是更应曰：“弹之状如弓，而以竹为弦，则知乎？”王曰：“可知矣。”惠子曰：“夫说者，固以其所知谕人之所不知而使人知之，近王曰无譬，则不可矣。”王曰：“善。”

这里惠子以对“弹”（弹弓）的描述为例以归谬的方式对“譬”（比喻）的认知指称性做了形象的说明，对“弹”的描述直接影响着言语接受者能否有效地认知该对象，即如何使人认知“弹”受制于表达者对“弹”的表述，“弹之状如弹”是直白的描述，而“弹之状如弓”则是一种修辞表达法，用了比喻。显然，这种比喻（一种广义的隐喻）是有效的，它有助于人们对相关相应所指的认知。而如上所述，作为一个专有名词（或曰“术语”）的“核心期刊”则在指称上不便于接受者准确认知，因而其效果就大受影响。虽然“核心期刊”这个语词是一个“舶来品”，是相关外语词的意译，但既经翻译过来且在汉语语境中使用就势必可以而且应该符合汉语的修辞，应该相应地有其明确的所指。

二、在“核心期刊”上言说是一种修辞行为

进一步考察，不难发现，在“核心期刊”上言说其实是一种修辞行为。修辞行为是调整适用语辞以适应题旨情境的一种行为，是表达者与接受者的一种以语言文字为媒介的互动（interaction）。在核心期刊上言说无非是要把自己的思想感情，尤其是思想诉诸语文材料，调动表现手段传递给特定的读者。在核心期刊上发表论文是一种言说，一

种写说。“但写说本是一种社会现象，一种写说者同听读者的社会生活上情意交流的现象。从头就是以传达给读听者为目的，也以影响到读听者为任务的。对于读听者的理解、感受，乃至共鸣的可能性，从头就不能不顾到。”[3](P6)众所周知，在核心期刊上发表言论不是写给作者自己看的，需要将自己的思想最大范围地传递给读者，也是以影响到读听者为任务的。而“核心期刊”，既为“核心”，势必会有“画地为牢”之嫌，在核心期刊上言说的客观效果就势必大打折扣。

“核心”之所以为“核心”，一个很重要的表现即与外界的接触，至少是可能接触的范围相对较小，这样，其对于读听者的理解、感受，乃至共鸣的可能性就会小得多。事实上，在我们看来，“修辞行为”是和“修辞心理”相对而存在的，修辞心理包括表达心理和接受心理。前面所提及之读听者的理解、感受，乃至共鸣即我们所说的接受心理。修辞行为是修辞心理的外在表现形式。二者应该和谐，二者共同构成修辞现象。“写说者运用语文材料、调动表现手段把所要表达的思想感情传递到对方，这就是修辞现象。”[1](P8)在这个“传递”过程中要尽量减少信息冗余和信息损耗，还要尽量达到表达和接受心理的沟通和理解。这即是说，如果核心期刊上的言说过于“阳春白雪”，则这种“传递”很难做到信息尽量不冗余和不损耗。言说得过于“阳春白雪”的一个十分可能的情形是，接受者囿于其认知水平、理解能力和接受需要、动机等接受心理不能理解，至少是不能很好地理解表达者所要表达的思想内容。显然，这样的言说很难说是有效的。

此外，既然在核心期刊上言说是一种修辞行为，而修辞以适应题旨情境为第一义。在核心期刊上言说，最为需要的应是适应题旨情境，就是充分表达自己的思想、主旨、见解和主张，尽量地调动包括读者的接受需要、动机、能力等在内的接受情境。但现在的问题是，在核心期刊言说还得适应“核心期刊”自身这一语境。比如，我们在表达时，得按照特定的“格式”（即某种意义上的上下文语境）排版、作注等。这势必会对言说的效果产生负面影响。即对于在核心期刊上言说的言说者（表达者）而言，对“核心期刊”这一情境的适应是与其“题旨”并无直接关系的行为，这样的行为更多的是一种“无用功”。

张弓先生在《现代汉语修辞学》一书中指出：“所谓语境，包括社会情境、自然环境及上下文。分析起来有：（1）联系说话时的情境；（2）利用时间地点等条件；（3）利用自然景物特点；（4）适合说话人和听众读者的关系；（5）适应听众读者的情况；（6）照顾上下文的关系等项。”[4](P2) 其中的后面三项[即（4）（5）（6）]与“核心期刊”的关系尤为密切。在核心期刊上言说，并没有改变作者和读者的表达和接受的双向互动关系，重要的是，在“言说”（即撰文）时需要根据听读者的情况和表达者与听读者的关系调整和适用语辞。“核心期刊”是杂志，是杂取各家言论的一个精神家园。一般说来，一份杂志（含核心期刊）往往是由若干篇文章按照一定的组合原则组织起来的论文集。这样其中任何一篇文章都有与之相匹配或相对应的文章或文字。这些与之相匹配、对应的文章或文字就是该文章的“上下文语境”。现行核心期刊往往有其刊名，这一刊名往往确定了作者的“题旨”必须至少是在一定程度上与之相关。例如，《数学学报》上是不大可能刊登赏析李清照的婉约词的文章的。除了刊名这一特定“题旨”，多数核心期刊还会分门别类，划分出不尽相同的栏目，这些栏目本身也是对“题旨”的细化与确定化。作者在投稿前往往要确定自己文章是否适合所投刊物的主旨和有无相应栏目。此外，核心期刊相对于那些非核心期刊而言，可能会更强调自己的办刊方向和办刊宗旨。而它恰恰说明，核心期刊的存在理据在于其办刊特色和针对性，而不是像人们一般所认为的“核心期刊”存在的理据主要是因为其学术水平多么高！

既然在核心期刊上言说是一种修辞行为，核心期刊本身也是一种语境。那么核心期刊就势必应该有其言语风格，而不应该千篇一律，千人一面，不应该像时下多数核心期刊那样“清一色”的“学报体”。“风格即人”，核心期刊毕竟不是个人专著，核心期刊是若干作者的论文的集合，在这个集合中作为元素的每个单篇论文都不宜，也不可能在言语风格上雷同。因为核心期刊行文格式上的“一刀切”，不能使文章特色与言语风格尽量和谐，结果就不能不影响修辞效果，不能不影响言说表达效果，不能不影响听读者的接受，以致最终抑制学术的发展。

三、核心期刊处于特定社会语境中

核心期刊自身相对于其所刊登的文章而言是一种语境，另一方面，核心期刊又必定是一定语境中的“核心期刊”，这时的“语境”尤指社会情景语境。可以说，核心期刊的存在是特定社会语境的产物，反过来，从核心期刊的存在及其发展又可以折射和观照特定的社会情景语境。

当下中国的学术格局与学术氛围即“核心期刊”的一种社会情景语境。大致看来，学术论文良莠不齐，恐怕是核心期刊得以认定的一个主要原因：因为学术论文良莠不齐，所以有必要通过其传播渠道对其先行过滤。学术评价机制尚不健全，也是核心期刊存在的社会情景语境和一个理据。因为学术评价机制的不完善，所以要评价一篇学术论文的一个相对过硬的指标是看其所发表的杂志的“档次”。在一般人看来，杂志的档次越高，比如所谓“核心期刊”，文章的学术“含金量”就越高。这样，有些高校或科研机构就对“核心期刊”进行了再分类：核心期刊先分为“权威期刊”和“一般核心期刊”，“一般核心期刊”又再分为“一级”和“二级”甚至更多“级”。“核心期刊”也就成为衡定考量一个单位和个人的重要的甚至唯一的“尺度”，在“核心期刊”上所发表文章的数量越多，其专业技术职务可能就越高，科研项目等就可能更容易申请到。

但是，问题是语境是动态的、开放的系统，任何语境都不会是，也不可能是一成不变的。因此，本身作为语境的“核心期刊”不应该是一成不变的。“核心期刊”不应该是，事实上也不可能是“终身荣誉称号”。它也应该“与时俱进”，须知，“修辞适应题旨情境”也是一种动态意义上的“适应”，不是说先有了固定不变的“题旨情境”（一定意义上的“语境”），然后才有“修辞”。既然“语境”是在不断变化的，那么“核心期刊”即使必须存在，也不应该是必须故步自封的。今天是“核心期刊”，明天至少从理论上讲未必就是“核心期刊”了。学术研究不能让“核心期刊”牵着鼻子走。与“核心期刊”相伴的诸如此类的现象，比如“文抄公”的不断增多，“枪手”及某些网络上“论文服务”的“客户”的不断增多之势，博士生博士论文的质量的亟待提高，等等，就是学术研究被“核心期刊”牵着鼻子走弊远大于利的显证。我们以为，正确认识“核心期刊”与“语境”的这种动态适应关系，有利于当下中国学术的发展。

一言以蔽之，“核心期刊”的修辞语境问题值得重视。而对待“核心期刊”现象，我们更需要做的，也许是在明确其为一种修辞现象，细致地描写其言语风格的前提下，深刻地分析它所产生的社会文化原因，也就是分析探究其所由产生和适应的修辞语境。也许只有这样，我们才能最终避免“核心期刊现象”所导致的种种弊端，并寻找到正确的解决方案与途径。

参考文献：

[1]陈光磊.修辞论稿[M].北京：北京语言文化大学出版社，2001.

[2]林伦伦.现代汉语新词语词典(1978—2000)[Z].广州：花城出版社，2000.

[3]陈望道.修辞学发凡[M].上海：上海教育出版社，1997.

[4]张弓.现代汉语修辞学[M].石家庄：河北教育出版社，1993.

原载中国香港《学术前沿》，2004年第2期

“读博士后”：老百姓的一个仿拟表达

《国外“博士后”与国内有啥不一样？》（《人民日报》，2006 年 11 月 14 日 第 11 版 ）一文对“读博士后”这一说法提出了异议，也引起了笔者的一些思考。

博士后是“做”还是“读”？ 应该说，“博士后”不是一种学位，而是一种工作经历。 乍一听，“读博士后”似乎会误导人们对“博士后”身份的认知，但是换一个角度看，“做博士后”就一定优于“读博士后”这一表达吗？ 我看未必。

首先，“读”具有语义匹配的多样性。“读博士后”有人认为不宜说，那么“读大学”“读研究生”“读博士”等可不可以说呢？ 事实上，“读大学”“读研究生”等也是可以说的。 但是，“读大学”“读研究生”这些结构体在语义配置上不像“读书”那样是支配与被支配的关系。 这就是说，动词“读”后面的成分并不一定是“读”的对象，它可以是“读”的处所，比如“读大学”；也可以是“读”的施事，如“读研究生”。 看来，“读”后面成分的语义角色（语法意义）是复杂的，因此“读”与它后面成分的语义配置情况也是多样的。

先不妨以“读研究生”和“读大学”为例。“读大学”可以说，但是“读大学生”却不可以说，而“读研究生”可以说，为什么呢？ 似乎可以这样解释：“大学”的语义角色是“处所”，而“研究生”的语义角色是“身份”，或者可以说，相对于“大学生”而言，“研究生”可以凸显“身份”，研究生相对于大学生而言，总体数量较少，受教育程度更高。 而“读大学”可以凸显的是就学的“处所”，并且，“读大学”中的“大”可以和“读中学”“读小学”中的“中”与“小”形成一组区别词，以示区别作用，这组区别词起区别作用的“语义区别特征”包含“处所”和“教育层次”。 另一方面，如果按照“读大学”的语义配置仿拟，即以处所作为仿拟的参照系，则“读研究生”应该是“读研究生院”“读具有研究生培养资格的研究所”“读具有研究生培养资格的教学或科研机构”等，不一而足。 显然，这种情形下“读”的后缀成分太复杂，也就是说可以培养研究生的处所不是单一的，它比培养大学生的处所相对复杂。

因此，要表达“正在接受研究生层次的教育”这个意思就不宜在“读”之后接表示处所的词语，而适宜于直接使用表示身份的词语（比如“研究生”）。“博士后”正是与“研究生”密切相关的一种“身份”。 一般而言，博士研究生毕业后可继续博士后阶段的研习（一般从事博士后研究的一个必要条件即“新近”获得博士学位），这样，在“读大学”和“读研究生”“读博士”中，关系更密切并且同样可以凸显身份的“读研究生”或“读博士”就成了“读博士后”的仿拟对象。

进一步来看，“读大学”和“读研究生”共同的义素是“读”。“读”是一个动词，与之更为经常搭配的语素是“书”，即构成“读书”这个词。“读”的宾语如果是含有“身份”这一义素的词语，则“读”与它后面的成分所构成的整个词语往往含有“读书人”这个义素，这就是说“读书”是“读大学”“读研究生”“读博士”“读博士后”的共同义素，它们可以形成一个语义场，不妨称这个语义场为“读书治学义场”。 这样看来，“读大学”“读研究生”“读博士”“读博士后”就可以通过“读书治学”这个共同义素拈连起来。 如果说“读书”是

“读”与其他名词搭配的一种典型的规范的形式，那么严格地说，“读研究生”也是不太符合语词组合常规的一种表达，因而可以类比地认为“读博士后”也只是汉语语词表达上的一种超常规组合，是由“读研究生”“读博士”等仿拟而成的。

仿拟是“创造”新词语的重要手段之一。仿旧词语而造新词语可以有效地“拈连”新旧词语，使新旧词语在语形、语义上有一定的关联，从而有助于人们认知新词语以及新词语所表征的新事物。仿拟可以是语素的仿拟，但更多的情形似乎是词语语义配置上的仿拟。“读博士后”与“读博士”“读研究生”在语义配置上是相似的，且含有共同的义素。“读博士”和‘读研究生”中，“读”后面的成分均为表示身份这一语义角色的词语。如前所述，“博士后”也有“身份”这一义素，可以表示“身份”这一语义角色。人们使用仿拟往往是由典型的表达而形成特定非典型的表达的过程，也是由少数使用者而逐步扩散至多数普通老百姓的过程。相对于“读小学”“读中学”“读大学”而言，“读研究生”“读博士”这些表达是非典型的，且使用主体相对较少，使用频率也势必相对较小。相对于“读研究生”“读博士”等而言，“读博士后”也是非典型的，使用主体也相对较少；这恰好是“仿拟”的意义所在：在语词使用上，以旧带新，推陈出新，便于普通民众认知。

总之，“读”在语义上并非单一的，在表示“读书治学”这一典型意义时并不仅仅是指学历教育。“读”这一语素具有较强的能产性，它还可以跟其他很多语素匹配，比如还可以说“读一年级”“读夜校”“读张教授的研究生”“读图时代”“读不懂胡适”，等等。以上分析表明，“读博士后”这一日常用语有其理据，它符合人们的语感，符合语用逻辑，并不会违背语言使用的规范，一般也不会造成歧解。

原载《语文建设》,2007 年第 11 期

汉语语义变异研究之修辞学考察

——基于近 30 年来 CSSCI 来源期刊发表成果的综合分析

语义变异，是指语言意义或言语意义常规或超常规的发展变化。语义变异研究可以有词汇学、社会语言学等视角，还可以有修辞学的视角，这里我们主要从修辞学视角考察近 30 年来汉语语义变异研究。修辞学视角的汉语语义变异是指："不同程度地以修辞的方式重建临时语义，通过修辞认同（而不是语义认同或逻辑认同），把源语义（自然语义）改造为目标语义（非自然语义），完成目标语词的语义生成，属于动态语用环境中的语义变异。"[1](P116) 语义的基本形式是词义，语义变异的基本形式是词义变异。

在中国知网，从"主题"中输入"语义变异"搜索，共得 262 条结果；从"篇名"中输入"语义变异"搜索，共得 58 条结果；从"关键词"中输入"语义变异"搜索，共得 143 条结果。（搜索时间：2014 年 7 月 13 日。）本文主要选取发表于 CSSCI（中文社会科学引文索引）源刊上的语义变异研究论文作为主要考察对象。需要说明的是，CSSCI 是 1998 年开发的数据库，我们关于 CSSCI 源刊的界定不完全局限于此，外延相对较宽，含 1998 年以前的同名刊物，兼及相对集中地讨论语义变异问题在学术界影响较大的几部专著，如刘大为《比喻、近喻与自喻——辞格的认知性研究》、谭学纯《广义修辞学演讲录》。

一、微观视角：语词的语义变异及其修辞动因

关于语词的语义变异及其修辞动因，是从修辞学视角研究汉语语义变异的起点，是一种微观视角。这里所说的“语词”包括词语和固定短语等，可以进入特定语篇，也可以是人们口耳相传中的语词。在较为宽泛意义上，“词语的语义变异”可以直接表述为“词义的变异”。“词义的变化有多种类型。我们所关注为接纳不可能特征而发生的词义异变是一种共时态的变化，也就是说，它的变化是临时的，有弹性的，只存在于一个时间点上的一次语言使用的具体过程中。”[2](P24)“词义的异变是更深刻的认知关系的改变。”[2](P23)

在20世纪80年代初，谭学纯最早开始从修辞学视角关注词语的语义变异，并开展了卓有成效的研究。《也谈“辽代的南京＝辽代的北京”》分析了“南京”和“北京”的语义，以及它们在特定语境中产生的语流义变，在此基础上正确地指出，“辽代的南京”能够等于“辽代的北京”的关键是：应把语境和语义结合起来，是词语在特定语境中产生的语流义变使“辽代的南京＝辽代的北京”这个等式能够成立。[3](P57~58)在句法环境中，重视语境对语义的制约作用，这种观点在20世纪80年代初提出，意义重大，影响深远。25年后，郑敏惠《福州方言“有＋VP”句式的语义和语用功能》一文即深受这一观点的影响，该文指出：“有”所表现出来的“完成”义是动词本身的语法语义性质和“有＋VP”所处的语境两种因素相遇合时产生的言语意义。[4](P92)此外，该文在论述时成功运用了义素分析法等方法。

谭学纯、朱玲《一个类义熟语群的综合分析》在更大范围内把众多的具有相同或相近语义基础或义素（语义特征）的熟语归为一个语义场，并在同一语义网络中从意义变异视角综合考察各类义熟语群，语料翔实，论证细致。作为对词汇系统里一般词汇的语义变异的科学

分析，其研究也具有一定的范式作用，同样属于一般词汇的流行语的语义变异研究可以从中获益。尹建学《突破与变异——论流行语的语义演变》即属此列，该文指出：“流行语的流行性迫使其突破原有指称对象的束缚，容纳更多对象，导致其概念意义和附加意义的变异。”[5](P85)

进入新世纪，谭学纯先生继续跟踪词语的语义变异及其修辞动因。谭学纯《释“日”：审美想象和修辞幻象》指出汉字“日”和以“日”为结构素的符号系列，借助审美想象重建为修辞幻象。从而偏离现实所指，成为语言建构的想象中的现实。“从美学的角度说，语言的意义不仅凝固在指称之内，同时也向指称之外辐射，后者在主体的审美想象中完成。”[6](P142)“符号对等可以表现为意义指涉的整体叠合，也可以表现为意义指涉的局部可替代性。”[6](P143)主体审美想象的作用不可替代，审美想象是词义变异的重要动因之一。类似地，谭学纯、肖莉《“绿色”：表色语义修辞认知阐释》，也从审美认知角度谈到了词义变异的运作机制，文章以中国学术期刊中文数据库及《光明日报》《中国教育报》为语料来源，解释近年高出现率和高生长性的“绿色～～”，依次讨论“绿色”的表色语义转移、失落、泛化，以及“绿色”的语义修辞化建构的前提与空间，“绿色～～”相关对应概念和认知方式等。[7](P55)与“绿色”类似地具有审美特质的词语“气韵”也在运用过程中表现出语义变异，郑敏惠《从概念到语义：审美语词研究维度的转换——以唐朝画论“气韵”为例》沿着《“绿色”：表色语义修辞认知阐释》一文的思路，在分析了“气韵”的功能意义和隐含意义之后，从审美视角，站在表达者和接受者的观测点上指别多类联想义：“各联想途径之间有交叉重复之处，但侧重点不同，如此多的联想途径使‘气韵’的联想意义呈辐射状。”[8](P163)

由审美想象形成修辞幻象，再由修辞幻象偏离现实所指，进而形成语义偏离，即语义变异运作机制。这一语义变异运作机制不仅可以解释“日”及其相关词语的语义偏离，还可以解释“气”群审美语词的形成与演变机制，“插”类词的语义变异、变化及传播。

郑敏惠《中国古代书画“气”群审美语词的形成与演变机制》通过对古代书画“气”群审美语词的溯源析流来探究审美语词形成与演变的内在认知机制。[9](P101) 祝晓宏《华语视角下“插”类词的语义变异、变化及传播》从社会语言学的角度，兼及修辞语用视角，着眼于语用环境背景分析，指出：“在普通话的范围内，常用词‘插’的语义没有什么大变化，比较稳定。如果越过汉语大本营的边界，港澳地区的‘插’与普通话比较起来就有一些差异，语义组合发生了变异。”[10](P78) 同样是由修辞幻象形成的语义变异，“儒教”的幻象建构与认知的关系更为密切。钟晓文《“儒教”的跨文化认知与传播：语义变异与幻象建构——〈教务杂志〉（*The Chinese Recorder*）关键词之广义修辞学阐释》一文指出：“概念重构发生于语义变异与系统变构，儒学建构基于认知幻象的形式与内容建构。”[11](P40)

以上研究均以语言事实为基石，从微观视角，以语词为观测点，以审美想象及其修辞幻象为重要动因探究语义变异。

二、宏观视阈：语篇的语义变异及其修辞机制

这里所说的语篇包括小说、散文等以特定文体形式呈现出来的整体篇章。“语篇的语义变异”往往是与特定的语篇文本直接相关的，是语篇文本中的语言成分（含词语、篇章等）的语义变异。语篇的语义变异一般是在特定文体、语体的认知框架内发生的。早在 20 世纪 80 年代，谭学纯即已关注到了小说语言的变异，在研究小说语言的审美变异时已经从修辞学角度敏锐地关注到了汉语语篇语义变异现象。

发表于 1988 年的谭学纯、唐跃的《新时期小说变异现象描述（上）》和《新时期小说变异现象描述（下）》选择抽象化、情绪化、

原始化、陌生化四种美学倾向揭示变异的小说语言的美学特征，全面、系统地考察了小说变异现象。[12](P67) 紧接着，唐跃、谭学纯先生 1989 年发表的《语言距离——小说文本分析的另一个视角》从语言距离的存在谈到了小说语篇的语义变异。[13](P34) 小说变异现象最初是，最后仍然是语义变异。

小说语言是谭学纯先生关于语篇的语义变异及其修辞机制的重要观测点。谭学纯、唐跃的《语言情绪：小说艺术世界的一个层面》结合汉语的实际从联想语义等方面谈到了汉语语义变异的重要理据。文章指出，由于创作主体的主观介入，语言情绪，产生了小说语言的情感职能。[14](P54)“情感职能”相对于“概念职能”而言是一种变异，而这种变异在小说语言中最终可化归为语义变异。谭学纯、唐跃还系统考察了小说语言变异的运动轨迹、小说语言的线状显象和面状显象、小说语言的顺应显象和偏离显象。

尤其难能可贵的是，早在 1992 年年初，谭学纯、唐跃的《新时期小说语言变异的运动轨迹》即十分敏锐地特别关注和从语言语义变异视阈评价了 21 年后获诺贝尔文学奖的莫言：“这是一位人生经验相对不足而艺术感受异常敏锐的鬼才。他的语言能力成功地掩盖了他的短处，又成功地发挥了他的长处。语言通常被认为是理性的产物，但莫言在《透明的红萝卜》以后的一系列出色文本中，一再地证明他的不同于常规：用语言留住而不是滤尽那恍惚迷离的原初感受。他的小说语言是充分感觉化的：感觉的运动、感觉的定格、感觉的移植，乃至感觉的爆炸，组成了他的迷人的语言世界。他过于迷恋这个世界，以至在营造这个世界的时候，有时会失去应有的控制。”[15](P110)

肖莉博士的博士论文《语言学转向背景下的小说叙述语言变异研究》（导师为谭学纯教授）系统考察了小说语言的情感职能、偏离显象，指明了偏离显象的具体形式。文章认为：“观念层面的小说语言变异是根本性的。小说语言观念变异落实为小说叙述语言变异，具体表现为小说叙述风格变异（冷叙述）、小说叙述策略变异（元叙述）、小说叙述文体变异（杂语体叙述）。”[16]叙述语言、叙述风格、叙述策略、叙述文体均契合于语言运用，语言的审美地、认知地、有效地运用，体现了小说语言语义变异的审美价值。

具有审美价值与认知取向的小说语言语义变异可以称为修辞化变异。谭学纯《存在编码：米兰·昆德拉的文学语言观阐释》系统阐释了存在编码与语词的自然语义及其修辞化变异的关系，该文指出："‘存在编码’不是词典中凝固的语词义，而是在文本语境中确认的修辞义，更确切地说，是昆德拉的修辞化释义。”[17](P95)“自然语义重现已知信息，进入封闭性的认知空间；自然语义的修辞化变异重建未知信息，拓展开放性的认知空间。”[17](P96)

20世纪90年代迄今关于语篇的语义变异方面的论文，在CSSCI源刊上还可见邹立志《诗歌语体的隐性语义变异》和刘晓丽《媒体语言中的语义变异现象》两篇论文。邹立志《诗歌语体的隐性语义变异》认为："诗歌语体是众多语体中变异较明显的一种典型语体，语义变化是诗歌言语变异的核心。”[18](P72)《媒体语言中的语义变异现象》一文指出："语义变异是媒体语言创作和运用中的一种现象，它通过对旧有的语言形式进行变异加工，创造出语言的新意和吸引受众的亮点，增强了媒体的媒介活力以及传播的新鲜感、生动性、吸引力和感召力。”[19](P198)无论是诗歌语言还是媒体语言的语义变异，都需要“进入封闭性的认知空间；自然语义的修辞化变异重建未知信息，拓展开放性的认知空间”，在开放性的认知空间里进行修辞想象，形成修辞幻象。

需要指出的是，词语语义变异研究和篇章语义变异研究只是研究的侧重点，或曰研究视角的不同，二者并无泾渭分明的界限。我们把二者分开来讨论还是为了行文表述上的方便。事实上，高明的研究者可以在同一篇论文中将二者有机结合起来。例如谭学纯《“废墟”的语义和〈废墟〉语篇叙述及相关问题再探讨》，以两千多字的精短语篇

《废墟》为例，指出："在词典记录的语义范围之外，存在着语用主体关于'废墟'的一系列自定义。'废墟'的语义公设和自定义，修辞化地合成《废墟》语篇叙述的动力系统，既是语篇生成的推动力，也是语篇理解的关键点。"[20](P71)

三、比较观察：外语学界和汉语学界的语义变异研究

外语学界和汉语学界都关注语义变异，只是研究态势有所不同：相对而言，汉语学界研究队伍的学术背景、研究路数、主要观点更为接近，更注重理论建构的系统性，一般由修辞学大视野总论派生出分论，呈现出树形结构；外语学界则主要侧重于俄汉、英汉、朝汉等不同形式的汉外语义变异对比，呈散点网状结构。

（一）汉语学界树形结构呈现

由以谭学纯为代表的修辞学大视野中汉语语义变异及其理论系统建构。

修辞学大视野中语义变异及其理论系统建构是超越微观和宏观的一种概观。在系统建构汉语语义变异修辞学理论时，汉语学界十分重视跨学科协同研究。谭学纯是国内最早（1984 年起，且持续不断）综合运用文艺学、美学、语用学、语义学等学科从修辞学角度研究语义变异的学者。谭学纯的语义变异研究呈现出如下总体特点。其一，研究成果宏赡系统。近 30 年来，谭学纯在语义变异的修辞学研究方面于学界用力最勤，成果最丰。据不完全统计，谭学纯在 CSSCI 源刊上共发表典型的语义变异方面的论文 30 篇（暂不计专著等成果形式）。其二，研究方法手段科学完善。精细描写与系统阐释有机结合，思辨与实证相结合。其三，研究视域开阔全面，宏观与微观并重。

具体说来，20 世纪 90 年代，唐跃、谭学纯从接受视角研究了文学语言的语义变异现象。《静态接受和动态接受》研究了同一接受者对

于同一话语材料的多次接受活动能够获得不同的话语信息的理据。《离心接受和向心接受》还指出："离心接受方法具有浓郁的模糊性质。对于这种模糊性，可从不确定性和不精确性两个方面来做分解描述。"[21](P10)"不确定性"和"不精确性"直接与语义变异有关，在一定程度上可以说是语义变异的某种体现。

新世纪以来，谭学纯尤其注重语用环境与语义变异之间的关联，视野更为广阔。"近年我们的关注焦点，比较多地集中在语用环境中的语义变异问题上，关注的过程中，发现了一些问题，也试图解决一些问题。"[1](P117)在解决问题的过程中升华了汉语语义变异理论。"在动态语用环境中观察与解释语义变异的修辞机制。"[1](P122)无疑，这种研究提高了修辞学的学术品位。谭学纯先生在研究语用环境时深入描写和解释了语用环境、认知和语义变异之间的关系。《语用环境中的语义变异：解释框架及模式提取》梳理一组关联度较高的学术命名（"境迁语""语用义""话语义""言语义""语流义变""情境义变""存在编码""文本语义""义位变体""亚义位""自设义位""空义位""临场概念""临时范畴"等），"采取以义位为固定参照，以义位变体为变动项的流动视点，构拟'义位—义位变体'解释框架；依据设定的参数条件，提取'义位—义位变体'四种模式：义位A→义位B、义位→亚义位、义位→自设义位、义位→空义位"[22](P84)。郑敏惠关于古代书论的"气韵"审美分析、钟晓文关于"儒教"的跨文化认知与传播等研究都是以精细的"义位—义位变体"分析为基点的。郑敏惠的《古代书论审美语词"气"之语义分析与溯源》，"尽量收集充分的可复核的语料作为归纳的基础，以词语的功能分布作为判断的形式依据；运用义素分析法将各语义的构成成分与内部结构清晰地标示出来，如此便于语义成分之间的对比辨析"[23](P89)，也是以成功运用"义位—义位变体"解释框架为立论基础的，超越"合情推理"，形成"论证推理"，进入了"修辞哲学"层面。

语用环境，是语义变异的重要前提，也是语义变异的重要影响因素。《语用环境：语义变异和认知主体的信息处理模式》一文指出："认知依托概念，而进入语用环境的抽象概念往往被转换为鲜活的修辞化表述。"[24](P27) 依赖于语用环境的临时修辞义，"通过语用环境中的修辞化语义变异，体现认知主体的个人经验，作用于人的修辞认知"[24](P32)。谭学纯关于语义变异的理论探讨十分深刻，具有很强的概括性和解释力。比如谭学纯先生在研究"修辞幻象"时指出："人是语言的动物，更是修辞的动物。"这一论断无疑具有哲学本体论上的意义。"语言表述的认知对象，通常是修辞化的图像多于概念化的世界。当人们通过语言来认知一个对象的时候，对象的现实状况往往被遮盖了，真实的对象可能在语言中提升、压抑或者变形。"[25](P469) 谭学纯阐发并实践着从"修辞技巧"向"修辞诗学""修辞哲学"的价值提升。在这一学术观点的影响下，郑敏惠《古代书画审美同义词研究方法试探》提出："作为审美认知产物的审美语词，其语义层次反映了审美经验的层次和形态。功能意义处于语义的表层，是审美认知中理性思维的体现。联想意义潜伏在语义的底层，是审美认知中感性思维的载体。不同的语义层次具有不同的特点，故对审美同义词的比较研究应分两个层面分别进行辨析。"[26](P46) 这种"语义层次"观是"义位—义位变体"解释框架的具体演绎，而"审美认知中理性思维"也已上升到了"修辞哲学"的高度。

由此不难看出，谭学纯语义变异理论的系统性及其解释力表现为相应理论的可推导性。这种可推导性除了表现于郑敏惠、钟晓文等学者的相关成果中，还可见于谭学纯相关系列论文的系统性。谭学纯"语用环境"系列论文涉及语用环境中的语义变异和修辞认知，语用环境中的义位转移及其修辞解释，语用环境中的释义、认知、接受策略及相关个案，修辞格生成与理解过程中的语义变异和语篇叙述等方面内容。21 世纪初以来，谭学纯倡导并践行打通学科界限的广义修辞学研究，提出“修辞学研究突围”，拓展修辞学研究空间，为重塑与提振中国修辞学学科形象身体力行，坚持理论呼吁和阐发，其关于语用环境与语义变异的系列论文即为显例。

（二）外语学界网状结构呈现

汉外对比视阈下的语义变异研究。

外语学界关于语义变异的修辞学考察，强调汉语与某种具体外语的对比。总体而言，学术观点的可推导性不甚明显，呈网状结构，研究视角略嫌单一，主要集中于词语的语义变异研究。近30年来发表于CSSCI源刊的较为集中讨论语义变异的代表性论文及其主要观点列举如下。

尹铁超、周滨《社会因素与语义标记对立的变异》一文指出，当标记现象表现为语义对立时，社会因素对它的影响便更加明显。文章列举了标记对立意义变异现象（反转变异、偏见变异、委婉变异、约定变异、隐性变异、弹性变异）并同时解释和说明这些变异形成的原因及其应用。[27](P32) 同样重视社会因素与语义变异的关系，朱志瑜、傅勇林《英汉翻译的影响与香港书面汉语的语义结构变异——以“机会”一词为例》，以香港报章有关语言材料（尤其是在香港书面汉语中使用频率较高的“机会”一词）为依据进行语义分析，试图从翻译的角度，在语义这个平面上考察并确定英语对香港书面汉语的影响，以及导致这些变化的原因。[28](P55)

以上两篇论文既注重汉外对比，又重视语言的外部因素（比如社会因素）对语义变异的影响。此外，外语界也注意到了语义变异与词法学、句法学的关系。金美《论朝汉广义异序同义成语语素语义的变异》对42个朝汉成语共同语素之外的非共同语素进行语义分析，指出朝汉同义成语中非共同语素的三类不同的语义附属性特征，直接影响到朝汉成语整体语义上的细微差别，使得朝汉成语显示出同中有异、大同小异的朝汉民族特色。[29](P213) 彭玉海《动词题元结构的反使役语义变异》立足题元理论的基本原则，以俄语中的反使役或非使成动词为对象物，对其内部语义表现和语义变化所蕴含的题元结构实质做了较为全面的分析和论证。[30](P11)

李耐国《汉、俄语语义变异与隐喻》主要探讨汉、俄语词义发展变化的各种模式和词义变异的基本方式——隐喻，重视从语用修辞的视角考察词义变异。[31](P42) 唐祥金《英语词形变异及其语义信息》指出，词形变异在英语中大量存在，广为使用，其构成方式不拘一格，借助多种手段突破常规，构成变异。[32](P50) 该文较为重视语言本体。

以上分析表明，近30年来汉语语义变异的修辞学研究，包括微观视角的语词语义变异及其修辞动因，宏观视角的篇章语义及其修辞机制，大视野中的语义变异修辞学理论系统建构等。研究领域不断拓展，研究视域逐渐扩展，方法和手段渐趋科学完备。修辞研究需要研究修辞机制，修辞机制的重要质素是语义变异，语义变异研究可以用系统的、精细的义素分析法。相关研究成果给学界以无尽的启示：修辞学研究应充分融合语义学、文艺学、语用学等相邻相近的知识体系，这种"融合"，不是一般意义的"结合"——因为是"融合"，所以看不出是在"结合"，无斧凿之痕；归纳与演绎、思辨同实证、事实分析和理据探索可以而且应该并重。

参考文献：

[1]谭学纯.广义修辞学演讲录[M].上海：上海三联书店，2012.

[2]刘大为.比喻、近喻与自喻：辞格的认知性研究[M].上海：上海教育出版社，2001.

[3]谭学纯.也谈"辽代的南京＝辽代的北京"[J].汉语学习，1984(2).

[4]郑敏惠.福州方言"有＋VP"句式的语义和语用功能[J].福建师范大学学报(哲学社会科学版)，2009(6).

[5]尹建学.突破与变异——论流行语的语义演变[J].河南社会科

学,2012(9).

[6]谭学纯.释"日":审美想象和修辞幻象[J].南京师大学报(社会科学版),2003(1).

[7]谭学纯,肖莉."绿色":表色语义修辞认知阐释[J].语言科学,2006(3).

[8]郑敏惠.从概念到语义:审美语词研究维度的转换——以唐朝画论"气韵"为例[J].文艺研究,2007(1).

[9]郑敏惠.中国古代书画"气"群审美语词的形成与演变机制[J].民族艺术,2012(4).

[10]祝晓宏.华语视角下"插"类词的语义变异、变化及传播[J].语言文字应用,2011(2).

[11]钟晓文."儒教"的跨文化认知与传播:语义变异与幻象建构——《教务杂志》(*The Chinese Recorder*)关键词之广义修辞学阐释[J].福建师范大学学报(哲学社会科学版),2014(3).

[12]谭学纯,唐跃.新时期小说变异现象描述(上)[J].小说评论,1988(4).

[13]唐跃,谭学纯.语言距离——小说文本分析的另一个视角[J].文艺理论研究,1989(5).

[14]谭学纯,唐跃.语言情绪:小说艺术世界的一个层面[J].文艺研究,1986(6).

[15]谭学纯,唐跃.新时期小说语言变异的运动轨迹[J].当代作家评论,1992(1).

[16]肖莉,谭学纯.语言学转向背景下的小说叙述语言变异研究[J].语言文字应用,2008(3).

[17]谭学纯.存在编码:米兰·昆德拉的文学语言观阐释[J].中国比较文学,2009(1).

[18]邹立志.诗歌语体的隐性语义变异[J].首都师范大学学报(社

会科学版),2000(4).

[19]刘晓丽.媒体语言中的语义变异现象[J].求索,2009(1).

[20]谭学纯."废墟"的语义和《废墟》语篇叙述及相关问题再探讨[J].当代修辞学,2011(1).

[21]唐跃,谭学纯.离心接受和向心接受[J].文艺理论研究,1992(4).

[22]谭学纯.语用环境中的语义变异:解释框架及模式提取[J].语言文字应用,2014(1).

[23]郑敏惠.古代书论审美语词"气"之语义分析与溯源[J].福建师范大学学报(哲学社会科学版),2011(4).

[24]谭学纯.语用环境:语义变异和认知主体的信息处理模式[J].语言文字应用,2008(1).

[25]谭学纯.修辞幻象及一组跨学科相关术语辨[J].安徽师范大学学报(人文社会科学版),2005(4).

[26]郑敏惠.古代书画审美同义词研究方法试探[J].福建师范大学学报(哲学社会科学版),2007(3).

[27]尹铁超,周滨.社会因素与语义标记对立的变异[J].外语学刊(黑龙江大学学报),1992(6).

[28]朱志瑜,傅勇林.英汉翻译的影响与香港书面汉语的语义结构变异——以"机会"一词为例[J].外语与外语教学,2002(10).

[29]金美.论朝汉广义异序同义成语语素语义的变异[J].贵州民族研究,2012(5).

[30]彭玉海.动词题元结构的反使役语义变异[J].中国外语,2006(3).

[31]李耐国.汉、俄语语义变异与隐喻[J].外语教学,2000(3).

[32]唐祥金.英语词形变异及其语义信息[J].外语教学,2002(6).

原载《福建师范大学学报》,2015年第3期

新世纪中国修辞学科概念术语研究综论

概念术语是表达学科知识的基本单元，系统的概念术语是学科繁荣发展的一个必要条件。似乎可以说，概念术语是学科的某种特殊标记，是相应学科的关键词。随着中国修辞学科的不断发展，新世纪（2001年）以来，不少论者使用、阐述、辨析了中国修辞学科概念术语。

就学术价值而言，新世纪中国修辞学科术语有力推动了学科认知，提升了修辞学科的学术品位。术语的适用有助于修辞学科的渐趋系统化、精细化。例如系列术语“物象/意象/语象”的提出即对相关对象的考察由一般感悟式的体会上升到了特定理性认知层面的分析。术语的有效使用，可进一步增强修辞学科的学科影响力。如重新定义“修辞幻象”及辨析一组相关概念，不仅有效描写和解释了相关修辞现象，还可影响并有助于推动文艺学、美学等其他相邻相近学科的发展。

本文选取具有代表性的术语，综论其来源类型、语层形式、存在场域、学术视角、使用态度等。需要说明的是，本文关于概念术语的调研对象主要是论文，考察对象以论文为主，兼及部分专著，如谭学纯先生《问题驱动的广义修辞论》之“学科认知”的立论基础即概念辩难。全书叙述思路围绕“交叉学科/跨学科/多学科”三个关键词与修辞学关联的思考，并据此挖掘与解释一系列的派生问题。

文中所关注的论文主要来自中国知网（cnki. net），查询时间截至2016年12月31日。之所以以论文而不是专著为主要观测点，主要是考虑到至少从篇制上说，一篇论文往往是以若干概念术语为主要研究对象，相对于篇制较大的专著而言，论文是概念术语较为适宜的载体。

一、来源：他源术语和自源术语

这里所说的来源，主要是指术语的学科来源，即新世纪中国修辞学科术语源自何学科。由于当前各方关于学科的分类还不甚统一，我们采用学界较为普遍的看法。比如文学、语言学、逻辑学、哲学并列，语言学包括修辞学、语用学等。

（一）他源术语

他源术语，是指部分或整体源自其他学科。

1. 学科交叉型术语

部分源自其他学科则往往形成交叉学科术语。这里所说的“交叉”，主要是就学科兼容情况而言的。所谓交叉学科术语，是指综合多门学科的相关理论、方法、材料、视角凝练而成的术语，尤以两门学科综合交叉而成的为主。例如“小说修辞”。谭学纯先生早在20世纪80年代即已提出并充分论证了“小说修辞”的内涵和外延。由“小说修辞”衍生出另一个概念术语系列：文学修辞、符号修辞。相对于“小说修辞”，“文学修辞”是一个外延更为宏观的术语，注重用文学批评的视野推动修辞文本分析，用修辞学的方法解读文学文本。“文学修辞”是广义修辞学的一个重要概念。谭学纯教授所主持的《福建师范大学学报》(哲学社会科学版)2014 年第 5 期“修辞学大视野”栏目的“本期话题”即为“文学修辞研究”。

文学修辞又与“符号修辞”密切相关，只是后者的外延更为宽广。赵毅衡《新闻不可能是“不可靠叙述”：一个符号修辞分析》从符号修辞学角度审视半个多世纪辩而未清的叙述学理论问题，认为叙述不可靠是叙述者与隐含作者在意义与道德上的距离，而非叙述与“客观事实”的距离。指出隐含作者是作者人格的替代，而事实性叙述的叙述者与隐含作者人格合一。据此为隐含作者与不可靠叙述之辩提供角度新颖的观察与深度思考。[1](P49)

类似地，胡易容《符号修辞视域下的“图像化”再现——符象化(ekphrasis)的传统意涵与现代演绎》认为在修辞广义化学术背景下，修辞的意涵从语言本位的“语辞赋形”转化为兼容“异符类象”的跨媒介、跨渠道符号修辞。这一转变适应了当代语境下多媒介文本成为修辞研究重要对象的需要。[2](P57)

以上术语体现的是修辞学与文艺学、符号学的交叉，修辞与政治的交叉产生了“政治修辞”这个概念术语，如郗文倩《汉代的罪己诏：文体与文化》提出了用作巩固皇权的政治修辞。[3](P37) 修辞与心理的交叉产生了“修辞能力”等术语。如林晓琴《再现温家宝总理修辞外交风采的优选翻译策略》借鉴肯尼斯·博克“戏剧五位一体”理论模式，解析温家宝总理外交演讲的修辞动机，探讨相应的优选翻译策略，主张从提升国家软实力高度，重视国家修辞能力的培养。[4](P37) 再如张春泉在其系列论著中提出并界定了“修辞心理”“接受心理”“修辞话语”等。[5][6]

2. 整体借用型术语

此种情形的术语，是指直接从其他学科领域借用的术语，在术语自身结构上无须交叉。例如从哲学里借用的“主体间性”等。谭学纯《广义修辞学与“主体间性”研究》(主持人语)指出：

> “主体间性”概念及其理论，经过了丰富的诠释和不同程度的修正乃至重建，关联着一长串哲学家的名字，“主体间性”作为当代西方哲学概念术语也在当代中国学术场域高频复现。1998 年 CSSCI 来源期刊数据库投入使用以来，包括修辞学研究在内的以“主体间性”为关键词、发表于 CSSCI 来源期刊的研究成果超过 500 篇，一定程度上体现了“主体间性”作为工具性概念的解释力。一些学术文献中，主体间关系的思想在场但“主体间性”概念未出场，也许可以从两方面理解：一方面，“主体间性”概念承载的思想具有某种普适性；另一方面，学术文献的概念选择背后或许存在着学术研究的某种理念。本栏目一组文章从不同角度探讨上述问题。期待“学科大生态”中更广泛、更深入的建设性参与。[7](P20)

在《广义修辞学三层面：主体间关系及相关问题》一文中，谭学纯先生进一步指出：

> “主体间性”是多学科共享的工具性概念，修辞活动中的“主体间性”在“表达—接受”的主体间关系中实现。[8](P20)

谭学纯先生的文章清晰地解释了为什么作为当代西方哲学概念术语的“主体间性”一经入境，便以极快的速度和效率在中国学术话语谱系中高频复现。

类似地，鹿晓燕、高万云《修辞主体间性理论的两个基本问题》也较为充分地讨论了“主体间性”这个概念术语：“修辞要素认识的同一性和修辞规范遵守的有效性是修辞主体间性理论的两个基本问题。修辞认识同一性就是修辞共识，包括语言共识、语境共识与行为共识，与之相对应的规范有效性就是语言规范的有效性、文化规范的有效性和行为规范的有效性。修辞成于主体间共识，而共识的基础又是主体间对于规范有效性要求的认可。由此推知，修辞并不是表达者的单方

面修炼，而是修辞共同体的互动性共建。”[9](P37)

除了哲学，心理学、逻辑学中的概念术语也可以“拿来”。新世纪以来，修辞学从心理学借用引入了“认知”等概念。例如谭学纯《辞格生成与理解：语义·语篇·结构》指出：“语义是辞格生成与理解的认知基础，语篇是辞格生成与理解的可开发空间，结构是辞格生成与理解的可识别标志。”[10](P68)“认知”是谭学纯先生《辞格生成与理解：语义·语篇·结构》的一个“关键词”。长期受谭学纯先生学术主张的影响，张春泉在其系列论著中提出并界定了“动因”“对话”“认知”，并在修辞研究中借用引入了心理学中常见的“个案考察法”“问卷调查法”“定量统计法”等。[5][6]

修辞学从逻辑学里借用的一个较为典型的术语是“递归”。例如刘大为《虚构性言语行为的递归结构——小说、谎言和网上交谈》分析了语用修辞层面的“递归”。[11](P5) 张春泉则受周礼全、王维贤等先生论著的启发使用了“语用逻辑”等概念术语。

相对而言，从与修辞学更为接近、关联度更高、更为“纠结”的语用学中借用相关概念术语，似乎更为直接便利。如刘大为《虚构性言语行为的递归结构——小说、谎言和网上交谈》即从语用学中借用了“言语行为”“虚构性言语行为”等概念。郑远汉《论话语义同语言义的联系和区别》中的“话语义”似乎也是一个源自语用学的概念。“‘话语义’是语言在使用时同现实建立联系后所表达的实际意义。语言单位固有的意义从属于语言·语义系统，各个语言单位的意义或价值是同其他语言单位的意义或价值相对立的存在。”[12](P60)

（二）自源型术语

新世纪以来，不少论者继续讨论了此前人们关注较多的一些概念术语，如语篇修辞、会话修辞、口语修辞、积极修辞、消极修辞。尤其值得关注的是，有论者结合语言学的某些原理，新提出并清晰界定了模糊言语等概念。郑远汉《模糊语言和模糊言语》指出：“话语层面的模糊是言语活动中同一定交际任务、交际环境相联系而产生的模糊。为加以区别，我们且称语言层面的模糊为‘模糊语言’，话语层面的模糊为‘模糊言语’。”[13](P104)这里需要说明的是，因为我们目前暂且仍把修辞学放到语言学这个学科下面，故将修辞研究中所使用的“模糊言语”“能指”“所指”等称为自源型术语。

新世纪，修辞学还从普通语言学中借用了“能指”“所指”等概念术语。例如张炼强《能指和所指的概念与理论在修辞学中的应用》指出：“我们认为，索绪尔提出的能指和所指的概念与理论在一定的条件下可以移用到修辞学上来。在此基础上，我们提出言语的能指和所指的概念与理论的新说，用之以阐明转义修辞现象的形成过程、形式建构、内在规律和使用效应，并对转义修辞现象在言语义向语言义即词义转化的过程中所起的桥梁作用做了专门论述。”[14](P73)

不妨说，他源术语所源自的“他学科”在学科外延上与修辞学是全异关系，是一种横向关联；自源术语所源自的学科在外延上与修辞学是包含关系，是一种纵向关联。此外，由于概念术语往往具有全人类性，这里所说的“他源”和“自源”不是一般词汇学上所说的不同语言之间的词语借贷问题，而是学科之间的“借贷”。

二、层级：元话语型术语与对象话语型术语

我们这里所说的“元话语”和“对象话语”也是一个“他源型”概念术语，借自于逻辑学的“元语言”和“对象语言”，将“语言”替换为“话语”主要是受语用学的“话语”概念的启发，凸显其动态性。

（一）元话语型术语

元话语型术语是研究学科建设、学科范式、学术资源、方法等的术语，是一种十分重要的不可或缺的“外围”术语。对象话语型术语则主要是研究修辞现象、修辞事实的关于修辞自身的“核心”术语。

二者不是同一个层级的术语。元话语型术语虽处“外围”，但与“核心”术语同样重要。无“外围”，自然亦无所谓“核心”。20世纪关于修辞学科建设的探究成果较为少见，新世纪以来，此类成果逐渐多了起来。较为有代表性的术语有：学术生态、学术空间、学科大生态、理论资源、研究范式、目标诉求和方法论参照、交叉学科／跨学科／多学科等。

谭学纯《问题驱动的广义修辞论》科学地指出：“学者选择某个概念，同时也就选择了与这个概念相关联的学术表达，而某种学术表达的背后有概念使用与理解的学理与逻辑。这种学理和逻辑透露出概念使用与理解的主体对修辞学科问题的认知，有关修辞学‘研究什么’／‘怎样研究’／‘为什么这样研究’等学术理念和学术操作的一些具体问题，在深层都纠结于‘交叉学科／跨学科／多学科’这几个基本概念。”[15](P13) 稍后，谭学纯《问题驱动的广义修辞论》更为明确地指出：“区分这几个概念（即‘交叉学科／跨学科／多学科’，引者注）在何种意义上与‘修辞学’关联？这种关联产生什么样的多米诺骨牌效应？探讨这种关联所反映的修辞学学科生态系统和学术空间，是本书问题意识的核心，也是问题驱动的学科认知的起点。”[15](P13) 具体而言，“从学科性质着眼，修辞学属于交叉学科——以语言学为主，涉及符号学、文学、传播学、新闻学、心理学、教育学、民俗学、宗教学、社会学、人类学、哲学等众多领域的交叉学科。从研究视野着眼，修辞学是跨学科的——可以广泛介入相关学科领域，同时可以是相关学科领域的公共关注对象”[15](P15)。而“多学科”，则是“修辞学交叉学科性质和跨学科视野的逻辑延伸”[15](P17)。

类似地，还有谭学纯先生在多部论著中提出的“概念结构”“一级概念”“二级概念”“三级概念”等。以上关于修辞学科的元话语型术语的清晰界定，谭学纯先生用力最勤、成果最丰、建树最深，而这无疑是学科建设和发展的重大的不应回避的元问题。

（二）对象话语型术语

前文已述及，这里所说的对象话语型术语，是指直接以修辞现象、修辞事实为主要研究对象的学科术语，例如“辞格”“语体”等。

新世纪初，刘大为先生较为系统地研究了认知性辞格和表达性辞格。刘大为《认知性辞格与表达性辞格》，在语义分析的基础上“提出必有特征、可能特征和不可能特征”三个概念，并分析了它们之间的关系和表现形式。然后进一步论证所有因认知关系改变而形成的辞格在语言层面上的表现都是为了接纳一个不可能特征，并且分析了“零距/有距”“隐含/显现”“直接/间接”“正向/负向”四种接纳的语义方式。最后，从辞格的两种不同处理方式出发评论了修辞研究中割裂装饰与本体的传统观念与“功能即形式”的新观念。[16]（P20）

同样是修辞学科的核心术语，刘大为《论语体与语体变量》科学分析了“语体”和“语体变量”概念。文章以言语活动为依托探讨对语体的本体认识，以言语活动作为研究的初始概念，提出了以语体变量为核心的语体研究方法，论证了语体的性质和本体构成并对语体进行了界定。最后从语体变量出发，提出了语体研究的四种范式：解释范式、推绎范式、本体范式和语篇范式，对前两种范式还提供了个案分析。[17]（P1）

我们再次强调，元话语型术语和对象话语型术语同样重要，甚至在修辞学科建设亟待加强、学科意识急需强化的当下，前者可能更显其必要性和紧要性。

三、场域：连续术语与离散术语

我们这里所说的“场域”是指概念术语的特定存在语境及其存在方式，包括连续术语和离散术语两种情形。

（一）连续术语

连续术语是较为系统的“术语群”或“术语组”。作为“群”或“组”的连续术语便于充分表达学术思想，学术价值是显而易见的，往往在论者论述时集中并置。例如谭学纯先生关于“修辞活动/修辞过程/修辞信息”及跨学科语境中的“语言乌托邦/乌托邦语言/话语兴奋剂/审美幻象”的论述。谭学纯《修辞幻象及一组跨学科相关术语辨》指出：

> 修辞幻象是语言制造的幻觉，广告是其典型形式之一。广告修辞通过语言向消费者承诺，引导人们走向语言营造的幻觉空间，这既是广告修辞以驱动消费为目的的“话语阴谋”，也是修辞幻象的魔力。修辞幻象与语言乌托邦、乌托邦语言、话语兴奋剂、审美幻象等相关概念，有联系也有区别。辨析这一组相关概念，可以减少跨学科对话的话语阻隔，使对话各方拥有一个意义共享的讨论平台。[18](P464)

系统的连续术语便于充分表达学术思想，学术价值是显而易见的。再如谭学纯《修辞场、语象系统、修辞认知和文学阅读——以〈故都的秋〉为分析个案》关于“修辞场、语象系统、修辞认知”等系列概念的辨析：“使用语象，而不使用意象这个术语，是基于我们对物象、意象、语象的概念区分，详见《物象·意象·语象：学术记忆和当下情境》，谭学纯、朱玲《修辞研究：走出技巧论》，安徽大学出版社2004年版，第215～225页。”[19](P24)说到底，“同一个词，对应于物象/意象/语象，往往附加值的修辞化程度不同”[15](P229)。由此可见系列术语“物象/意象/语象”建构的必要性和解释力。

上文我们所援引的刘大为《认知性辞格与表达性辞格》中“必有特征、可能特征和不可能特征”即为连续术语。此外，刘大为《虚构性言语行为的递归结构——小说、谎言和网上交谈》，成对给出的“言语行为和语境”“行为层和语义层”等连续术语也自然地强调了“系列”：“世界由一系列的事件组成，其中有一种事件具有如下的构成：一个发话者出于某种意图构建和发出了一段口头或书面的话语，另有一个或一些受话者接受并理解了这一话语，从而做出与发话者意图一致或不一致的反应，这样的事件就是一个言语行为。从组成世界的一系列事件中去掉这一言语行为事件，剩下的一切就是这一言语行为的语境。”[11](P5)

同一个场域里的系列概念术语的科学阐发的典型载体是谭学纯先生《公共话题转换为个人话语：修辞化及其限度》，该文系统辨析了如下系列概念术语：目标受众—时空条件—话语模式—关键词—话语新颖度—信息量—语用成本—受众能量消耗。[20](P74~75)这些必不可少的术语有助于学术研究、学科建设走向深入，有助于修辞研究的系统化、理论化。

（二）离散术语

离散术语不像连续术语往往在学术语篇中成对成组出现，而是多单独出现，但在特定场域中也可以深入、细致地阐明修辞思想。例如刘大为先生所提出的“修辞构式”。刘大为《从语法构式到修辞构式（下）》指出：

> 修辞构式是一定修辞动因加在一个基本的语法构式上形成的，而语法构式都是从重复出现的人类生活的基本情景中抽象出来的“意象图式般的结构”。这种图式结构一旦形成，按照著名心理学家皮亚杰的观点，会以同化和顺应两种方式与外界发生关系。前者指的是外界的信息必须纳入图式的结构才能被我们接受，后者指的则是当外界信息超出了图式的接纳范围时，图式就会调整自身的构成而将这些信息吸纳进来。语法构式也以这两种方式导致了修辞构式的形成：同化，表现为构式在与构成成分整合的过程中将整体的构式义加给这些成分，使

它们发生适应自己的变化；顺应，表现为构式在表达满足修辞动因造成的意义时，自身发生由中心意义派生出非中心意义的变化来适应它。除此之外，构式还可能在实现某种修辞动因的状态下被高频使用，使得不可推导的修辞意义从外部加在构式上。限于篇幅，本文只讨论前二者。[21](P14)

再如花勇《互文与汉语传统辞格》所论及之“互文”，文章集中论述了一个核心术语“互文”，指出：“‘互文’作为一个当代西方符号学、文学批评、修辞学、话语分析等领域所共同关注的概念，其内涵不同于汉语传统辞格中所谓‘互文见义’意义上的互文，却与引用、仿拟、镶嵌等关系密切。”[22](P20) 此外，还有祝克懿阐释的“互文”概念。[23][24]

四、视角：宏观术语与微观术语

宏观概念，主要涉及学科系统及范围、性质、对象、方法等。新世纪以来十分典型的一个宏观术语是“广义修辞学”。谭学纯先生于20世纪即已提出该概念术语，并亦于新近专门撰文进一步厘清该概念。谭学纯《广义修辞学三层面：主体间关系及相关问题》指出：“广义修辞学重视主体间关系，但表述丰富复杂的主体间关系的‘主体间性’，不是广义修辞学唯一的理论依托，不宜用作广义修辞学的核心概念。”[8](P27)

宏观术语在宏观视野下，也可能会有视野的相对广狭之分。胡习之提出的“核心修辞学”也是一个宏观概念，但视野相对小一些。胡习之《核心修辞学的研究对象》指出：“我们将立足于语言运用的修辞学称为核心修辞学。核心修辞学是在传统修辞学基础上发展起来的现代修辞学。它既研究修辞文本，也研究修辞行为；既研究语篇修辞，也研究会话修辞；既研究书面语修辞，也研究口语修辞；既研究有痕迹修辞，也研究无痕迹修辞；既研究积极修辞，也研究消极修辞。”[25](P15)不难看出，胡习之所提出的“核心修辞学”与谭学纯先生提出的“广义修辞学”有视野广狭之别。

微观术语，是微观视阈下的概念术语，其关注的往往是某一个具体修辞现象或言语事实。例如谭学纯先生提出的系列概念术语“义位”“亚义位”“自设义位”“空义位”，并有效使用这些术语解决具体语篇的文本分析等问题。[15](P54~56)这些分析细致、绵密。再如刘大为《句嵌式递归与动词的控制功能》提出的“句嵌式递归”。刘大为《句嵌式递归与动词的控制功能》进行了言说动词、意向动词和外部动词的划分，并通过分析它们之间的关系探讨了句嵌式递归的性质和阶内、阶际两种类型。[26](P19)

又如高群《夸张研究：结构·语义·语篇》关于夸张这一具体辞格的卓有成效的细致研究。高群重新认识夸张结构三要素：本体、夸体、夸张点，认为在本体承前省略前提下，只有夸体也可以生成夸张。依据夸张点凸显的特征为标准，判断夸张属于夸大还是缩小。区分了借助副词、固定搭配生成的夸张结构，连夸、博夸结构，典型夸张结构和非典型夸张结构。关注到夸张非典型成员的非范畴化特征，注重特殊夸张语例分析，对相似语言结构但本质不同的现象区别对待，采取不同的处理方式。探讨了夸张语义的生成机制，认为夸张语义以“夸张量”的生成为前提。从结构—语义结合的研究视角，讨论“夸张量”呈现的具体形式——夸张型数字成语的结构和语义特点。指出夸张型四字格数字成语的四种结构模式和非四字格结构更多表现为主谓结构，夸张语义具有丧失数字精确义、拥有成语语境规约的修辞义特点。并从语篇层面观察夸张，分析语篇类型和个案的夸张策略，认为夸张不仅可以表现为局部的语言形式，也可以成为推动语篇叙事的动力，承担支持语篇框架的功能，还可以被设计成宏观的修辞策略。[27](P144)

五、态度：尊重概念术语与慎用概念术语

关于概念术语的使用态度，谭学纯先生的观点十分精当。谭学纯《广义修辞学三层面：主体间关系及相关问题》指出，学术研究要尊重学术概念和慎用学术概念。

首先，是尊重或曰重视概念术语。“学术研究需要尊重学术概念，这实际上是尊重以概念术语形式打包的思想。学术论著的理论入口常常是一些概念范畴，理论旅行依托相关的概念范畴。建构或解构某种理论，是学者在自我设定的叙述空间的智力游戏，是学术概念的能量映射的权力美学。”[8](P28)

之所以要重视概念术语，是因为：“学科奠基多由概念支撑；学科发展多为概念更替；学科重要的理论争鸣，多为概念之辨。概念的语义变异或偷换，意味着术语运行的逻辑变轨。概念纠缠的表象，隐藏着学术运作机制中某些不容易观察到的东西。”[8](P28) 另一方面，“某个概念术语高频复现于学术文献，反映一个历史时期的学术热点及走向，在学术研究实践中的衍生状况，以及相关研究范式的理论问题与学术生长空间”[8](P28)。

刘大为《虚构性言语行为的递归结构——小说、谎言和网上交谈》也指出：“新方法的建构离不开我们对研究对象的一种独特的观察，而这种观察又必须从理论上归结为一些基本概念，新的研究方法就是这样一些概念的思维运作。”[11](P5) 刘大为《言语学、修辞学还是语用学？》在谈到一个更为辽阔、更具学科生长力的领域（即关于语言的运用）时指出：“问题在于，应该用一个什么样的术语来概括我们在这方面的努力？应该在一个什么样的名目下推进我们的探索？术语的功能并不是简单的指称，一个好的术语不仅能够准确地概括出研究的宗旨和范围，还能引导我们的研究朝向更有价值的理论目标。”[28](P1)

其次，要慎用概念术语。“慎用”与“尊重”是相统一的。诚如谭学纯先生所言：

> 广义修辞学重视主体间关系，体现在修辞技巧、修辞诗学、修辞哲学三个层面；但广义修辞学慎用“主体间性”概念，这有四重考虑：(1)某种理论框架及其核心概念是否构成层层支撑的逻辑结构；(2)某种理论指向及其核心概念是否共同支持研究重点；(3)某种理论资源及其核心概念的关系能否减少多头叙述；(4)某种源理论及其核心概念进入目标文本是否产生源理论信息的大量漏失。学术研究选用或慎用某种概念术语，是作者以自己的方式表示的对学术概念的尊重。[8](P27)

综上，新世纪中国修辞学科概念术语，从来源上看，有他源和自源两种类型；从层级上看，有元话语型术语和对象话语型术语；从在特定场域的存在方式上看，有连续术语和离散术语两种情形；就其学术视角而言，有宏观术语和微观术语。对待学科术语的态度，应是尊重术语和慎用术语。新世纪中国修辞学科概念术语在一定程度上体现了当下修辞学的发展。

最后需要特别说明的是，以上我们所列之“来源”“语层”“场域”“视角”是关于概念术语分类的依据。普通逻辑告诉我们，分类的依据不同所得到的结果是不同的，但不同依据之间是可以有交叉的，之所以分类讨论，主要是为了表述的方便。总之，新世纪以来，修辞学科的发展离不开特定的概念术语。论者关于概念术语的全方位、多角度、深层次的研究不仅具有学术史意义，还具有当下性。我们可以用修辞学的方式关注修辞学科概念术语。如是，一定有利于修辞学科的进一步发展繁荣。

参考文献：

[1]赵毅衡.新闻不可能是“不可靠叙述”：一个符号修辞分析[J].福建师范大学学报(哲学社会科学版),2013(1).

[2]胡易容.符号修辞视域下的“图像化”再现——符象化(ekphrasis)的传统意涵与现代演绎[J].福建师范大学学报(哲学社会科学版),2013(1).

[3]郗文倩.汉代的罪己诏：文体与文化[J].福建师范大学学报(哲学社会科学版),2012(5).

[4]林晓琴.再现温家宝总理修辞外交风采的优选翻译策略[J].福建师范大学学报(哲学社会科学版),2012(5).

[5]张春泉.论接受心理与修辞表达[M].北京：中国社会科学出版社,2007.

[6]张春泉.叙事对话与语用逻辑[M].北京：中国社会科学出版社,2011.

[7]谭学纯.广义修辞学与“主体间性”研究(主持人语)[J].当代修辞学,2016(1).

[8]谭学纯.广义修辞学三层面：主体间关系及相关问题[J].当代修辞学,2016(1).

[9]鹿晓燕,高万云.修辞主体间性理论的两个基本问题[J].当代修辞学,2016(1).

[10]谭学纯.辞格生成与理解：语义·语篇·结构[J].当代修辞学,2010(2).

[11]刘大为.虚构性言语行为的递归结构——小说、谎言和网上交谈[J].修辞学习,2003(1).

[12]郑远汉.论话语义同语言义的联系和区别[J].福建师范大学学报(哲学社会科学版),2008(4).

[13]郑远汉.模糊语言和模糊言语[J].长江学术,2014(3).

[14]张炼强.能指和所指的概念与理论在修辞学中的应用[J].首都师范大学学报(社会科学版),2003(4).

[15]谭学纯.问题驱动的广义修辞论[M].北京:人民出版社,2016.

[16]刘大为.认知性辞格与表达性辞格[J].华东师范大学学报(哲学社会科学版),2001(3).

[17]刘大为.论语体与语体变量[J].当代修辞学,2013(3).

[18]谭学纯.修辞幻象及一组跨学科相关术语辨[J].安徽师范大学学报(人文社会科学版),2005(4).

[19]谭学纯.修辞场、语象系统、修辞认知和文学阅读——以《故都的秋》为分析个案[J].福建论坛(人文社会科学版),2006(2).

[20]谭学纯.公共话题转换为个人话语:修辞化及其限度[J].福建师范大学学报(哲学社会科学版),2012(2).

[21]刘大为.从语法构式到修辞构式(下)[J].当代修辞学,2010(4).

[22]花勇.互文与汉语传统辞格[J].北华大学学报(社会科学版),2012(1).

[23]祝克懿.《互文与修辞》专栏主持人语[J].当代修辞学,2013(5).

[24]祝克懿.《互文理论名篇选译》主持人语[J].当代修辞学,2012(4).

[25]胡习之.核心修辞学的研究对象[J].江西科技师范大学学报,2013(1).

[26]刘大为.句嵌式递归与动词的控制功能[J].语言研究,2002(4).

[27]高群,谭学纯.夸张研究:结构·语义·语篇[J].语言文字应用,2012(3).

[28]刘大为.言语学、修辞学还是语用学?[J].修辞学习,2003(3).

原载《福建师范大学学报》(哲学社会科学版),2017年第2期

附录

《孟子》中的顶真语符

据陈望道《修辞学发凡》:“顶真是用前一句的结尾做后一句的起头，使邻接的句子头尾蝉联而有上递下接趣味的一种措辞法。多见于歌曲。”[1](P216) 事实上，正如陈望道先生补充说明的那样，除了歌曲，“其他文体中也有”[1](P216)。对话体作品《孟子》中即有大量的顶真辞格，其顶真辞格具有较强的逻辑力量。

《孟子》中的顶真通过一定的衔接点关联起来，这些衔接点主要有词、短语和小句。本文《孟子》文本主要依据杨伯峻《孟子译注》。[2]

一、以词为衔接点

此种情形下，前一个句子的句末的词与后一个句子的句首的词同形、同音、同义。例如:

(1)人役而耻为役，由弓人而耻为弓，矢人而耻为矢也。如耻之，莫如为仁。仁者如射：射者正己而后发;发而不中，不怨

胜己者,反求诸己而已矣。(《公孙丑上》)

(2)孟子曰:"人有恒言,皆曰,'天下国家。'天下之本在国,国之本在家,家之本在身。"(《离娄上》)

(3)孟子曰:"吾固愿见,今吾尚病,病愈,我且往见,夷子不来!"(《滕文公上》)

(4)入其疆,土地辟,田野治,养老尊贤,俊杰在位,则有庆;庆以地。(《告子下》)

(5)孟子曰:"子过矣。禹之治水,水之道也。是故禹以四海为沟壑。今吾子以邻国为壑。"(《告子下》)

以上5例均以单音节词作为衔接点。又如:

(6)孟子曰:"在国曰市井之臣,在野曰草莽之臣,皆谓庶人。庶人不传质为臣,不敢见于诸侯,礼也。"(《万章下》)

(7)后稷教民稼穑,树艺五谷,五谷熟而民人育。(《滕文公上》)

(8)孔子惧,作春秋。春秋,天子之事也。(《滕文公下》)

(9)孟子曰:"为政不难,不得罪于巨室。巨室之所慕,一国慕之;一国之所慕,天下慕之。故沛然德教溢乎四海。"(《离娄上》)

(10)孟子曰:"人不可以无耻,无耻之耻,无耻矣。"(《尽心上》)

(11)水逆行,谓之洚水。洚水者,洪水也。仁人之所恶也。吾子过矣。(《告子下》)

以上数例均为双音节词形式作为衔接点。再如:

(12)北宫琦问曰:"周室班爵禄也,如之何?"孟子曰:"其详不可得闻也。诸侯恶其害己也,而皆去其籍。然而轲也尝闻其略也。天子一位,公一位,侯一位,伯一位,子、男同一位,凡五等也。君一位,卿一位,大夫一位,上士一位,中士一位,下士一位，凡六等。天子之制，地方千里，公侯皆方百里，伯七十里，子、男五十里，凡四等。不能五十里，不达于天子，附于诸侯曰附庸。天子之卿，受地视侯，地方受地视伯，元士受地视子、男。大国地方百里，君十卿禄，卿禄四大夫，大夫倍上士，上士倍中士，中士倍下士，下士与庶人在官者同禄，禄足以代其耕也。次国地方七十里，君十卿禄，卿禄三大夫，大夫倍上士，上士被中士，中士倍下士，下士与庶人在官者同禄，禄足以代其耕也。小国地方五十里，君十卿禄，卿禄二大夫，大夫倍上士，上士倍中士，中士倍下士，下士与庶人在官者同禄，禄足以代其耕也。耕者之所获，一夫百亩，百亩之粪，上农夫食九人，次食八人，中食七人，中次食六人，下食五人。庶人在官者，其禄以是为差。”（《万章下》）

(13)孟子曰：“君子之于物也，爱之而弗仁；于民也，仁之而弗亲。亲亲而仁民，仁民而爱物。”（《尽心上》）

以上两例既有单音节词，又有双音节词作为衔接点。例（12）语义上形成层递，例（13）亦有递进（范围外延拓展扩大）的倾向。

二、以短语为衔接点

这种情形的顶真，起关联作用的是短语。例如：

(14)失道者寡助。寡助之至，亲戚畔之。（《公孙丑下》）

(15)先生以仁义说秦楚之王，秦楚之王悦于仁义，而罢三军之师，是三军之士，乐罢而悦于仁义也。（《告子下》）

(16)孟子曰：“天时不如地利，地利不如人和。”（《公孙丑下》）

(17)舜尽事亲之道而瞽瞍底豫，瞽瞍底豫而天下化，瞽瞍底豫而天下之为父子者定。此之谓大孝。（《离娄上》）

(18)生亦我所欲，所欲有甚于生者，故不为苟得也。死亦我所恶，所恶有甚于死者，故患有所不避也。(《告子上》)

(19)今有受人之牛羊而为之牧之者，则必为之求牧与刍矣。求牧与刍而不得，则反诸其人乎？抑亦立而视其死与？(《公孙丑下》)

(20)孝子之至，莫大乎尊亲；尊亲之至，莫大乎以天下养。为天下父，尊之至也；以天下养，养之至也。(《万章上》)

以上数例中，例（14）和例（15）中的“寡助”“秦楚之王”为偏正短语，例（16）（17）中的“地利”和“瞽瞍厎豫”为主谓短语，例（18）中的“所欲”为“所”字名词性短语，例（19）（20）中的衔接点则为动宾短语。又如：

(21)是故诸侯虽有善其辞命而至者，不受也。不受也者，是亦不屑就已。(《公孙丑上》)

(22)小弁之怨，亲亲也。亲亲，仁也。(《告子下》)

(23)孔子，圣之时者也。孔子之谓集大成。集大成也者，金声而玉振之也。金声也者，始条理也；玉振之也者，终条理也。始条理者，智之事也；终条理者，圣之事也。智，譬则巧也，圣，譬则力也。由射于百步之外，其至，尔力也；其中，非尔力也。(《万章下》)

(24)天子适诸侯曰巡狩，巡狩者，巡所守也。诸侯朝于天子曰述职。述职者，述所职也。无非事者。春省耕而补不足，秋省敛而助不给。(《梁惠王下》)

(25)孟子曰：“不教民而用之，谓之殃民。殃民者，不容于尧舜之世。”(《告子下》)

以上例（21）至（25）中的顶真均为判断句，其中的衔接点为判断句的直接构成成分。

三、以小句为衔接点

《孟子》中顶真辞格的衔接点除了词、短语之外，还可以是小句。这种情形下的小句可表达假言命题的前件或后件。例如：

(26)孟子曰:“君子深造之以道,欲其自得之也。自得之,则居之安。居之安,则资之深。资之深,则取之左右逢其原。故君子欲其自得之也。”(《离娄下》)

(27)乐则生矣,生则恶可已也。恶可已,则不知足之蹈之,手之舞之。(《离娄上》)

(28)公孙丑曰:“君子之不教子,何也?”孟子曰:“势不行也。教者必以正;以正不行,继之以怒。继之以怒,则反夷矣。‘夫子教我以正,夫子未出于正也。’则是父子相夷也。父子相夷,则恶矣。古者易子而教之。父子之间不责善,责善则离,离则不祥莫大焉。”(《离娄上》)

(29)孟子曰:“人之与身也,兼所爱。兼所爱,则兼所养也。”(《告子上》)

(30)如此,则无敌于天下。无敌于天下者,天吏也。(《公孙丑上》)

(31)其日夜之所息,平旦之气,其好恶与人相近也者几希,则其旦昼之所为,有梏亡之矣。梏之反复,则其夜气不足以存,夜气不足以存,则其违禽兽不远矣。(《告子上》)

(32)孟子曰:“尽其心者,知其性也。知其性,则知天矣。存其心,养其性,所以事天也。殀寿不贰,修身以俟之,所以立命也。”(《尽心上》)

以上例子可以在逻辑上形成假言连锁推理。

此外,《孟子》中顶真的衔接点，也可直接作为主题（话题）或述题。例如:

(33)曰:“晋国,亦仕国也。未尝闻仕如此其急。仕如此其急也,君子之难仕,何也?”(《滕文公下》)

(34)孟子曰:“仕非为贫也,而有时乎为贫;娶妻非为养也,而有时乎为养。为贫者,辞尊居卑,辞富居贫。辞尊居卑,辞富居贫,恶乎宜乎?抱关击柝。”(《万章下》)

以上两例中，例（33）“仕如此其急”在前一个句子中做主题，做表达重点，在后一个句子中做话题。

《孟子》中有话轮内部的顶真，亦有话轮外部的顶真。例如:

(35)告子曰:“生之谓性。”孟子曰:“生之谓性,犹白之谓白与?”曰:“然。”“白羽之白也,犹白雪之白;白雪之白,犹白玉之白与?”曰:“然。”“然则犬之性犹牛之性,牛之性犹人之性与?”(《告子上》)

上例以顶真的形式类比推理，以归谬的形式给出类比。有具体的话语标记“犹”。

总之,《孟子》中的顶真在形式上形成严格的关联，在语义逻辑上十分缜密，在表达效果上便于接受者识记、理解。

参考文献:

[1]陈望道.修辞学发凡[M].上海:上海教育出版社,1997.

[2]杨伯峻.孟子译注[M].北京:中华书局,1960.

原载张春泉《叙事对话与语用逻辑》,中国社会科学出版社,2011年第1版第1次印刷,2016年第2次印刷时删除

陈望道在因明学上的建树

著名学者陈望道的学术研究涵括修辞学、文法学、政治经济学、唯物辩证法、美学、因明学等领域。人们对陈望道修辞学、文法学等领域的研究关注较多，对陈氏关于因明的研究关注得相对较少。

陈望道先生之于因明学的贡献集中体现于其不朽名著《因明学概略》的问世。《因明学概略》是陈望道先生“读完了文字艰深晦涩的主要因明学著作和一些文字简明平易的因明学讲义和论文”[1](P91)于1930年12月写成的，它“吸取了日本学者村上专精、大西祝等的研究成果，用现代逻辑工具来分析因明义理，附有八幅欧氏图和图表二十余幅，在30年代是很有影响的一本因明通俗读物”[2](P145)，是我国最早的“文字平易说解简明”的因明学专著。

因明集中体现人类的言辩智慧。陈望道《因明学概略》对因明所做的深入浅出的阐发值得当下学界重视。在《因明学概略》中陈望道先生系统阐述了因明实是一种探究主客往复论辩的法则的学术，明确指出了因明与逻辑之不同，全面考察了因明与论辩之关联，细致考辨了因明与修辞之关系。

一、明确指出了因明与逻辑之区别

陈望道先生明确指出了“因明和逻辑的不同”。“因明和逻辑的不同，比较重要的有下列几点：（1）三段论法是思维的法式，三支作法是辩论的法式；（2）三段论法是在演绎断案，三支作法是在证明断案；（3）三段论法是以思维正当为目的，三支作法是以辩论胜利为目的；（4）三段论法不像三支作法留心过失论；[1](P105)（5）三段论法不像三支作法混合归纳法；（6）三支作法的因，不像三段论法备列命题的全形。”[1](P106)显然，以上主要是就分属逻辑和因明的两个基本概念“三段论”和“三支作法”所做的比较。简单地说，在陈望道先生看来，三段论法，“其着眼点，在思维的运用。实际是一种推理的思维的法式。但三支作法，却注重在口头辩论，不像逻辑注重在心里运思。所以三支作法，实际可以说是一种辩论的法式”[1](P106)。

因明与逻辑的形式和用处也不尽相同。诚如陈望道先生所言：“因明和逻辑或论理学的形式颇不同，用处也不全相一致，颇有另行讲述的必要。”[1](P93)尽管因明和逻辑均指涉效果问题，均需要做有效性分析。但逻辑的有效与否的断定一般不需要主体之间的交互作用，而因明则需要诉诸主体之间的交互作用而主要在对方那里产生或不产生效果。“逻辑关心的是论证本身的有效性，即不考虑论证的题材——如赖尔（Ryle）明确指出的，逻辑是‘对论题中立的’——这种传统的观念可被认为是提供了一条划定逻辑范围的原则。”[3](P13)而因明则不尽相同。“因明学的目的，在探究我们主张一个论旨的时候，‘因’着什么而有那样的主张，以及那因是否可靠，应当具有什么条件等问题。”[1](P93)即因明的效果始终与“论旨”和“主张”密切相关，而“论旨”“主张”与“题材”以及言语接受者（与表达者相对的言语博弈主体）之间的密切关系自不待言。

更明确地说，就逻辑和因明的目的而论，“逻辑所研究的是思维的法式，重在所谓自悟；因明所注意的是辩论上的获得胜利，重在所谓悟他，实际是不相同的”[1](P106)。什么是“悟他”？“悟他是排列论阵，传达所得的知识于他人或辩驳他人与自己意见相反的言论的。”[1](P109)即因明始终强调言语和言语使用者之间的关系，作为言语使用者的主客双方不必忽视任何一方的存在，因明充分体现“己”与“他”之间的主体交互性。逻辑则不然，是自己一方的“思维”。即因明和逻辑“在目的上，都求人的言语没有错处，是一样的；在方式上，如本书所述，是不一样的”[1](P160)。这种看法是十分精辟的。

这里得强调指出，因明不是逻辑，但因明可以属于逻辑学，因为“逻辑”并不就是“逻辑学”。尽管“逻辑”和“逻辑学”均可以由“logic”译出，但是在汉语语境中，“逻辑学”与“逻辑”可以具有属种关系，前者可以包含后者。即逻辑学可以包括数理逻辑、模态逻辑、语用逻辑等。正如陈望道先生以举例的方式所指出的，因明是一种逻辑学。“从答问的方式上分。第一一向记是于问者的话，没有什么意见不同之点，一向应他说‘是的’一种答法如。（问）因明是一种逻辑学吗？（答）是的。”[1](P159)需要强调的是，这里“因明”与“逻辑学”二者具有种属关系，其中，“因明”是种概念，“逻辑学”是属概念。有鉴于此，可以认为，因明与逻辑的不同并不妨碍将因明看作是一种语用逻辑。

明确指出因明与逻辑的不同具有重要的理论意义和实践价值。从理论上看，古往今来人们关于因明的性质、对象和范围一直见仁见智，莫衷一是，尤其是关于因明与逻辑的关系问题一直没有厘清。正确指出因明与逻辑二者之不同，无疑有助于加深人们对于因明的认识。从实践上看，明确区分因明与逻辑有助于更加有效发挥因明在论辩和日常思维中的积极作用，“以为阅读及实习论辩文体之助”[1](P92)。同时亦有助于提高人们研习因明的效率，“获益当比较地快”[1](P92)。指出因明与逻辑的区别还有助于逻辑的研习，“概和逻辑比较，以便学习逻辑者取作参考的资料”[1](P92)。

二、全面考察了因明与论辩之关联

“因明实是一种探究主客往复论辩的法则的学术。”[1](P159)陈望道先生在全面考辨因明与逻辑的关系，阐发因明的要义之后于《因明学概略》的“余论”中提出了这种看法。这种看法科学地阐明了因明的实质。

“而论辩不会没有问答，也不会没有应当注意的事项。所以佛书所说关于问答的方法和论争应当注意的事项也颇与因明有点关系。”[1](P159)陈望道特别指出佛书的问答与因明的关系，值得我们注意。佛书把问分为五种，把答分为四种，即所谓五问四答。所谓五问，就是：（一）不解故问；（二）疑惑故问；（三）试验故问；（四）轻触故问；（五）为欲利乐有情故问。以上是从问的目的上分。所谓四答，就是《涅槃经》所述：（一）一向记；（二）分别记；（三）反问记；（四）舍置记。以上是从答问的方式上分。如前所述，因明是探究主客往复论辩的法则的学术，既然是“往复论辩”，则这一过程势必是多种形式的和可能持续的，这就蕴涵了“问答”存在的必然性。

陈望道指出：“因明是辩论的方式，必须辩论获得实际上的胜利。所以常常假定有敌论者在眼前，而以说服敌论者为目的。我们可以说：逻辑是注意在思维的是非；因明是注意在辩论的胜败。”[1](P107)这种看法一方面阐明了因明与逻辑的着眼点不同，另一方面强调了因明的作用机制在一定意义上即为论辩。

因明作为一种探究主客往复论辩的法则的学术，十分重视说服过程中的“赢得”。据虞愚的《玄奘对因明的贡献》载，玄奘在印度研习因明时，运用因明所辩无敌，盛况空前。“玄奘反驳正量部相当深刻，因而引起戒日王的重视，特地为玄奘在曲女城召开了一无遮大会，与会者有十八个国王，各国大小乘僧三千余人，那烂陀寺僧千余人，婆罗门及尼乾学派二千余人，设一宝床，玄奘坐为论主，遣那烂陀沙门明贤读示大众，别令写一本悬会场外一切人，若其间有一字无理能难破者请斩首相谢，经十八天无一人能难，这样便将正量部反对说折服了。”[4](P200)“经十八天无一人能难”无疑是一种彻底的“赢得”，玄奘之所以能如此所向无敌，“因为他考虑周到，避免了逻辑上各种谬误，所以经十八天没有人能驳倒它，创造了运用因明攀登高峰的一个光辉记录”[4](P201)。不难理解，既“考虑周到”，则势必需要考虑到言语接受者的理解及其效果问题，而这亦正是语用学、修辞学所须关注的。

三、细致考辨了因明与修辞之关系

不难发现，陈望道有关因明的看法是与其修辞学思想密切相关的。事实上，《因明学概略》与《修辞学发凡》正好前后相继或同时问世。前者“曾在一九三O年交给一家书店印行过一次”[1](P91)。而后者则是1932年由大江书铺首次正式出版。

陈望道曾指出：“我们说话便是一种战斗。因为人间信念欲望、意志等等，都还不能完全吻合，这人以为重大的未必旁人也以为重大，这人以为轻微的未必旁人也以为轻微，因此每有两人接触，便不能不开始所谓言辞的战斗，动用所谓言辞的战术。有时辛辣，有时纡婉，有时激越，有时和平，有时谦恭、愁诉，简直带有伪善的气息。必须如此，才能攻倒对方壁垒的森严，传达自己的意志到对方，引起对方的行动。而所以说话的目的，方才可以如愿达到。”[5](P150)值得注意的是，陈望道此段精辟的论述并不是出自《因明学概略》，而是出自《陈望道修辞论集》，这至少可以表明，陈望道先生有关因明的看法是与其深邃的修辞学思想、系统的修辞学理论具有渊源关系的。事实上，作为一种言辩智慧，因明与修辞学有其“天然”的联系，这从修辞的经典定义不难看出。“修辞术的定义可以这样下：一种能在任何一个问题上找出可能说服方式的功能。”[6](P24) 亚里士多德这里所说的“修辞术”的原文是“tekhne rhetorike”，陈望道所说的“修辞”即主要导源于此。“说服”需要言语主体的互动，需要说写和听读的有效关联。陈望道《修辞学发凡》指出：“像这样的修辞学，我们可以说是一种语言文字的可能性的过去试验成绩的一个总报告。最大的功用是在他人对于语言文字有灵活正确的了解。这同读和听的关系最大。”[7](P17) 修辞学讲究的是极尽语言文字的一切可能性，之所以需要极尽语言文字的一切可能性，主要是为了赢得听读者。所以陈望道先生认为修辞学的功用与听读者的听和读的关系最大，这其实蕴涵了因明的论辩“说服”功能。

修辞是对语言的具体运用，“言语”即对语言的具体运用。或许可以说修辞过程其实就是言语过程。陈望道在《因明学概略》中多次高频使用了“言语”这一概念，并注意到了因明的言语性。

陈望道格外注意凸显因明的言语性。譬如《因明学概略》从“谬误”的角度指出：“法差别相违者，正如前说，法是宗依的后陈，差别是指它的意里藏蓄的意义，即指所谓‘意许’而言；所以所谓法差别相违，简单明了地说，就是所用的因和宗后陈的意许相违的一种过失。”[1](P145) 陈望道先生对这种过失做了解释：“所以有这过失，大抵由于论者想在法（宗后陈）上调弄方术，由于论者遇到用露在表面的语言直说出来有些困难的时候，特意在宗后陈上用了含蓄的文字，想要使宗成立，不知不觉间陷入了这一种谬误的。”[1](P145) 陈望道同时指出：“法差别相违过在因明上算是最难了解的一处。”[1](P146) 之所以“算是最难了解”，恐怕主要是因为“论者”使用了“含蓄的文字”。而对“含蓄的文字”的使用与其说是因明问题，倒不如说是修辞问题。

看来，因明中最难了解的东西至少在理论上是可以借助于修辞学加以解决的。陈望道敏锐地洞察到了这点，实乃注意到了因明与修辞的“互动”。

因明的言语性还表现在具体的言语形式上。陈望道描述了因明在言语形式、言语分量、言语意义等方面的区分。有关言语形式、言语分量、言语意义等的区分，均是对“言语”的某种刻画，均与言语的使用密切相关。

最后需要说明的是，陈望道先生于其《因明学概略》之“例言”中给出进一步阅读文献，也别具特色。“学者如再作进一步的研究，可取大西祝氏的《论理学》（有胡茂如氏中译本），村上专精氏的《因明学全书》，村上专精、境野黄洋两氏的《佛教论理学》，香村宜圆氏的《东洋论理学史》与《大疏》等各种旧因明书对读——获益当比较地快。”[1](P92)以上“例言”诚可谓言简意赅，字字珠玑：既明确指出了建议阅读书目，又提供了有关中译信息，还指出了研读方法，充分显示了陈望道先生关于因明学知识的渊博和学养的深厚。显然，以上“例言”循循善诱，有利于因明学的传播和发展。

综上，陈望道系统阐述了因明实是一种探究主客往复论辩的法则的学术。《因明学概略》中的真知灼见泽及后世，具有不朽的理论意义和实践价值。或许可以说，复旦大学代表队于首届国际大专辩论会（1993年）“狮城舌战”一举夺魁的事实即为明证。

参考文献：

[1]陈望道.因明学概略.见：复旦大学语言研究室.陈望道文集(第二卷)[C].上海：上海人民出版社，1980.

[2]姚南强.百年来的中国因明学研究[J].中国社会科学，1994(5).

[3][英]苏珊·哈克.逻辑哲学[M].罗毅译.北京：商务印书馆，2003.

[4]虞愚.玄奘对因明的贡献[J].中国社会科学,1981(1).

[5]陈望道.陈望道修辞论集[M].合肥:安徽教育出版社,1985.

[6][古希腊]亚里士多德.修辞学[M].罗念生译.北京:生活·读书·新知三联书店,1991.

[7]陈望道.修辞学发凡[M].上海:上海教育出版社,1997.

原载上海鲁迅纪念馆编《陈望道先生纪念集》,复旦大学出版社,2006年

后记
POSTSCRIPT

笔者此前发表了一些与话语建构理据或多或少有点关联的小文章，拙著收集了其中的一部分。我们把这些文章综合起来又分析成四个专题，以多维显示话语建构的多方面理据。卑之无甚高论，此次仍不揣浅陋，辑录成册，结集出版，以期更方便读者检阅、批评指正，也希冀能在一定程度上更方便相对集中地说明某些相应相关的问题。由于笔者学力不逮，在拿不出更为系统的真正意义上的专著时，相对集中地把笔者“历时”观察和分析某类现象的结果放在一起，似乎可以更便于这些结果之间互相有所补充。

需要说明的是，拙著辑录拙文的“原则”：其一，论文发表后，已辑入笔者自己的专著正文的不再收入；其二，已编入或将编入笔者自己的其他论文集里的，不再重复收入；其三，与人联合署名的论文（含本文集“附录”所收论文），只收本人直接执笔的（这里“直接执笔”，是指直接拟定论文的题目，并直接起草论文的纲目、初稿等；“直接执笔”是相对于“间接执笔”而言的，间接执笔是指提供某些思想、思路、方法、材料并做一定的修改）。

为了保持原貌，收入本书的论文，在内容上仍其初次发表时之旧，此次集中出版只是订正了个别文字上的讹误，另在格式上稍做调整，以便全书体例相对统一。由于一部分拙文文稿未能妥善保留原电子文稿，此次只好重新录入电脑，在录入过程中可能会出现新的疏漏和错误，敬请读者诸君一并海涵和斧正。

衷心感谢多年来帮助我的各位师友，感谢先期发表各篇论文的期刊和各位编辑老师，感谢你们多年来对我的奖掖、提携和扶植。感谢我的家人一直以来的支持。

话语建构理据的探讨应是全方位、多角度、深层次的，虽然话语理据（尤指修辞话语理据）是我一直努力探究的一个求学领域，但是我生性驽钝，迄今并无什么创获。我所做的工作还十分粗浅，错误和疏漏肯定不少，敬请读者诸君批评指正。同时，我愿在各位师友和读者诸君的关爱下，坚持探求下去。

2017 年 6 月